기독교 세계관이 상실된 세상에서

다시 쓰는 현대 기독교 세계관

기독교 세계관이 상실된 세상에서

초판 1쇄 2014년 1월 7일 발행
개정 1쇄 2014년 12월 14일 발행
3판 1쇄 2019년 11월 20일 발행

지은이 신동식
펴낸이 신덕례
편집인 권혜영
디자인 이하양
교정교열 허우주
유 통 기독교출판유통
펴낸곳 우리시대
　　　　경기도 고양시 덕양구 주교동 587-5번지 401호
　　　　T. 070-7745-7141　　　　F. 031-967-7141
　　　　woorigeneration@gmail.com
　　　　www.facebook.com/woorigeneration

ISBN 979-11-859722-3-7

기독교 세계관이 상실된 세상에서

다시 쓰는 현대 기독교 세계관

신동식 지음

우리시대

저자 서문 "항해를 다시 시작하며…"

2006년 「세잔의 사과 — 성경적 세계관과 사회변혁의 삶」이라는 제목으로 책이 나온 지 7년 만에 다시금 개정판을 내게 되었습니다. 첫 번째 책이 나오고 다양한 이야기를 들을 수 있었습니다. 많은 분이 좋은 제안을 해주었습니다. 그분들의 이야기를 들으면서 아쉬운 부분들과 문제가 있는 부분을 다시금 수정하여 개정판을 내게 되었습니다. 더구나 이번 개정판은 첫 번째 출판사인 토라가 아니라 우리시대를 통하여 출판하게 되었습니다.

이번 책은 기존의 책 제목이었던 「세잔의 사과」를 사용하지 않고 「기독교 세계관이 상실된 세상에서」라는 새로운 이름으로 나오게 되었습니다. 새로운 책 제목에 따라 상당 부분 새 내용을 추가하여 개정한 것입니다. 「세잔의 사과」와 많은 부분에서 새로운 내용을 볼 수 있을 것입니다.

사실 시중에 기독교 세계관에 관한 책들이 많이 있음을 알고 있습니다. 그럼에도 불구하고 또 한 권의 책을 내는 것은 아쉬운 부분들이 여전히 있기 때문입니다. 세계관의 문제를 하나님 나라와 종말의 문제와 연결하여 살피는 경우가 드물고, 적용에 있어서도 서구 중심적인 내용들로 대부분 채워져 있습니다. 그런 의미에서 좀 더 우리의 상황에 맞는 세계관 책이 있었으면 하는 바람이었습니다. 그리고 전문적이지 않고 대중적인 세계관 책이면 더 좋겠다고 생각하였습니다. 그래서 시작한 작업이 바로 세잔의 사과였습니다. 하지만 첫 번째 책을 출판하고 난 뒤에 아쉬운 부분들이 많이 보였습니다. 그래서 개정을 해야겠다는 마음을 먹었습니다. 하지만 다시 책을 개정하기까지는 시간이 필요하였습니다. 그동안 「세잔의 사과」를 가지고 공부하고 강의하면서 아쉬운 부분들을 수정하려고 애를 썼습니다. 그리고 마침내 때가 되어서 개정판을 내게 되었습니다. 개정판은 새로운 이름과 함께 출판하였습니다. 바로 「기독교 세계관이 상실된 세상에서」입니다.

이 책은 2부 10강으로 되어 있습니다. 1부는 주로 성경적 세계관의 정의에 대한 부분으로 되어 있습니다. 성경적 세계관 운동이 어떻게 시작되었으며, 필요한 이유가 무엇인지(1강) 또한 세계관의 정의(2강)와 성경적 세계관의 실천적 현장인 하나님 나라의 모습(3강)과 문화적 종말의 관점에서 본 세계관 운동의 의미(4강)를 살펴보고 있습니다.

그리고 2부에서는 세상을 이해하고 세상에서 살아가기 위하여 실제적 모습을 다루었습니다. 2부에서는 되도록 철학적 함의들을 깊게 다루지 않고 대중적인 책 읽기를 위하여 쉬운 표현을 쓰고자 하였습니다. 우선 우리가 서 있는 사회를 이해하기 위하여 문화와 사상의 흐름을 살펴보았습니다(5강). 이 부분은 동양적인 내용보다는 서양 문화와 사상의 흐름 가운데 위치한 우리들의 모습이라 할 수 있습니다. 특별히 이 부분은 프란시스 쉐퍼의 「그러면 우리는 어떻게 살 것인가?」라는 책의 도움을 많이 받은 장입니다. 그렇다고 해서 그 책의 내용을 그대로 실은 것은 아닙니다. 하지만 그의 통찰력이 5강에서는 곳곳에 있음을 부정할 수 없습니다. 6강에서 10강까지는 성경적 세계관의 적용의 측면에서 선별하여 기록하였습니다. 여기에서는 우리의 실생활에서 부딪히는 문제에 대하여 성경적 세계관의 관점으로 보는 방법에 대하여 서술하였습니다. 그리고 제10강은 「개혁신앙」 3월호에 기고한 글임을 밝힙니다. 세계관은 삶입니다. 그런 의미에서 2부는 어떻게 보든 상관이 없습니다. 선별하여 보아도 괜찮습니다. 하지만 1

부와 2부 5강을 우선 보는 것이 매우 유익하리라 생각합니다. 이 책은 성경적 세계관이 얼마나 소중한 자산인지를 밝히고자 애를 썼습니다.

오늘날 한국 교회는 세상으로부터 온갖 돌팔매질을 당하고 있습니다. 기독교 인구가 20%에 육박하는 나라인데 큰 힘을 쓰지 못하고 있고, 영향력도 상응하지 않음을 봅니다. 도대체 이러한 슬픈 모습이 어떻게 생긴 것입니까? 한국 교회가 외적인 성장에 비하여 내적인 견고함이 빈약하기 때문입니다. 성경을 보고, 설교는 듣지만 살지는 않기 때문입니다. 교회 안에서의 모습과 밖에서의 모습이 단절되었기 때문입니다. 주일과 나머지 6일의 모습이 다르기 때문입니다. 그러므로 세상은 이해를 하지 못하는 것입니다. 세상이 느끼는 차이는 주일에 교회를 가느냐, 안 가느냐입니다. 그러니 무슨 영향이 있겠습니까? 같은 말, 같은 생각, 같은 욕심을 가지고 있는 것을 볼 때 예수 믿음에 대한 소망을 갖지 못하는 것입니다. 천국에 대하여 관심이 없고, 지옥에 대하여 두려워하지 않습니다. 그리스도인을 통하여 경외함을 배워야 하는데 그렇지 못한 것입니다. 도대체 예수 믿음의 참 의미가 무엇인지 알지 못하는 것입니다.

여기에는 성경적 세계관의 상실이 큰 자리를 차지하고 있습니다. 기독교인은 있는데 기독교 정신은 없습니다. 성경은 있는데 성경으로 사는 삶이 없습니다. 이것이 오늘날 기독교가 동네북이 된 이유라고 생각합니다. 이것은 신학적인 의미로 본다면 거듭남이 없는 종교인의 북새통이라 할 수 있습니다. 이러한 아픔은 누구나 경험하였을 것입니다.

예수님은 말씀하시기를 그리스도인은 세상에 살지만 세상에 속하지 않고 세상을 변화시키는 사람이라고 하였습니다. 믿음의 선배들은 그리스도인은 걸어 다니는 예수의 작은 초상화라고 하였습니다. 이것이 우리가 상실한 정체성입니다. 「기독교 세계관이 상실된 세상에서」는 이러한 상실된 정체성을 다시금 회복하자는 소망에서 쓰여졌습니다. 비록 완전한 책도 아니고 뛰어난 책도 아니지만 한국 교회를 향한 간절한 마음은 누구보다 뜨겁습니다. 이 책이 읽는 이들의 마음에 작은 울림이 될 수 있다면 더할 나위 없는 기쁨이라 생각합니다.

부족한 책을 위하여 애쓴 이들이 많습니다. 책의 편집을 맡아 준 김항석 형제, 김주호 형제, 권혜영 자매와 디자인으로 수고해 준 이하양 자매와 책을 꼼꼼하게 살펴 준 유정은 자매, 그리고 좋은 조언을 해 준 임재민 목사에게 감사를 드립니다. 그리고 추천사를 통하여 힘을 보태 주신 모든 분들께 감사를 드립니다. 사실 이 모든 글들은 선생님들의 지식을 통하여 이루어진 것입니다. 항상 마음에 간직하고 있는 스승님들께 감사를 드립니다. 그리고 이 책을 쓸 수 있도록 사랑해 주신 빛과소금교회 성도님들과 전국의 여러 교회에서 강의할 때 함께하여 주었던 이름 모를 성도들에게도 감사를 드립니다. 또한 사랑하는 아내 덕예와 딸 지예와 아들 현호에게도 감사를 전합니다.

아직도 이 책에 미진한 부분이 있음을 인정합니다. 부족한 것에 대한 아쉬움이 있지만 여전히 성경적 세계관이 우리에게 필요함을 알기에 책을 내어 놓습니다. 혹 문제가 있다면 모두 저의 부족함이라 생각합니다. 다시 한번 거룩한 소통을 꿈꾸면서 이 땅의 모든 그리스도인들의 삶에 하나님의 은총이 충만하기를 기도합니다.

2013년 12월 25일
소망의 땅 원당에서 신동식 목사

개정판 서문

「기독교 세계관이 상실된 세상에서」 첫 판이 나온 뒤에 많은 분의 격려가 있었습니다. 그리고 아쉬움도 함께 주었습니다. 그 가운데 한국에서의 기독교 세계관 운동의 역사를 알려 달라는 말이 있었습니다. 그러한 이야기를 듣고서 마음 한 편에 두고 있었는데 2쇄를 찍어야 한다는 소식에 기독교 세계관에 대한 간략한 역사를 정리하여 출판하는 것이 좋겠다는 생각이 들었습니다.

이번에 내는 책은 이전 책에서 미진한 부분을 수정하고, 1장을 새롭게 증보하였습니다. 그리고 좀 더 일관성 있도록 편집하기도 하였습니다. 이전과 큰 차이는 없지만 새롭게 증보된 장이 조금의 유익을 줄 수 있었으면 좋겠습니다. 그리고 좀 더 세밀하게 한국 교회에서의 기독교 세계관 운동의 역사들이 풍성하게 기록되는 시발점이 되기를 바랍니다.

이 작은 책이 조금이나마 교회를 세우는 데 도움이 되고, 하나님의 영광을 위한 선한 도구가 되기를 소망합니다.

2014년 12월 14일
소망의 땅 원당에서 신동식 목사

3판 서문

개정판에 이어서 다시금 3판을 내게 되었습니다. 개정판에서 몇 가지 내용을 첨부하였고, 전체적으로 매끄럽지 못한 부분을 수정하였습니다. 그러나 핵심 내용에서 큰 변화가 없습니다.

많은 분들이 사랑하여 주셔서 3판을 내게 되었습니다. 어떤 분은 성경적 세계관 운동이 실패하였다고 합니다. 외적인 면에서는 그렇게 볼 수 있는 여지가 충분합니다. 하지만 성경으로 세상을 보는 것이 어떻게 실패할 수 있겠습니까? 저는 성경적 세계관이 문제가 아니라 운동에 있어서의 전략에서 실패하였다고 생각합니다. 그러므로 다시금 전략을 수정하는 것이 필요합니다. 그 간절함이 이 책에 담긴 것입니다.

서구적인 것을 답습하는 것이 아니라 그들의 연구와 생각을 우리의 것으로 재창조해 내야 합니다. 그리고 우리의 현실에 맞는 전략을 수립해야 합니다. 본질은 바뀌지 않습니다. 그러나 전략은 얼마든지 수정이 가능합니다.

이 작은 책이 다시금 성경적 세계관 운동을 일으키는 데 쓰여지기를 소망합니다. 이번 3판이 나오는 데 큰 도움을 준 허우주 형제와 이하양 디자이너와 우리시대 편집부에게 감사를 드립니다.

2019년 10월 27일
소망의 땅 원당에서 신동식 목사

2부 세상을 이해하고 살아가다

1부

잠자는 세계관을 깨우다

1강 | 세계관의 문을 두드려라

한 인간의 성품과 사고는 일순간에 형성되지 않는다. 선천적으로 타고나는 기질과 달리 성장을 통해 후천적으로 습득하게 되는 문화의 영향이 크다. 그래서 문화의 유형에 따라 개인의 인격이 형성된다 해도 과언이 아니다.

우리는 말끝마다 너무 쉽게 죽겠다는 말을 쓴다. 조금만 배고프면 '배고파 죽겠다', 무엇인가 잘 해결되지 않을 땐 '답답해 죽겠다', 짐이 무거우면 '무거워 죽겠다', '팔 아파 죽겠다', 어느 정도의 힘겨움을 통틀어서 '힘들어 죽겠다'고 하는데 정말 고통스럽거나 혹은 다소 힘은 들지만 진짜 죽을 만큼은 아닌 일들에까지 너무 쉽게 '죽겠다'고 말한다. 그런데 '좋아 죽겠다', '우스워 죽겠다', '죽을 만큼 행복하다' 등 힘든 것뿐 아니라 좋은 일에도 같은 표현을 쓴다. '죽겠다'는 것은 상태나 느낌을 표현하는 가장 강력한 표현으로서 누구나 쉽게 사용하지만 사실 우리 민족이 죽음을 생각하며 세상을 살아왔음을 나타내는 치열함의 반증과도 같다.[1] 험악한 삶을 살아온 우리 민족에게 맺힌 말의 열매라고 할 수 있다.

우리는 새 소리를 들으면 새가 운다고 한다. 하지만 서구 사람들은 새가 노래한다고 말한다. 같은 새 소리를 들었는데 전혀 다른 반응을 보이는 것이다. 한 국문학자는 "곡으로 시작하여 곡으로 끝나는 것이 우리 민족의 풍속"이라고 하였다.[2] 이러한 슬픔과 울음은 대부분 가난과 굶주림에서 온 것이다.[3] 모진 세월을 겪어 온 삶이 자연스럽게 우리의 말이 되었고, 문화가 되었다. 우리는 매우 자연스럽게 새가 운다, 좋아 죽겠다 말하고 있다. 돌이켜 보면 이상하고 극단적인 표현이지만 전혀 이상함을 느끼지 못한다.

이렇듯 문화는 자신도 모르는 사이에 그 자신이 되어 버리는 속성을 가진다. 그러므로 문화는 자연스럽게 자신의 존재를 형성하는 중요한 열쇠가 된다. 이러한 사실은 루스 베네딕트가 연구한 아메리카 인디언 문화에서 찾아볼 수 있다. 그의 연구에 따르면 지형과 문화에 따라 한 사회의 지배적 가치가 형성되고 그렇게 형성된 지배적 가치는 대인 관계의 유형에서 나타난다고 한다.[4]

인간은 이렇게 지배적으로 형성된 가치와 성격으로 생각하고 세상을 바라보게 된다. 이것을 일반적으로 세계관이라고 부른다. 세계관은 세상을 바라보는 창의 역할을 한다. 모든 사람은 저마다의 창문을 통하여 세상과 교류하고 있다. 그런 의미에서 성경이라는 창을 통해 세상과 교류하는 거듭난 그리스도인들에게 있어서 성경적 세계관의 확립은 매우 중요하다. 신앙은 무조건적이고 의미 없는 순종이 아니라 바른 분별을 통하여 하나님의 뜻을 이루어 가는 것이다. 따라서 세계관과 그 형성 과정을 이해하고 견고한 세계관을 소유하기 위해 준비하는 것은 정말 중요하다.

개인적으로 세계관 운동이 온 교회를 휩쓸고 있다는 느낌을 받았던 과거와 달리 현재 소강상태에 있는 것을 보면 아쉬움이 적지 않다. 물론 세계관 운동이 엘리트화되거나 유행이 되는 것은 결코 바람직하지 않지만 사라지는 것은 더욱이 옳은 방향이 아니기 때문이다. 그런 측면에서 꾸준히 이 문제에 대하여 의견을 제시하고 다양한 나눔이 있어야 한다. 이 글은 바로 이러한 소망 가운데 나오게 된 것이다.

1장. 세계관 운동은 어떻게 시작되었나?

1. 세계관 운동은 정말로 필요한가?

교회에 있어서 세계관 운동은 정말로 필요한 것인가? 성경적 세계관이 그리스도인의 신앙생활에 정말로 중요한가? 성경적 세계관에 대하여 많은 논의가 있는 지금 이 질문에 대한 정직한 답변이 있어야 한다. 사실 교회사와 한국 교회의 흐름 가운데 세계관 운동은 없었다.

세계관은 근대에 나타난 주제였다. 일반 철학에서는 임마누엘 칸트와 빌헬름 딜타이에서 시작하여 오늘에 이르게 되었다. 그러나 기독교적 의미에서 세계관은 스코틀랜드의 장로교 신학자인 제임스 오르에서 시작하여 아브라함 카이퍼에 이르기까지 19세기에서 20세기에 걸쳐 나타났다고 볼 수 있다. 그 가운데 성경적 세계관 운동에 가장 큰 영향을 준 인물은 앞서 말한 아브라함 카이퍼라고 할 수 있다.[5]

19세기에 시작된 세계관 운동은 20세기에 들어와서 더욱 적극적인 모습을 나타냈다. 그리고 우리나라에서는 1980년대 후반에, 특별히 사회적 혼란과 정치적 어려움 가운데 형성되었다. 더 정확하게 말한다면 성도들이 우민화 정책에 반발하며 나타난 운동이라고 할 수 있다. 이 부분은 잠시 뒤에 살펴볼 것이다.

그렇다면 우리나라에서 성경적 세계관 운동을 촉발시켰던 교회의 모습은 어떠했던 걸까? 크게 3가지로 요약할 수 있다.

첫 번째는 균형을 상실한 복음이다. 한국 교회의 눈부신 성장 이면에 왜곡된 복음이 자리 잡고 있었다. 1960-70년대는 한국 교회의 성장기였다. 6.25를 거치고 보릿고개를 넘는 어려운 시점에 많은 교회는 백성들에게 현세적 소망을 강조하였다. 힘든 시기에 한국 교회가 이러한 일들을 감당할 수 있었던 것은 감사한 일이다. 절망 가운데 있는 이들에게 소망을 주는 것은 교회가 할 수 있는 일이다. 그러나 복음이 지나치게 현세적이고 물질적인 복에 치우치다 보니, 성경적 신앙을 상실하였고 기복적이고 샤머니즘적인 신앙인을 양산하였으며, 삶에서는 이원론적 신앙생활에 머물게 한 것이다. 이것이 점차 교회의 영향력을 상실하게 된 원인이었다.

두 번째는 맹목적 신앙이다. 한국 교회는 반지성적 신앙을 통한 맹목적 신앙인을 만들어 냈다. 맹목적 신앙은 그리스도인들로 하여금 반지성적 믿음을 갖게 하고 철저하게 개인주의적 신앙에 머물게 하였다. 그리고 사회에 대하여 관심을 끊게 하여 결국 균형을 상실한 신앙인으로 만들었다. 1960-80년대에 이르기까지 교회는 반지성적 신앙에 머물러 있었기에 지성적 신앙이 자리를 잡을 수 없었다. 신앙의 문제에 대하여 조금만 깊이 의문을 가지면 머리만 있는 지식주의 신앙이라 매도하였다. 그리고 참된 신앙은 묻지도 따지지도 않는 무조건적인 믿음과 순종이라고 강조하였다. 이로 인해 사회문제는 진보주의자들의 몫이 되었고 복음주의 교회들은 새장에 갇혀 재잘거리기만 하는 신세가 되었다.

더구나 성경의 가르침이 아닌 정교분리의 원칙을 강조함으로써 당시의 불의한 권력에 대하여 아무 말도 하지 못하는 벙어리로 만들었다. 이러한 일련의 일들이 결국 많은 복음주의 청년들의 가슴을 멍들게 하였다. 하지만 그들은 무소불위하게 휘둘리는 교회 지도자들의 저주의 소리에 주눅 들어 버릴 수밖에 없었다. 그렇게 맹목적 신앙이 자랐다.

세 번째는 신앙의 세속화이다. 세속화는 여전히 기승을 부리고 있다. 복음의 균형을 상실한 교회가 추구했던 것은 오직 자기 몸 부풀리기였다. 한국 교회의 아주 독특한 현상 가운데 하나는 교육관, 기도원 그리고 묘지를 갖게 되면 성공한 교회처럼 인식된다는 것이다. 그래서 교회가 대형화되면서 교회 건축이 이루어지고 교육관을 만들고, 기도원을 만드는 데 이어서 마지막으로 묘지를 만드는 것이 하나의 관행이 되었다. 이러한 일련의 과정에 들어간 헌금은 가히 상상을 초월하는 액수이다. 교회는 이 액수만큼 지역 사회와 세계 선교를 위한 헌신을 소홀히 했다. 오늘날 사회복지, 세계 선교에 관심을 갖는 것은 그나마 다행이나 이미 온갖 몰매를 맞은 다음에 나온 관심이라는 아쉬움이 있다.

이러한 교회의 자기 몸 부풀리기는 결국 많은 그리스도인을 자신만을 위해 사는 우물 안 개구리로 만들었고 철저한 이원론적 삶을 살도록 유도하였다. 교회가 하나님의 나라를 말하면서 정작 이 땅에서 자기 몸 부풀리기에만 열심을 내는 자가당착에 빠지게 된 것이다. **이러한 모순을 견디다 못한 반작용의 일환으로 일어난 것이 바로 성경적 세계관 운동이다.** 그러므로 신앙의 눈으로 교회를 넘어 세상을 보라고 외쳤던 초창기 세계관 운동가들이 오해를 받아서 많은 고초를 당했다.

2장. 성경적 세계관 운동의 역사와 반성

　　한국 교회에 기독교 세계관 운동이 소개된 것은 그리 오래되지 않았다. 기독교 세계관 운동은 1980년대의 정치적인 현실과 밀접한 관계에서 시작되었다. 대한민국의 현대사에서 80년대는 격동의 세월이었다. 유신 독재 정권이 무너지고 민주주의의 봄을 기다렸던 국민들의 꿈은 비참하게 짓밟혔다. 정치적 혼란기를 틈타 정치적 야욕이 있는 군인들이 쿠데타를 일으켜 독재 정권을 세웠다. 민주주의는 멀어지고 다시금 차디찬 겨울이 찾아왔다. 여기에 일부의 목사들은 앞장서서 불법 정권의 수괴들을 칭송하는 해괴한 일까지 일어났다. 그야말로 악몽의 시대가 온 것이다.

　　그러나 불행한 시대만은 아니었다. 독재 정권에 저항하였던 1987년 민주화 항쟁은 이후에 우리 사회와 교회에 새로운 변화를 주었다. 한국 사회는 87년 체제 이전과 이후로 구분할 수 있다. 87년 항쟁 이후에 한국 사회는 더더욱 민주화에 대한 국민적 열망이 커져 갔으며, 복음주의 교회도 사회문제에 다양한 모습으로 참여하기 시작하였다.

　　80년대는 학생 운동에 있어서 새로운 변화를 가져왔다. 70년대는 소박한 민주화 운동이었다면 80년대는 과학적 인식에 입각한 분명한 지향점이 있는 운동으로 평가되었다.[6] 이러한 현실 앞에 기독교인들의 사회에 대한 관심도 급증하였다. 70년대와는 달리 80년대는 보수적인 교회들도 사회 참여에 관심을 갖기 시작하였다.

바로 이러한 시기에 유물론적인 세계관에 대항하는 성경적 세계관 운동이 일어났다.[7] 초기의 세계관 운동은 지극히 지성적 운동에 머물렀다. 책자들을 통하여 세계관을 공부하는 수준이었다. 그러기에 대학가와 선교단체들이 중심이 되었다. 세계관에 관련된 여러 책이 소개되기 시작하였고, 그 가운데 송인규의 「"죄많은 이 세상"으로 충분한가?」(IVP, 1984)라는 책은 비록 소책자이지만 많은 도전과 함께 초기 세계관 운동에 있어서 중요한 역할을 하였다.

이러한 움직임은 다양한 단체를 통하여 점진적으로 확장되었다. 대표적으로 기독교대학설립동역회, 복음주의청년연합, 기독교학문연구회, 기독청년학생협의회, 대덕문화센터, 헨리조지협회, IVF 학사회, 기독교문화연구회, KOSTA 그리고 라브리 등 새로운 단체들이 생겨나면서 세계관 운동이 일어난 것이다.[8]

그러나 여전히 신학교와 지역 교회는 세계관 운동에 무지하였으며 선교단체들을 통해 일어나는 새로운 운동을 색안경을 쓰고 보기도 하였다. 그래서 세계관 운동은 교회가 수용하기까지 많은 어려움에 봉착해 있었다. 그러나 젊은 층을 중심으로 형성된 세계관 운동은 교회 안으로 밀려들어 왔고 교회에서의 잦은 마찰에도 불구하고 서서히 교회도 세계관 운동의 영향을 받기 시작하였다.

세계관 운동이 한국 교회에 새로운 운동으로 다가온 것은 역설적이게도 교회가 바른 방향으로 나가지 못하였기 때문이다. 우리는 그 이유 세 가지를 이미 살펴보았다. 바로 복음의 균형을 상실한 교회, 맹목적 신앙, 교회의 세속화다. 이러한 현실 가운데 세계관 운동은 교회를 개혁시키고 젊은 그리스도인들을 깨우는 데 큰 역할을 감당하였다.

그렇다면 한국 교회에 새 바람을 불어넣은 세계관 운동은 어떻게 시작되었을까? 그 역사를 다시 밟아보는 것은 오늘날 교회를 바라보는 모두에게 있어서 매우 유익하다.

1. 초기 세계관 운동은 선교단체 중심의 운동이었다

초기 세계관 운동, 특별히 80년대에 대한 기술과 평가는 김헌수의 「80년대의 기독교 세계관 운동에 대한 기독교적 반성」에서 얻을 수 있다. 세계관 운동의 태동을 말하려면 우선 손봉호(고신대 석좌교수)를 말하지 않을 수 없다. 화란에서 개혁신학과 철학을 공부한 손봉호는 70년대에 많은 학교에서 세계관을 소개하고 가르쳤다. 저서인 「현대정신과 기독교적 지성」(성광문화사, 1978)은 초기 세계관 운동의 좋은 지침서였다. 그러나 본격적인 저변 확대는 손봉호의 영향 아래 세워진 제자들에 의해 이루어졌다.

70년대에 중요한 책은 프란시스 쉐퍼의 「이성에서의 도피」(생명의말씀사, 1977)와 헨리 반틸의 「칼빈주의 문화관」(영음사, 1972)이었다. 이 두 책은 문화에 대한 역사적 고찰과 서양사에 나타난 문화 사상사의 모습을 잘 보여 주고 있어 문화와 사상에 대한 기초를 쌓기에 적당하였다.[9]

이러한 문화적 이해는 80년대에 들어와서 기독교 세계관이라는 말로 보편화되기 시작하였다. 이때 가장 열정적으로 모였던 선교단체는 IVF였다. IVF가 송인규 교수(전 합동신학대학원대학교)를 중심으로 한 연구모임의 논의를 토대로 쓴 책이 바로 이미 언급한 「죄 많은 이 세상으로 충분한가?」이다. 그리고 1982년 당시 서울대 법대 교환교수였던 윌리엄 쇼와 IVF 학사를 중심으로 제임스 사이어의 「기독교 세계관과 현대사상」을 공부하였으며 이후 책으로 출판되었다(IVP, 1985). 1984년에는 경북대학교의 양승훈(현 밴쿠버기독교세계관대학원 원장)을 중심으로 김경천, 권진혁, 제양규, 김기태, 조성표, 원동연 등이 기독교대학설립동역회를 구성하였다. 이들은 「기독교대학」이라는 소식지를 만들었으며, 1989년 말까지 28권의 소책자와 6권의 중책자 그리고 1988년에 「통합연구」를 창간하였다.[10] 그리고 1992년에 그동안의 자료집과 「통합연구」 9호까지의 내용을 묶은 책인 「기독교 세계관에 입각한 학문연구 자료집」(CUP)을 발간하였다.

기독교학문연구회(이하 기학연)는 1981년부터 1983년에 이르는 시기에 대학원생을 중심으로 모였던 이들이 1984년 8월에 제1회 집담회를 개최하면서 모임 이름을 '기독교학문연구회'로 정하고 활동하였다. 이때 함께하였던 이들은 황영철, 양성만, 김헌수, 오창희, 홍병룡, 류해신, 성영은, 김기찬 등이었다.[11] 아마도 기독교 세계관 운동에 있어서 가장 적극적인 교육과정을 가진 단체가 기학연이라 할 수 있다. 1987년부터 세계관 과정, 교양과정, 연구과정으로 나누어서 소그룹으로 공부하였다. 이들은 당시 봉천동에 있는 장소에서 모였고 일반인들에게 이 과정을 오픈하였으며 많은 이들이 이 과정을 통하여 답답한 문제에 대한 갈등을 해소하였다. 기학연은 세계관의 기본과정으로서 알버트 월터스의 「창조, 타락, 구속」(IVP, 1992)

과 교양과정과 심화 과정으로 프란시스 쉐퍼의 「그러면 우리는 어떻게 살 것인가?」(생명의말씀사, 1990), 엘 칼스베이크의 「기독교인의 세계관」(성광문화사, 1992)을 번역하고 공부하였다. 기학연은 세계관 과정의 소개와 함께 내부적으로도 단체를 더욱 견고하게 다져 갔다. 1988년에는 공부와 함께 10번의 세미나를 개최하였다. 당시에 사용된 교재는 「세상의 변혁을 위한 그리스도인의 비전」(리챠드 미들톤, 브라이안 왈쉬), 「복음이란 무엇인가?」(김홍전), 「하나님의 나라」(최낙재), 「삶의 체계로서의 기독교」(아브라함 카이퍼), 「칼빈의 경제윤리」(앙드레 비엘러), 「기독교 세계관과 현대사상」(제임스 사이어), 「기독교 세계관」(아더 홈즈), 「기독교 세계관」(로버트 눈슨), 「일반은총론」(헤르만 바빙크), 「구원이란 무엇인가?」(김세윤), 「성령 은사론」(리차드 개핀), 「교회와 하나님의 왕국」(피터 쿠즈믹), 「복음과 하나님의 나라」(그레엄 골즈워디), 「그러면 우리는 어떻게 살 것인가?」(프란시스 쉐퍼), 「건설적인 혁명가 칼빈」(프레드 그레함), 「칼빈의 경제 윤리」(신종훈), 「그리스도인의 현실 참여 어떻게 할 것인가?」(황영철), 「가이사의 것은 가이사에게, 하나님의 것은 하나님에게」(김세윤), 「근대과학의 출현과 종교」(R. 호이카스), 「문화명령」(서철원), 「우리의 신들이 우리를 저버렸다」(B. 하웃즈바르트), 「하나님의 나라와 이 세상에서의 우리의 삶」(H. 리델보스), 「아브라함이 바라던 복은 무엇인가?」(최낙재)이었다.[12] 그리고 1990년 이후에는 유학을 마치고 돌아온 강영안을 중심으로 존 스토트의 「현대 사회문제와 기독교적 답변」 등을 연구과정으로 공부하였다. 이렇게 기독교 세계관 운동을 이끌었던 초기의 세 단체는 동일한 책을 읽고 나누며 세계관 운동을 하였다. 특히 이들의 사역에는

웨슬리 웬트워스라는 선교사의 역할이 컸다. 웬트워스는 세계관 운동에 중요한 책들을 소개하여 주었다.[13]

　　그러나 이들과 다른 관점에서 운동을 펼친 단체들도 80년대에 일어났다. 물론 지금은 그 명맥이 끊어진 상태이지만 80년대 중요한 위치를 차지하였던 이 단체들은 '기독교문화연구회'(이하 기문연), '한국복음주의청년연합'(이하 복청), '기독청년학생협의회'(이하 기청협) 등이다. 이들 단체들은 좀 더 적극적으로 현실 참여를 강조하였다. 우선 기문연은 1986년 서울대 예수 대축제와 서울대생들의 분신 사건을 통하여 탄생되었으며,[14] 초기 주요 구성원은 고신 교단의 SFC 출신인 최은석, 이덕준과 장신대를 졸업한 박문재였다. 그 가운데 박문재(당시 대학촌교회 대학부 전도사)가 큰 역할을 하였다. 이들은 한국의 현실을 분석하는 데 유용한 모델인 마르크스주의 방법론을 채용하였고, 서울대 채플의 일환으로 발간된 「기독교대학신문」에 적극적으로 참여하였으며, 특별히 김근주가 편집장을 맡은 시기부터는 서울대를 넘어서 많은 대학에도 큰 영향을 주었다. 그러나 1989년 8월 용문산 수련회에서 기문연의 방향을 놓고 심각한 의견 차이로 결국 모임을 중단하게 되었다.[15]

　　복청(회장 박철수)은 1987년 당시 대통령 선거를 앞두고 복음주의청년협의회(복협)를 결성하고 공정선거감시단으로 참여하는 데서 시작되었다. 대통령 선거 이후에 복청이 결성되고 교회, 빈민, 노동, 통일, 농촌, 여성분과 등 다양한 분과를 조직하고 활동하였다. 1988년 3월 1일에는 '복음운동과 민족해방운동'이라는 공개 강좌를 실시하였다. 이후 기관지인 「복음 청년」이 발행되었으나 역시 노선 문제로 인하여 1989년 7월 3호 발간을 끝으로 휴지기에 들어갔다. 특

히 기문연과 복청은 구성원과 색깔이 비슷하였다. 그 후 「기독교대
학신문」과 「복음 청년」을 발간하는 데 앞장섰던 이들은 「복음과 상
황」이라는 잡지를 만드는 데 참여하게 된다.

80년대 후반에는 각 지역에서 세계관 운동이 일어났다. 대전 대
덕 기독교문화센터, 부산의 예수시대, 춘천의 춘천 기독교학문연구회
(허문영),[16] 그리고 한국 헨리조지협회(김세열) 등이다. 그리고 1988
년에 시작하여 1990년 성인경(목사, 한국 라브리 공동체 대표)을 통
해 태동된 라브리 공동체가 있다.[17] 특히 라브리는 상아탑에만 머물
러 있던 기독교 세계관과 문화에 대한 이해를 지역 교회 청년들에게
확산시키는 데 큰 기여를 하였다.

반면에 1989년에는 지역 교회들이 학원 복음화에 대한 관심을
가지고 단체를 태동시켰다. 바로 '학원복음화협의회'(이하 학복협)이
다. 학복협은 복음주의 계열의 목회자들이 중심이 되었다. 조병호에
의하면 학복협의 시작은 영락교회 교역자들(임영수, 이성희, 김동호)
에 의하여 의견이 개진되었다고 한다.[18] 그리고 1990년 1월에 11개
교회 담임목사가 중심이 되어 학원복음화협의회를 구성하였다.[19] 학
복협의 세계관 교육은 90년대 들어와 지역 교회 청년 대학생들과 신
학생들에게 영향을 주었다.

이렇게 80년대는 급변하는 사회 현실 속에서 그리스도인의 정
체성을 바로 세우고 삶의 현장에서 하나님의 나라를 회복하기 위한
몸부림이 세계관 운동으로 나타났다. 이러한 상황 가운데 좋은 길잡
이가 되는 책들이 출판되었다. IVP에서는 당시에 최고의 세계관 책
이라 인정받은 리처드 미들톤과 브라이언 왈쉬의 「세상의 변혁을 위
한 그리스도인의 비전」(1987년), 하웃즈바르트의 「자본주의와 진보

사상」(1989년), 폴 마샬의 「기독교 세계관과 정치」(1989년)를 출판
하였다. 그리고 아더 홈즈의 「기독교 세계관」(엠마오, 1985년), 헤
리 블레마이어의 「그리스도인은 어떻게 사고해야 하는가?」(두란노,
1986년), 아브라함 카이퍼의 「삶의 체계로서의 기독교」(새순출판사,
1987년), 로버트 눈슨의 「기독교 세계관」(라브리, 1988년)이 출판
되었다.

2. 90년대 세계관 운동은 지역 교회 운동으로 확장되었다

80년대를 지나 90년대에 들어서면서 세계관 운동은 새로운 변
화를 맞이한다. 이 시기에 세계관 운동은 문화와 결합되어 순식간에
대중적인 운동으로 자리매김하게 되었다. 특별히 1994년부터 2002
년에 걸쳐서 기독교학문연구회의 교육과정과 기독교윤리실천운동의
문화 운동, 그리고 좀 더 대중적인 문화 단체인 '낮은울타리'의 등장
과 80년대의 '복청'을 이어받고자 하였던 「복음과 상황」의 발간이 새
로운 의미에서의 세계관 운동을 주도하였다. 특히 문민정부와 국민
의정부 시기에 문화에 대한 관심이 높아졌고 이에 대한 바른 기준이
필요하게 되었다. 이때 80년대에 시작된 세계관 운동 단체들이 이러
한 대중적 문화 운동에 성경적 기준을 이식하였다. 성경적 세계관으
로 문화를 바라보는 운동이 일어났으며 이것은 자연스럽게 지역 교회
에 파급되었다. 여기에 종말과 하나님 나라에 대한 신학적 확산도 90
년대의 뚜렷한 특징이라고 할 수 있다. 이러한 모습들이 90년대를 휘
감았다고 할 수 있다.

문화의 시대가 오면서 각 단체들도 문화에 대한 성경적인 분별

을 갖고자 다양한 모임을 갖기 시작하였다. 이때에 라브리 공동체는 적극적으로 연합수양회를 가졌으며, 기독교대학설립동역회는 통합 연구학회 세미나를 개최하였고, 기독교학문연구회는 「신앙과 학문」 학술지와 소그룹 훈련 과정에 심혈을 기울였다. 그리고 낮은울타리의 융성과 함께 세계관 운동의 저변이 확대되었으며 90년대에 들어서서 신학교에 세계관 운동 단체들이 생겨나기 시작하였다. 90년대 초에 열심을 내었던 신학교는 총신대와 칼빈대였다. 그리고 90년대 중반 에 한신대와 장신대 등에도 세계관 운동단체가 생겨났다. 「복음과 상황」은 세계관과 문화에 대한 특집을 통하여 적극적으로 운동하 였다. 또한 칼빈학문연구회 회원이었던 김완식, 신동식, 황문현, 임 재민 등을 중심으로 만들어진 '기독교 사역 동역회'(이하 기사동)는 본격적으로 기독교 세계관과 문화에 대한 세미나 및 수련회를 개최 하였다. 기사동은 철저하게 지역 교회를 중심으로 하는 세계관 운동 과 문화 운동을 진행하였다. 당시에 논란이 많았던 뉴에이지에 대한 바른 분별과 포스트모더니즘 이해를 위한 자료집을 만들어 배포하였 다. 그러나 아쉽게도 1990년대 후반에 들어 내부의 문제로 인하여 활 동을 중단하게 되었다.

문화의 시대로 발돋움한 90년대는 무엇보다도 프란시스 쉐퍼의 영향이 매우 컸다. 또한 선교단체와 교회 청년 대학생들을 중심으로 쉐퍼의 책 읽기가 붐을 일으켰는데 이는 문화에 대한 관심이 분출되 는 상황에서 어떻게 분별해야 하느냐가 중요한 이슈였기 때문이었다. 동시에 자크 엘륄에게도 관심을 갖기 시작하였다.

90년대는 무엇보다도 세계관 운동이 지역 교회에서 꽃을 피웠던 시대였다. 물론 90년대 중·후반에 나타난 현상이라 할 수 있지만 80

년대 태동되었던 세계관 운동이 본격적으로 교회로 흘러들어 가기 시작했다. 이러한 사실을 잘 보여 주는 지표 가운데 하나로 교단들이 감당하는 여름성경학교 강습회에 세계관 강의가 포함되었고 교육과정으로 성경적 세계관을 고민하고 집필하기 시작하였다. 물론 아쉬운 것은 세계관의 변화를 위한 장기적인 이해보다는 교회 성장에 방점을 두고 교육이 이루어진 부분이다.

이러한 상황 가운데 90년대에 들어서 다양한 세계관 책들이 출판되었다. 양승훈의 「기독교 세계관의 이해와 적용」(CUP, 1990. 개정판 1999)은 송인규 이후 본격적으로 세계관을 다룬 국내 저자의 저작이다. 그리고 80년대에 시작된 세계관 운동 서적 출판이 90년대에 들어와서 더욱 활발하게 그리고 다양하게 이루어졌다. 프란시스 쉐퍼의 「그러면 우리는 어떻게 살 것인가?」(생명의말씀사, 1990), 자크 엘륄의 「뒤틀려진 기독교」(대장간, 1990), 도올 김용옥에 대한 비판서인 박삼영의 「기 철학을 넘어서」(라브리, 1991), L. 칼스베이크의 「기독교인의 세계관」(성광문화사, 1992), 존 스토트의 「현대 사회 문제와 기독교적 답변」(기독교문서선교회, 1985), 알버트 월터스의 「창조, 타락, 구속」(IVP, 1992), 한스 로크마커의 「현대 예술과 문화의 죽음」(IVP, 1993) 제임스 사이어의 「기독교세계관과 현대사상」(IVP, 초판 1985. 개정판 1995)과 「지성의 제자도」(IVP, 1994), 아더 홈즈의 「모든 진리는 하나님의 진리다」(크리스챤다이제스트, 1991), 「기독지혜사 세계관 시리즈」(기독지혜사, 1992), 라브리 수양회 강의안을 묶은 「신앙과 지성」(일지각, 1992), 80년대에 나왔다가 재출판된 칼 하임의 「성서의 신앙 세계」(대한기독교서회, 1992), 「기독교 세계관으로 조명한 서편제」, 「기독교 세계관으로 본 쥬라기 공원」 등

(이상 CUP, 1993), 「신앙의 눈으로 본 역사」, 「신앙의 눈으로 본 음악」, 「신앙의 눈으로 본 사회」 등(IVP, 1995), 안점식의 「세계관과 영적전쟁」(죠이선교회출판부, 1995), 성인경의 「프랜시스 쉐퍼 읽기」(예영커뮤니케이션, 1996), 로날드 사이더의 「가난한 시대를 사는 부유한 그리스도인」(IVP, 1998), 진 에드워드 비스의 「현대 사상과 문화의 이해」(예영커뮤니케이션, 1998), 리처드 마우의 「왜곡된 진리」(CUP, 1999), 데일 라슨·샌디 라슨의 「기독교에 관한 7가지 신화」(CUP, 1999) 등이다. 특별히 프란시스 쉐퍼의 책은 90년대에 본격적으로 재출판되기 시작하면서 많은 이들에게 영향을 주었다. 그리고 쉐퍼와 더불어 자크 엘륄 역시 서서히 마니아층을 형성하기 시작하였다.

이렇듯 90년대는 성경적 세계관 운동이 문화와 하나님 나라에 대한 신학적 관심과 결합됨으로 활발하게 타올랐다. 이원론에 대한 진지한 토론과 사회 참여와 문화에 대한 나눔으로 복음주의권의 교회들이 신학적 진보주의 진영보다 훨씬 풍성한 나눔과 참여가 있던 시대였다. 이렇게, 80년대 후반에 시작된 세계관 운동은 문화에 대한 논의가 풍성했던 90년대를 거치면서 확산되었다.

3. 21세기에 들어선 세계관 운동은 동력에 있어서 침체되었다

그런데 90년대 후반에서 21세기에 들어오면서 세계관 운동은 동력에 있어서 많은 어려움을 겪었다. 여기에는 다양한 이유가 있었다. 세계관 운동의 침체는 80년대부터 시작된 세계관 운동의 허와 실이 드러난 결과라고 할 수 있다. 이 문제에 대해서는 나중에 밝힐 것이다.

2000년대 초에는 90년대 후반 세상과의 소통에서 다양한 대안을 제시하였던 세계관 운동가들이 자신들의 논점을 정리한 책들을 출간하였다. 최전선에서 뛰었던 라브리의 성인경의 「진리는 시퍼렇게 살아있다」(예영커뮤니케이션, 2001. 개정판 2004)와 기독교 철학자인 신국원의 「니고데모의 안경」(IVP, 2005)이 나왔으며, 조직신학자로서 영향력을 주었던 이승구의 「기독교 세계관이란 무엇인가?」(SFC, 2005) 등 90년대 이후 세계관 운동에 가장 바쁘게 움직였던 이들의 결실을 볼 수 있었다.

기세 논쟁

그러나 이러한 활발한 활동이 있음에도 불구하고 세계관 운동의 확산은 눈에 띄게 수그러들었다. 그 원인으로 90년대 후반에 불어닥친 포스트모더니즘의 영향을 생각해 볼 수 있다. 특별히 박총은 「기독교 세계관을 확 뜯어고쳐라」(「복음과 상황」 2002년 2월호)는 기고로 기존의 세계관 운동에 대한 도발적인 질문을 하였다. "기독교 세계관 운동은 기독 교수, 학자, 대학생 등 지성 집단을 중심으로 저변으로 확산되면서 '신앙과 지성'이라는 한 책의 표제가 보여주듯 양자의 결합이 가능하다는 것을 깨닫게 해주었고, 우리의 삶을 일관되게 영위해 낼 수 있다는 도전과 가능성을 제공해 주는 등 그 열매가 없지는 않았지만, 동시에 그 한계가 자못 심각하다는 점은 앞으로의 기독교 세계관 운동에 중대한 전환을 요구하고 있다."[20]

이때로부터 기독교 세계관 논쟁(이하 기세 논쟁)이 복음주의 교회에 새로운 화두로 떠올랐다. 기세 논쟁은 기독교 세계관에 대한 신학적 질문을 던지게 하였고, 기독교 세계관은 개혁주의 세계관이며,

명제적인 관점이라고 비판하기 시작하였다. 그러면서 다양한 모습으로 재편되어야 한다고 요구하였다. 이들은 개혁주의 신학이 가지고 있는 명제적 세계관만이 기독교 세계관이 아니며 다양한 기독교 세계관이 존재한다고 하였다.

그러한 비판은 결국 2003년 기독교 세계관 포럼으로 이어지게 되었다. 기독교학문연구소와 복음과 상황이 공동 주최한 '기독교 세계관은 아직 유효한가?' 포럼의 발표자는 이승구 교수(합동신학대학원대학교), 최태연 교수(천안대), 김기현 목사(부산 로고스교회), 양희송 대표(청어람아카데미), 토론자는 윤완철 교수(KAIST), 장수영 교수(포항공대), 이원석, 정정훈 연구원(실험공간 이음)이었다.[21] 양희송은 '한국의 기독교세계관 운동의 비판적 성찰과 역동적 혁신을 위하여', 이승구는 '기독교세계관에 대한 요구들과 기독교세계관의 요구', 김기현은 '개혁주의세계관 비판과 변혁모델의 다양성', 최태연 교수는 '벼랑 끝에 선 기독교세계관'이라는 주제로 발표했다.

특별히 최태연은 기독교 세계관에 대한 각 진영의 비판을 정정훈의 "포스트모던 좌파 복음주의"의 기세 비판, 이원석의 "문화 신학적 기세 비판", 그리고 양희송의 "내러티브 비판", 김기현의 "애너뱁티스트 세계관 관점에서의 기세 비판"으로 정리하였다.[22]

이러한 기세 논쟁의 배경은 지금까지 소개된 세계관이 모두 신학적으로 개혁주의 입장에 서 있었다는 것이다. 그러기에 김기현은 아나뱁티스트 사상을 바탕으로 개혁주의 세계관 운동을 비판하고 다양한 기독교 세계관이 있다고 강조하였다. 이 연장선상에서 명제적 세계관에 대한 반성으로 리차드 미들톤과 브라이언 월쉬의 「포스트모던 시대의 기독교 세계관」(살림, 2007)이 출판되었다. 그리고 알버트 월터스의 「창조, 타락, 구속」이 개정 출판되었다(IVP, 2005). 또한 마이클 고힌과 크레이그 바르톨로뮤의 「세계관은 이야기다」(IVP, 2011)가 나왔다.

기세 논쟁을 통하여 세계관에 대한 다양한 논의가 있었고, 의미있는 책들이 출판되었지만 아쉬운 것도 많았다. 그 가운데 두 가지를 말하자면 첫째, 기세 논쟁 이후에 세계관 운동가들 사이에 나타난 진영 싸움이다. 어떻게 살 것인가라는 논의에서 갑자기 무엇이 옳은가, 누가 내 편에 있는가 하는 싸움처럼 보인 것이다. 그리고 둘째로 기세 논쟁은 교회와 일반 성도로 하여금 세계관은 삶의 문제가 아니라 이론적인 영역의 문제라는 인식을 주었다. 결국 누가 더 많이 공부하느냐가 중요하지, 누가 어떻게 사느냐가 중요한 것이 아니라는 오해를 가지게 한 것이다. 그 여파로 반지성적 신앙이 되살아나고, 관상기도와 같은 내적 중심의 신앙과 신사도 운동과 같은 신비주의 영성 신앙이 분출하였다.

기세 논쟁 이후

그렇다면 기세 논쟁 이후에 나타난 세계관 운동은 어떠했을까? 물론 이전보다 활성화되었다고 말할 수는 없다. 그러나 역사 속으로 사라진 것 역시 아니었으며 이전과 같지 않지만 다양하게 전개되었다. 그 가운데 복음주의 진영의 연합체인 '성서한국'에서 지속적으로 기독교 세계관을 강의하였으며, 청어람아카데미(대표 양희송)는 다양한 강좌를 중심으로 세계관 강의를 지속하였다. 기독청년아카데미는 연간 교육 프로그램에 기독교 세계관 강의를 개설하였다. 그리고 세계관의 적용을 위한 문화와설교연구원과 새벽이슬이 주관하는 개혁과 부흥 컨퍼런스가 2004년 시작되었다.

또한 개혁주의 진영에서는 부흥과개혁사를 통하여 개혁주의 입장의 세계관 책이 출판되고, 개혁주의 청년들의 수련회인 튤립 컨퍼런스를 통하여 지속적인 성경적 세계관 운동을 진행하고 있다.

그리고 그동안 기독교 세계관 운동의 중심 역할을 하였던 기독교학문연구회와 기독교대학설립동역회가 통합하여 기독교세계관학술동역회가 탄생하였다. 이 두 기관의 연합은 한국 사회 속에서 기독교 세계관 운동의 침체를 인정하면서도 여전히 기독교 세계관 운동이 필요함을 보여 준다고 할 수 있다. 통합된 이름에서 더 적극적으로 기독교 세계관 운동을 펼치고자 하는 의지를 볼 수 있다.

21세기에 들어와서도 세계관 책들은 계속하여 출판되었으며 비록 이전과 같지 않지만 지속적으로 영향을 주고 있다. 이승구 교수의 「기독교 세계관으로 바라보는 21세기 한국 사회와 교회」(SFC, 2005)를 비롯한 기독교 세계관 시리즈, 낸시 피어시의 「완전한 진리」(복 있는 사람, 2006), 김재영의 「하나님 나라의 자유를 찾다」(국제제자훈련원, 2010), 마이클 호튼의 「개혁주의 기독교 세계관」(부흥과개혁사, 2010), 스티브 윌킨스, 마크 샌포드의 「은밀한 세계관」(IVP, 2013), 데이빗 노에벨의 「충돌하는 세계관」(꿈을 이루는 사람들, 2013) 등이다. 기세 논쟁 이후 존 하워드 요더의 「예수의 정치학」(IVP, 2007), 존 레데콥의 「기독교 정치학」(대장간, 2011)을 비롯한 아나뱁티스트의 책들과 톰 라이트의 「악의 문제와 하나님의 정의」(IVP, 2008)를 비롯한 다수의 책, 그리고 짐 월리스의 「가치란 무엇인가?」(IVP, 2011), 「하나님의 정치」(청림출판, 2008)를 중심으로 한 실천적인 책 등 이전보다 더욱 다양한 영역의 책들이 소개되었다.[23]

4. 기독교 세계관 운동이 침체된 이유는 무엇인가?

기독교 세계관 운동의 역사를 통해서 보았듯이 현재의 세계관 운동은 이전과 달리 침체되었다. 무엇이 이러한 침체를 가져왔는지 정확하게 살피는 것이 필요하다. 이에 대하여 80년대의 성경적 세계관 운동에 대한 김헌수의 반성과 제안은 당시는 물론이고 지금도 여전히 유효함을 볼 수 있다.

"세계관에 대한 이해가 빈약하다고 지적될 수 있는 경우의 대부분은 세계관을 부분적인 것으로 제한하는 경우들일 것이다. 세계관이라는 것은 문자 그대로 포괄적인 것인데, 그 포괄성을 제대로 이해하지 못하고 하나의 부분, 특히 지적인 측면과 동일시하는 경우들이 적지 않다. … 세계관에 대한 논의를 성경과 밀접히 관계시키지 못하고, 세계관 '공부'로만 이해하여, 성경공부, 전도[선교], 찬양 모임 등과 병렬시켜 세계관에 대한 피상성을 드러냈다. 성경에 기초하여 기독교적 세계관을 정립하고, 그 기초 위에 전도나 찬양, 기타의 활동 등을 위치시켰어야 믿음의 선배들이 주장했던 '삶의 체계로서의 기독교'를 이 세상에 증거했을 것이다. 그러나 세계관의 개념을 명확히 하고 그 개념에 입각하여 논의를 전개하기보다는 적당한 절충적 입장을 취하는 경우가 많다는 것이 우리의 현주소인 것이다. … 이러한 세계관 규정이 뛰어난 것이라고 하더라도 우리가 더욱 노력을 기울여야 할 부분들이 있다. 우선 세계관의 이해 방식이 다분히 서구적인데, 이것은 몇몇 번역서를 통해 그 개념을 수용하였기 때문일 것이다. 그러나 번역된 책에 뿌리를 둔 세계관이 아니고 이 땅에 뿌리를 내리기 위해서는 한국적 사고에 대한 깊이 있는 이해가 필요하다. 깊이 있는 이해라 하여 유교철학이나 불교철학 등을 공부하자는 것이 아니고 한국인의 일상적 삶을 깊이 있게 연구할 필요가 있다고 생각한다. 한국의 전통적 의식뿐 아니라 산업화 이후의 변모한 우리 사회의 모습과 사람들의 의식의 변화를 파악하기 위해 노력을 기울여야 할 것으로 생각한다."[24]

이것이 80년대 태동기의 세계관 운동의 반성과 제안이었다. 90년대를 바라보면서 80년대의 세계관 운동을 분석하고 반성하면서 제안하였던 것들은 삶의 모든 영역에 하나님 나라를 확장하는 일에 매우 중요하였다. 하지만 이러한 제안들은 반영되지 못하였고 90년대에도 동일한 문제가 반복되었다. 80년대의 세계관 운동은 주로 상아탑에서 이뤄진 지성 운동의 성격이 매우 강하였다. 그러기에 세계관 운동의 초창기 멤버들은 이러한 상황에 대하여 일찍이 반성하고 제안을 내놓았다. 그러나 이러한 반성과 제안이 들리지 않고 90년대에도 여전히 지성 운동의 모습을 가지고 있었다. 선교단체 등에서 세계관 운동을 이어받은 교회들 역시 놀랍게도 비슷한 전철을 밟았다.

90년대 후반에 들어서면서 세계관이라는 말은 교회에서도 자연스럽게 들려지기 시작하였다. 그만큼 세계관 운동이 일상화되었다고 할 수 있다. 하지만 그 모습은 독서를 통한 지식을 축적하는 운동이었지 삶으로 표출되지는 못하였다. 당시의 교회들은 세계관 운동을 또하나의 성경공부로 인식하였다. 그래서 교회에서 세계관 강의와 공부는 많이 늘어났지만 삶의 영역으로 내려오는 것은 미진하였다.

이러한 모습은 문화에 대한 이해에서 잘 나타났다고 할 수 있다.

세계관 공부가 문화를 비판하고 적대시하는 도구로 전락하는 모습으로까지 비쳐지기 시작하였다. 90년대는 문화에 대한 이해가 너무나 소극적이고 율법적이며 마녀사냥 식으로 되어 갔으며 대중문화를 사탄의 음악으로 간주하고, 뉴에이지의 열풍으로 무분별하게 문화를 적대시함으로 오히려 세계관 운동은 역풍을 맞고, 교회의 보수성을 더욱 높이게 됨으로 정직한 대화를 하지 못하게 되었다. 이러한 모습들이 세계관 운동에 대한 회의와 거부감으로 나타나기 시작하였다.

90년대 후반부터 세계관의 적용으로서의 문화와 포스트모더니즘에 관계된 책들이 많이 출간되었다. 이전에 번역되었던 리처드 니버의 「그리스도와 문화」가 재출간되었고(IVP), 폴 틸리히의 「문화의 신학」(대한기독교서회), 로버트 웨버의 「기독교 문화관」(엠마오), 서철원 교수의 「기독교 문화관」(총신대학출판부), 성인경 목사의 「아담과 문화를 논할 때」(낮은울타리)를 비롯하여 신국원 교수의 「포스트모더니즘」, 「문화 이야기」(이상 IVP) 등 다양한 책이 출판됨으로 포스트모던 시대를 사는 그리스도인들의 세계관을 돌아보게 하였다.

여덟 가지 이유

20세기를 뒤로하고 21세기에 보여진 세계관 운동은 어떠한가? 한마디로 말하면 매우 왜소해졌다. 90년대와 같은 역동적인 모습을 볼 수 없었다. 시간이 지날수록 더욱 확장되어야 할 세계관 운동이 오히려 침체의 늪에 빠진 것이다. 도대체 그 이유가 무엇일까? 사실 많은 반성이 있었음에도 불구하고 여전히 남아 있는 세계관에 대한 빈약한 이해가 원인이라 할 수 있다. 이러한 이유를 8가지로 제시해 보고자 한다.

첫째, 세계관 운동이 문화 운동에 한정되었다. 80년대와 달리 90년대에 세계관 운동이 문화 운동으로 한정되었기 때문에 변화하는 사회 속에서 그 영역이 좁아졌다고 볼 수 있다. 마음(Mind)을 새롭게 하는 것이 아니라 문화를 분석하는 운동으로 이해되었기에 세계관이 삶에서 실제로 나타날 수 없었다. 이 부분이 21세기에 들어서 더욱 아쉬운 부분이라 생각된다.

둘째, 세계관 운동은 청년(대학생)들이 하는 공부라는 인식을 깨지 못하였다. 이것은 태생적 한계이지만 그러나 이 틀을 깨지 않으면 안 된다. 성경적 세계관은 모든 진리가 하나님의 진리임을 믿는 모든 그리스도인들이 반드시 가지고 있어야 한다. 그런데 청년 학생운동으로만 보고 젊을 때 한시적으로 하는 지성적 공부라고 생각하였다. 결국 모든 계층이 가지고 있어야 할 전 인격적 운동으로 인식되지 못한 세계관 운동은 전 교회적으로 확산되지 않았다.

셋째, 세계관 운동이 학문적 활동으로 인식되었다. 그러다 보니 세계관 공부를 한 사람들이 엘리트 의식을 가지게 되고 계층을 형성하는 일이 생겨났다. 이것이 가장 큰 오해이다. 세계관 운동이 엘리트 의식을 갖게 하는 것이라면 의미가 없다. 그런데 이러한 오해가 실제로 존재한다. 세계관 운동은 배운 사람이나 하는 것이라는 인식이 전반적으로 형성되었고 결국 대다수의 그리스도인들이 비판적 입장을 취하게 된 것이다. 한국인들이 가지고 있는 세계관 가운데 엘리트 의식은 대단하다. 그런데 성경적 세계관 운동은 엘리트 신앙인을 만드는 데 딱 들어맞게 보였다. 역사와 철학과 미학을 다루는 공부는 마치 엘리트가 되는 것 같은 인상을 주었다. 그러기에 하나의 과정일 뿐 삶과 인식의 변화는 요원하였다.

넷째, 성경적 세계관 논쟁에 대한 진영싸움이다. 이것은 참으로 안타까운 일이다. 성경적 세계관에 대한 이해가 한국 교회에 정착도 되기 전에 일어난 논쟁은 결국 진영을 만들었고 운동의 동력을 상실하였다.

세계관 운동은 그야말로 삶의 운동이다. 삶의 체계로서의 기독교를 증거 할 수 있어야 한다. 삶의 문제와 사회의 변혁을 위한 분별과 싸움이 어떻게 이루어지는지 보여 주어야 한다. 그렇지 않고 편 가르기를 하고 있는 것은 가장 불쌍한 일이다.

물론 여기에 신학적인 함의가 들어가 있는 것은 당연하다. 그렇다고 기존의 개혁주의 세계관을 확 뜯을 필요는 없다. 오히려 성경적 세계관을 이해하는 다양한 방법에 대하여 나눔이 필요할 뿐이다. 기독교 세계관이 아니라 성경적 세계관이라 부르고자 하는 이유이기도 하다. 싸움 하는 것으로 비칠 때 누가 변혁을 위한 주체가 되겠는가? 싸우고 있는 이들의 이야기를 세상이 듣겠는가?

다섯째, 세계관 운동가들의 이념 논쟁이다. 이것은 한국 교회의 가장 슬픈 모습이다. 성경적 세계관이 태동되었던 80년대 후반에는 불의한 군사정권에 대하여 복음주의 교회는 침묵하였다. 당시 교회의 소망은 교회당 짓고, 교육관 만들고 기도원 세우는 것이었다. 그러나 정치를 비롯한 세상 문화에는 관심이 없었다. 그러나 젊은 세대들은 방황하였고 그 고민에 물꼬를 튼 것이 바로 세계관 운동이었다. 그렇게 복음주의 교회는 다시 회생하였다. 그러나 그 동력이 흔들리고 말았다. 성경적 세계관으로 이념을 분별하고 다스려야 하는데 이념 논쟁에 빠져들고 이념의 지배를 받는 상황이 도래하였다. 비성경적인 것을 비판하고 피케팅을 할 수 있지만 그것이 유한한 정권을 옹

호하는 수단이 되어서는 안 된다. 그러나 한국 교회의 세계관 운동을 하는 이들이 이념으로 갈라지고, 계층이 나눠지게 되었다. 새로운 측면의 진영 싸움이 된 것이다. 그러나 교회는 성경적 세계관의 필요성을 느끼지 못하고 점점 세속화되어 갔다. 교회의 대형화와 정치화 그리고 세습과 성적 일탈을 행한 목회자를 보아도 반응하지 않는 형국이 되었다. 나팔을 불어도 응답하지 않는 한국 교회는 점점 말라 가고 있다. 세계관 운동이 침체된 이유이다.

여섯째, 지역 교회의 상황에 밀착된 다양하고 지속적인 세계관 운동이 부족했다. 세계관 운동이 캠퍼스와 선교단체를 중심으로 이뤄지다보니 대학을 졸업하고 선교 단체를 떠난 그리스도인들 가운데 지역 교회에서 적응하는 것에 많은 어려움을 겪었다. 그 가운데 지역교회의 세계관 이해는 매우 부족하였다. 때로는 위험한 이론으로 인식되기까지 하였다. 그러다보니 선교단체와 대학에서 나눈 세계관이 지역교회에서는 힘을 발휘 할 수 없었다.

특별히 목회의 현장에서 느끼는 것은 교회들이 대학과 선교단체를 졸업하고 지역교회에 정착한 30대와 그 이후 세대를 위한 준비가 빈약하다는 사실이다. 일부의 교회를 제외하고는 대부분의 교회가 성경적 세계관으로 세상을 보는 일에 준비가 되어 있지 않았다. 그래서 치열한 80년대를 보냈던 많은 그리스도인들이 교회 안에서 영향을 나타내는 일에 힘들어했다. 일부는 최선을 다하여 교회의 변화를 위하여 애를 썼지만 한계에 종종 부딪혔다. 그러자 자연스럽게 뒤로 물러나고 종교적 신앙으로 물들어 갔다. 그리고 일부는 교회로부터 도피하는 성도의 길을 가기도 하였다. 결국 한국 교회에 세계관 운동이 침체기를 맞이하는 한 원인이 된 것이다. 세계관 책을 많이 읽고 배워도 삶의 현장에서 변혁의 삶을 살지 못하고 오히려 세속적 욕망에 무릎을 꿇은 세대가 되었다. 결국 세계관 운동은 젊은 시절의 로망으로 끝나고 만 것이다.

일곱째, 지역교회를 세울 수 있는 일상의 담론이 빈약하였다. 세계관은 삶이다. 그러나 삶을 나눌 수 있는 텃밭이 부족하였다. 특별히 앞서 30대 이후의 문제를 언급하였듯이 세계관 운동을 지속시킬 수 있는 연결 고리가 필요하다. 예를 들면 청년 시절에는 삶과 미래에 대한 투쟁이 있다면 30대부터는 교회와 직장 그리고 가정에서 감당해야 할 가르침이 있어야 한다. 그런데 여전히 세계관 교재는 대상이 20대에서 30대 초반에만 맞추어져 있는 인상을 갖게 한다. 거기에 철학적 담론만이 반복되다 보니 자연스럽게 30대 이후의 다양한 삶에 대한 고민이 줄어들기 시작한 것이다. 좀 더 다양한 상황에 맞는 담론이 없는 세계관 운동은 한 세대만 세우고 사라질 수 있다.

특별히 일상의 문제를 진지하게 담은 책과 교재들이 출판되어야 한다. 물론 그동안 30대 이후를 위한 세계관 교재가 출판되기도 하였으나 일상과 너무나 거리가 멀고, 지역 교회를 움직일 수 있는 교재로서는 무거워 곧 사라지고 말았다. 다행히 이 문제를 가지고 기독교세계관학술동역회가 교재를 개발한 것은 매우 고무적인 일이다. 하지만 아직도 미약하다. 앞으로 지속적으로 다양한 연령층을 위한 교재가 더 많이 개발되어야 한다.

여덟째, 본능에 충실한 세대의 출현이다. 90년대 이후 태어난 세대의 특징은 사상적으로는 포스트모더니즘, 시대적으로는 신자유주의 경제체제와 맞물려 있다는 것이다. 80년대의 급변하는 시대에 살았던 20대들과 달리 오늘 시대의 젊은 층들은 생각보다는 본능에 충실하기를 좋아한다. 느낌을 강조하는 세대는 고민하지 않으므로 삶의 영역 가운데 하나님의 나라를 이루는 일에 무감각하고 이원론적 삶을 살고 있다. 여기에 신자유주의 시장경제 체제는 더더욱 생각하기를 멈추게 만들었다. 젊은 세대의 욕구는 느낌과 돈이 되었다. 이러한 세대의 출현은 침체의 한 원인이자 도전이다.

그러나 본능에 충실한 세대를 깨운다면 교회는 새로운 기회를 맞이할 것이다. 성경적 세계관은 본능을 넘어 소명을 가지고 사명을 감당하게 하는 강력한 힘이다. 다시금 교회가 세상의 희망이 되고 빛이 되기 위하여 본능에 충실한 세대를 정직하게 맞이하여야 한다.

5. 우리 시대를 향한 세계관 운동의 제안

성경적 세계관 운동이 일어난 이유와 침체의 원인을 살펴보았다. 이러한 살핌이 우리가 가야 할 방향을 제시하여 줄 것이라 생각한다. 진단은 분명해졌다. 이제 그에 대한 처방을 생각해 보고자 한다. 침체된 세계관 운동이 다시금 살아나고 교회를 깨우고 사회를 변혁시키는 일에 일조를 가하기 위해서 다음의 7가지를 제안해 본다.

일곱 가지 제안

첫째, 바른 복음이 선포되어야 한다. 세계관 운동은 성경과 따로 노는 것이 아니다. 바른 복음이 선포되면 사실상 성경적 세계관이 형성되는 것이다. 성경을 설교하지 않고, 성경을 공부하지 않는 한 성경적 세계관이 형성되지 않는 것은 너무나 당연한 이야기이다. 하지만 한국 교회는 교회 성장과 기복적 삶을 위한 이야기를 많이 강조하였다. 결국 교회 생활은 잘하지만 사회에서 그리스도인의 정체성을 드러내는 일에는 매우 빈약한 세대를 양산하였다. 그러므로 바른 복음의 회복이 우선되어야 한다. 좋은 설교가 성경적 세계관 형성에 얼마나 큰 영향을 미치는지는 마틴 로이드 존스의 설교인 '내가 자랑하는 복음'을 보면 알 수 있다. 디모데전서 1:12의 연속 설교인데 전형적인 세계관 설교의 좋은 모델이라고 할 수 있다. 그의 설교를 통하여 성경적 세계관이 무엇인지 확연하게 알 수 있다. 이렇게 바른 복음이 선포되는 것이 성경적 세계관을 갖게 하는 데 무엇보다도 필요하다.

둘째, 정직한 질문과 정직한 답이 필요하다. 바른 복음이 선포되는 것이 중요하지만 설교가 모든 것을 다 가르쳐 주는 것은 아니다. 그러므로 정직한 질문에 정직한 답을 줄 수 있어야 한다. 이것은 프란시스 쉐퍼가 우리에게 준 좋은 선물이다. 쉐퍼는 라브리를 통하여 젊은 세대에게 정직하게 질문하는 법을 알려 주었다. 그리고 정직한 답변을 누리게 하였다. 그것은 곧 삶의 변화를 가져왔다. 이러한 모습들이 풍성해져야 한다. 베드로 사도는 소망에 관하여 묻는 자들을 위해 대답할 것을 항상 준비하라고 하였다(벧전 3:15). 답이 없는 세대처럼 불행한 세대는 없다. 그런데 우리 시대는 답은 필요 없고 의견만 있으면 된다고 한다. 그러기에 혼란이 가중되고 있다. 우리에게 필요한 것은 의견만이 아니라 답이다. 어디서 왔으며, 어디에 있으며, 어디로 갈 것인가에 대한 답을 가지고 있어야 한다. 이것이 의견이 대세인 시대에 성경적 세계관이 필요한 이유이다.

셋째, 삶을 변화시키고 문화를 만드는 것을 목적으로 해야 한다. 세계관은 삶의 운동이다. 그동안 세계관 운동에 관한 많은 오해 가운데 하나가 세계관 운동은 지적인 만족을 누리는 학습이라는 생각이다. 바로 이것이 그동안의 세계관 운동이 미진한 이유이다. 세계관은 책을 공부하는 과정이라는 인식이 있었다. 그러나 세계관은 공부가 목적이 아니다. 지성적인 이해에 머무는 것은 세계관과 아무 관계가 없다. 세계관은 삶을 변화시키고 문화를 만드는 것을 목적으로 한다. 성경적 세계관은 삶의 모습으로 나타나는 것이다. 공부라는 인식이 들면 공부하는 것으로 끝나고 만다. 이것이 세계관 운동이 20년이 되었음에도 변화가 적은 이유이다. 공부한 것으로 만족한다면 그것은 반 성경적 세계관 운동이 된다. 앞으로 살펴보겠지만 성경적 세계관 운동은 삶의 운동으로 나타나야 하며 그러기에 공부하는 것으로 끝나는 것이 아니다. 아는 것이 문화가 될 때까지 지속적인 삶의 투쟁이 필요하다.

넷째, 전 세대가 지속적으로 공유해야 한다. 세계관을 정립하는 것은 20대에 반짝하고 멈추는 것이 아니다. 오히려 주일학교에서 시작하여 10대를 거치고 20대를 지나서 30대 이후를 바라보면서 폭 넓은 훈련을 하여야 한다. 계속하여 이어지는 내용이지만 목회의 현장에서 보았던 아픔이다. 세계관 운동은 20대에 하고 끝나는 것으로 인식하고 있다. 결국 지적인 능력은 있는데 교회와 사회를 변화시키는 동력을 상실하고 만 것이다. 앞으로의 세계관 운동은 전 세대에 이르기까지 폭넓게 이어져야 한다. 그렇지 않으면 또 하나의 유행으로 끝나는 해프닝이 될 것이다. 참된 세계관 운동이 하나님 나라를 세우는 일에 쓰여 지려면 전 세대에 걸쳐 지속적으로 일어나야 한다. 전 세대가 함께 고민하고 토론하고 교회를 세워 나가야 한다. 그래서 교회를 통하여 준비된 성도들이 삶의 모든 현장에서 성경적 가치를 만들어 가야 한다.

이것은 결코 20대의 문제가 아니라 오히려 30대 이후가 더 감당해야 할 일이다. 특별히 성경적 세계관으로 무장된 10대들은 물론 40대-60대들이 세워진다면 교회는 물론이고 사회도 변화를 맞이할 것이다. 이렇듯 성경적 세계관 운동에 대한 새로운 인식의 변화가 필요한 시점이다.

다섯째, 지역 교회를 깨우는 운동이어야 한다. 이에 대한 노력과 관찰이 필요하고 더불어 교재의 개발이 있어야 한다. 20대-60대에 이르는 다양한 세대를 깨우는 운동이 절실하다. 20대-30대가 비전과 학업의 문제 그리고 사회의 문제에 관심을 가지고 있다면 40대-60대는 가정과 직장 그리고 현실적 참여에 관심을 가지고 있다. 더구나 지금은 100세 시대를 향하고 있다. 그런 의미에서 더욱더 성경적 세계관이 견고해야 한다. 특별히 아름다운 노후를 위해 더더욱 성경적 세계관이 중요하다. 그런데 세계관 운동의 현 상황은 20-30대의 문제에만 집중되고 있어 지속 가능성이 떨어진다. 그러므로 좀 더 다양한 교재의 개발과 훈련이 필요하다. 그리고 잘 만들어진 교재들을 교회 교육의 현장에 적극적으로 알리는 일 역시 중요하다. 지성에까지 새롭게 된 그리스도인의 삶을 살 수 있도록 지속적인 나눔이 있어야 한다. 최근 교회 교육에 있어서 세계관 교육의 중요성이 대두된 것은 참으로 감사하다. 요람에서 무덤까지 이어지는 훈련이 되어야 한다. 성경의 가르침이 삶이 될 때까지 우리는 채찍질이 필요하다. 살아 있는 교회는 삶이 변화된 교회이다.

여섯째, 진영과 이념을 넘어서야 한다. 그리고 성경이 무엇을 말하는지 진지하게 서로 나누는 작업이 필요하다. 예를 들면 명제적 세계관 이해와 이야기로서의 세계관 이해는 서로 합력하여 함께 해 나갈 문제이지 서로를 비방할 문제가 아니다. 포스트모던 시대에 이야기를 통한 세계관의 이해는 소통함에 있어서 많은 도움이 된다. 이에 대한 준비와 훈련이 있어야 할 것이다. 그렇다고 명제적 세계관을 버릴 이유는 없다. 서로 합력하여 나가는 것이 중요하다. 성경은 그 자체가 이야기이지만 동시에 명제적 진리도 담고 있으므로 두 가지를 잘 조화시키는 것이 필요하다. 또한 이념을 가질 수 있지만 성경으로 이념을 분별할 수 있어야 한다. 유한한 정권을 위하여 싸우기를 멈추고 진리를 위하여 외쳐야 한다. 영원한 진리에 부합할 때 우리는 박수를 보내야 한다. 그러나 진리에서 떠날 때는 경고의 나팔을 불어야 한다. 그때 우리의 자세는 매우 단호하면서 겸손해야 한다. 그리고 그리스도의 사랑을 드러낼 수 있어야 한다. 성경이 무엇을 말하는지 되씹고 말할 때 실수하지 않고 하나님 나라를 세우고 하나님을 영화롭게 할 수 있다. 성경적 세계관 운동은 이 땅에 하나님 나라를 건설하고자 하는 모든 그리스도인들의 사명이다. 여기에 우리는 한 마음과 한 뜻으로 합력하여 선을 이뤄야 한다. 그것이 이 땅에 그리스도의 몸인 교회를 세우는 것이고 궁극적으로 하나님 나라를 완성하는 일이다.

일곱째, 일상에서 견고하게 세워져야 한다. 성경적 세계관은 지적인 운동으로 끝나면 안 된다. 끊임없이 공부하여 생각을 바꾸는 일도 중요하다. 그러나 지식을 넘어서 현실로 와야 한다. 현실에서 합쳐질 때 강력한 힘을 나타낼 수 있다. 특별히 이 일은 아침에 잠자리에서 일어나면서 시작하여 저녁에 다시 잠자리에 눕는 그 순간까지 일어나야 한다.

세계관은 일상에서 만들어지고 견고하게 세워질 때 가장 무섭다. 지식으로 채워진 세계관은 일상에서 실천되지 않으면 문자적 지식에 불과하다. 식사 하는 일, 세면하는 일, 신호등 지키는 일등 작은 일상에서 견고하게 세워져야 한다.

그동안 세계관은 거대 담론에만 머물렀다. 그래서 사회변혁과 교회개혁이라는 멋진 화두를 만들었다. 그런데 정작 개인의 일상에서는 힘을 발휘하지 못하였다. 그것은 시작이 잘못되었기 때문이다. 일상에서 단단하게 세워진 세계관은 변혁과 개혁을 지속할 수 있다. 그러나 일상이 무너지면 변혁도 개혁도 동력을 상실한다.

성경적 세계관은 철저하게 일상적이면서 사회적이다. 일상에서 성경적 세계관이 선명해질 때 사회를 살아가는 힘이 다르게 나타난다. 그리고 세상도 두려워한다. 밥하고 설거지 하는 것이 영적이라는 성경적 세계관의 이해를 가지고 있어야 한다. 그래야 정치와 경제의 영역으로 확장되는 것이다. 이렇게 일상으로부터 성경적 세계관이 세워져야 한다.

6. 세계관 운동은 멈출 수 없다

세계관 운동은 캠퍼스의 젊은이들에게서 멈추는 것이 아니라 지역 교회의 현장으로 들어가야 한다. 특별히 80-90년대에 세계관 운동을 통하여 인식의 변화를 가져온 이들이 이제는 30대 후반에서 50대가 되었다. 이제 이들은 교회의 중심이 될 것이며 사회의 중심이 되고 있다. 이들을 위한 준비가 없다면 교회는 역동성을 상실하고 말 것이다. 일부에서는 이제 성경적 세계관 운동은 철이 지났다고 말을 한다. 그리고 영성의 시대를 맞이하여야 한다는 소리도 들린다. 정말 그러한가? 21세기는 성경적 세계관 운동이 그 생명을 다하였는가? 아니다, 오히려 그 반대로 생각할 수 있다. 21세기에는 더욱더 성경적 세계관이 필요하다.

성경적 세계관 운동을 멈출 수 없는 첫 번째 이유는 우리의 현실이 성경적 세계관을 원하기 때문이다. 21세기의 현실도 성경적 세계관이 절실하게 필요하다. 우리 시대는 정치적 혼란이 여전히 가중되고 있으며, 자본주의가 더욱 맹렬히 침투하고 있다. 사교육 시장은 그 도를 넘었고, 교회는 양극화되고 있다. 교회의 양극화는 교회의 침체기를 가져올 것이다. 이곳저곳에서 도피성도(신앙은 가지고 있으나 교회는 다니지 않고 어디론가 도피하여 있는 사람)를 언급하고 있다. 더구나 세상으로부터 교회는 개독교라는 치욕적인 말까지 듣고 있다. 오늘날 교회의 세속화는 하늘 높은 줄 모르고 솟구치고 있다. 여전히 교회를 사유화하려는 세습이 지속적으로 이루어지고 있으며, 교회가 동네북이 되어 이리저리 맞고 있다.

지금은 80년대와 같은 정치적 소용돌이는 아니다. 90년대와 같은 종말론적인 문화의 시대도 아니다. 21세기는 포스트모던의 소용돌이 속에 존재한다. 오히려 더 자극적인 세계관들이 교회를 농락하려고 한다. 그러기에 여전히 성경적 세계관의 확립이 필요하다.

20여 년이 지난 지금 오히려 바른 성경적 세계관을 더욱 강력하게 요구하고 있다. 포스트모더니즘의 대표적인 세계관인 상대주의와 종교 다원주의가 사회의 모든 부분에 침투한 상황에서 성경이 가르치는 바른 기준을 가지고 있지 못하다면 심각한 낭패에 빠지고 말 것이다. 종교 다원주의와 상대주의로 무장한 포스트모더니즘 사회에서 무엇보다도 건강한 세계관을 가지고 담대하게 살아가려면 더욱 분명한 세계관 운동이 필요하다.

성경적 세계관 운동을 멈출 수 없는 두 번째 이유는 슬프게도 교회의 영향력을 상실하였기 때문이다. 이렇게 교회가 그 힘을 잃어버리게 된 것은 바로 성경적 세계관의 빈약함 때문이다. 우리는 이 사실을 정직하게 인식하는 것이 필요하다. 성경적 세계관의 확립은 교회를 건강하게 하고 그리스도인들로 하여금 세상에서 영향력 있는 삶을 살게 한다. 교회가 온갖 수모를 당하는 이 시대에 교회가 성경의 가르침대로 자신의 역할을 감당한다면 다시금 교회의 부흥을 맞이할 수 있다.

기독교에 대한 불만과 악성 댓글이 난무하는 이 시대에 한국 교회가 다시 살아나서 영향력을 미치기 위해서는 성경적 세계관 운동이 더욱 확산되고 실천되어야 한다. 단순히 한 시대의 유행이 아니라 삶의 전체로서의 운동이 되어야 한다.

한국 교회는 많은 부분에서 신앙의 균형을 잡아 가고 있지만 아직도 통합적으로 사고하는 세계관이 미흡하다. 그 예로 여전히 한국 교회는 구원관에 있어서 균형을 상실하고, 성화의 과정이 무시되고 있다. 또한 사회를 바라보고 정치를 이해함에 있어서도 아직도 이념 논리에 빠져 있다. 그래서 정치 세력에 휘둘리는 현상을 자주 목격한다. 사랑과 공의를 보지 못하면 교회는 벼랑 끝에 몰리게 된다. 동시에 세상에 보냄받은 소명자로서 세상을 변화시키는 삶을 위해서도 절실히 필요하다.

특별히 젊은 시절에 성경적 세계관으로 훈련받은 이들도 30-50대의 삶에서 실천하지 못하는 모습을 볼 때 가슴이 아프다. 이것은 세계관 훈련이 대학에만 머물러 있는 지성주의 운동이었다는 한계를 보여 주는 것이다. 하지만 이러한 비판은 동시에 성경적 세계관 운동이 대학과 젊은 계층을 넘어서 지역 교회와 전 계층으로 확산되어야 할 필요를 말해주고 있다. 이를 위하여 좀 더 세밀하고 평범한 세계관 운동을 펼쳐야 한다.

그리스도인은 세상에 있지만, 세상에 속하지 않고, 오히려 세상을 변화시키는 삶을 살도록 부름을 받았다. 그리고 교회는 이러한 성도들을 바르게 세우고 세상에 보내기 위해 균형 잡힌 강해 설교와 성경적 세계관 훈련에 최선을 다해야 한다. 그리스도인의 삶은 통합적인 삶을 지향한다. 단지 머리만 크고 가슴은 죽어 있는 사람을 만들어서는 안 된다. 동시에 가슴은 뜨거운데 머리는 텅 빈 존재로 만들어도 안 된다. 성경적 세계관 운동은 지적 운동에만 머물고 삶의 운동으로 나타나지 않는다면 아무 의미가 없다. 성경적 세계관은 지성과 삶을 통합하는 일이다.

지난 시간 동안 진행되었던 성경적 세계관 운동을 살펴보았다. 성경적 세계관 운동은 결코 유행이 아니다. 또한 성경적 세계관 운동은 교회 성장을 위한 프로그램이 아니다. 우리의 전 인격을 변화시키는 운동이다. 그래서 성경적 세계관은 거듭난 성도들의 삶인 것이다. 21세기에도 성경적 세계관은 필요하다. 아니, 더욱 절실히 필요하다. 점점 다양화되는 정치, 경제, 사회 문화의 현장에서 성경적 그리스도인으로 살기 위하여 무엇보다도 성경적 세계관이 요구되고 있기 때문이다. 그러기에 한국 교회는 더욱더 성경적 세계관 운동에 열정을 가져야 한다. 이러한 전제 아래 앞으로 세계관에 대해 논의할 것이다.

3장. 세계관의 본질

1. 미역국과 세계관

시리즈 광고 중에 '대한민국에서 수험생 가족으로 산다는 것'이라는 광고가 있다. 아침 식사로 어머니가 미역국을 해 주신다. 그러자 아들은 엄마에게 오늘이 무슨 날인지 모르냐며 시험이라고 말하고는 미역국을 먹지 않는다. 어머니는 뒤에 서서 국을 뜨면서 어딘지 서운한 듯 그런 아들을 바라본다. 시험이 끝난 아들은 친구들과 신나 있는데 동생이 보낸 문자메시지로 오늘이 어머니의 생신이었음을 알게 된다. 놀란 아들이 집에 와서 슬그머니 화해를 청하는 광고이다.

이 광고는 오직 대한민국에서만 이해할 수 있다. 시험 날 미역국을 먹으면 안 되는 이유가 어디 있을까? 사람들은 은연중에 미역국을 먹으면 시험을 망칠지도 모른다고 생각한다. 공부를 열심히 해도 미역국을 먹으면 시험에 미끄러진다는 말에 좌우되고 있는 것이다. 고작 미역국으로 시험의 결과를 염려한다는 게 정말 황당한 일이지만 이것은 실제 우리의 삶이다. 이미 미역국이 우리의 세계관을 잠식하였기 때문이다.

이렇듯 세계관은 아주 사소한 부분에서 형성되어 영향을 미친다. 사소한 부분이 전체를 말해주기 때문이다. 우리는 보통 세계관을 '사물을 보는 방식, 또는 가치 설정의 틀, 주변 세계 판단의 틀'이라고 한다. 물론 세계관은 여러 사람에 의해 매우 다양하게 정의돼 왔다.

세계관 운동의 대표적 저자인 미들턴과 왈쉬는 다음과 같이 말했다. "세계관은 사고의 체계가 아니다. 오히려 인식의 틀이며 사물을 인지하는 방법이다".[25] 제임스 사이어는 "세계관이란 이 세계의 근본적 구성에 대해 우리가 (의식적으로든 무의식적으로든) 견지하고 있는 일련의 전제(혹은 가정)들"이라고 하였다.[26] 아브라함 카이퍼는 세계관을 "삶의 체계"라고 하였으며, 알버트 월터스는 "한 사람이 사물들에 대해 갖고 있는 기본적 신념들의 포괄적인 틀"[27]로 정의하였고, 앤드류 호페커는 "총체적인 인생관을 표현하는 실제에 관한 그의 전제들과 확신들의 총합이다."[28] 라고 하였다.

또한 한국의 대표적인 세계관 운동가이자 저술가들의 정의는 다음과 같다. 우선 조직신학자인 이승구는 "이 세계에 대한 그 나름의 관점, 그 나름의 이해가 각자의 세계관"[29] 이라고 하였으며, 기독교 철학자인 신국원은 "세상과 인생을 내다보는 창이며, 세상과 인생에 대한 이해와 앎의 통합적(종합적) 기초"[30] 라고 한다. 그리고 물리학자이며 세계관 운동가인 양승훈은 "사건이나 상황 또는 자신을 포함한 주변 세계에 대한 인식 또는 판단의 기본이 되는 전제의 틀"[31] 이라고 하였다. 한국 라브리의 대표인 성인경 목사는 "마음의 안경과 같은 것인데 사람이라면 누구나 갖고 있는 사물과 세상을 보는 관점"[32] 이라고 정의하였다.

이렇게 세계관에 대한 정의는 매우 다양하다. 그러나 이 모든 정의를 정리한다면 다음과 같이 표현할 수 있다. '**세계관은 개인적인 혹은 전체적인 삶의 방식을 이해하고 해석하며, 또 그것에 따라 세상에서의 삶을 영위해 가는 기본적인 신념이다.**' 그러기에 세계관은 이 세상을 어떻게 살아가야 할 것인가를 결정한다. 실제로 모든 인간은 — 의식하든지 의식하지 못하든지 — 자신의 세계관을 따라 살아간다. 세계관이 행동을 낳는 것이다. 그런데 행동을 결정짓는 세계관은 단순히 개인에게만 국한되는 것이 아니라 공동체적이다. 그러므로 세계관은 민족의 삶까지도 규정한다.[33]

사람들은 자신이 가지고 있는 세계관에 따라 생각하고 행동한다. 그러므로 어떠한 세계관을 가지고 있느냐는 정말로 중요하다고 할 수 있다. 특별히 견고하지 못한 세계관은 보다 더 견고한 세계관으로 흡수된다는 사실을 생각할 때 올바른 세계관을 갖는 것은 너무나도 중요하다.

2. 올바른 세계관의 기준

영어에서 '안다'고 할 때 'Yes, I see.'라고 보는 것과 연관된 단어를 사용한다. 반면 우리는 사물을 이해하는 데 있어서 주로 듣는 것과 연관된 표현을 사용한다. '잘 들어라', '말귀가 어둡다', '알아들었다'와 같은 표현이 그 예라고 할 수 있다. 이렇게 인생과 사물을 이해하는 일련의 작용에 대해서도 서로 다른 관점을 가지고 있다. 그렇다면 '보는 것'과 '듣는 것'은 어떤 차이가 있는 것일까? 박종홍 교수가 「본다는 것과 듣는다는 것」이라는 논문에서 지적한 대로 '보는 것'은 로고스적인 것이며, '듣는 것'은 파토스적인 것이다. 즉, 눈의 문화는 지성적이고 이성적이고 논리적이며 능동적인 것이다. 그러나 귀의 문화는 정적이고 감성적이고 직감적이며 수동적이라고 할 수 있다.[34]

세계관은 행동의 원천이다. 우리의 작은 행동조차도 갑자기 하늘에서 뚝 떨어진 것이 아니라 세계관의 열매로 나타난다. 작은 행동에서부터 인생의 큰 결정에 이르기까지 세계관은 삶의 모든 영역에 영향을 미친다. 그러므로 무엇보다도 바른 세계관을 갖는 것이 중요하다. 그렇다면 이렇게 중요한 세계관의 올바름을 판단하는 기준은 무엇인가? 어떠한 기준이 올바른 것과 그른 것을 구별하게 하는가?[35]

일관성과 통일성

세계관에 대한 올바른 기준을 생각할 때 가장 중요한 것은 논리적 모순이 없어야 한다는 점이다. 다른 무엇보다도 세계관이 삶을 일관적으로 살 수 있게 하는지가 매우 중요하다. 이러한 측면에서 세계관의 '내적인 일관성'에 대하여 좀 더 살펴볼 필요성이 있다. 올바른 세계관은 결코 내부적으로 모순되거나 분열된 삶을 조장하지 않는다. 세계관이란 제멋대로 모인 신념의 집합이 아니기 때문이다. 세계관은 삶에 대한 통일적 시각이다. 이것은 논리적 일관성이라기보다는 결단의 통일성이다.[36] 결단의 통일성이란 실제 삶의 모든 영역과 그 동인이 되는 내적인 영역에서 분열이 없는 것을 의미한다. 살아 있는 생각은 몸과 영혼을 살리기 마련으로, 사는 것으로 나타낼 수 없는 생각은 이미 그 자체가 죽은 것이기 때문이다.

올바른 세계관은 결코 자체 내의 신념들 간에 충돌하거나 부적절한 관계로 존재하지 않는다. 예를 들어 일하기는 싫은데 마음껏 돈을 쓰고 싶다는 생각, 결혼은 싫은데 아이는 갖고 싶다는 식의 모순되거나 부적절한 생각은 그릇된 세계관에서 비롯된 것이다. 이러한 사고는 현실에 부합되지 않을 뿐 아니라 심각한 삶의 분열과 인간관계의 황폐함을 가져온다. 그러므로 올바른 세계관은 자체 내의 구조적 모순이 없어야 하는 것이다.

현실과 소통하는가?

다음으로 올바른 세계관은 내가 살고 있는 삶의 현장에서 자연스럽게 호흡할 수 있게 한다. 삶의 현실과 소통되지 못한다면 그것은 올바른 세계관이라고 말할 수 없다. 군대에서 군인들이 가장 두려워하는 훈련 가운데 하나가 화생방 훈련, 일명 가스실 훈련이다. 가스로 가득한 공간으로 들어가서 방독면을 벗는 순간 눈물, 콧물이 쉴 새 없이 흐르고 급기야는 정신이 몽롱해진다. 본인의 생각이나 의지와는 상관없이 가스로 인해 여느 때와 같은 자연스러운 호흡이 전혀 불가능하기 때문이다. 그러나 가스실을 나오는 순간 모든 것은 달라진다. 본래의 자연스러움 속에서 자신의 생각대로 숨 쉴 수 있음을 만끽하는 그 시원함과 자유함은 이루 말할 수 없다. 이렇듯 올바른 세계관은 자연스럽게 호흡하는 것이지 결코 부자연스러운 것이 아니다. 내가 살고 있는 삶의 현장, 즉 현실 속에 부합되지 않는다면 그 세계관은 올바른 세계관이라 할 수 없다.

이 점에 있어서 사회주의 세계관은 우리에게 많은 시사점을 준다. 사회주의는 모든 것의 시작을 물질에 두고 있다. 그리고 물질 세계의 문제는 바로 자본주의 체제 때문에 발생한다고 본다. 즉 정치경제적인 문제의 해결이 없이는 이 땅의 문제를 해결할 수 없다는 것이다. 그래서 정치경제의 혁명을 통하여 빈부의 문제를 해결하고 모두가 평등하게 살 수 있는 나라를 만들 수 있다고 생각한다. 그러나 현실은 이러한 세계관이 이론에 머물렀을 뿐 현실성이 없음을 여실히 보여 주고 있다. 그것을 지구상에서 사회주의를 대표하던 구 소련의 무너짐을 통하여 분명하게 확인하였다. 그리고 현존하는 사회주의 국가 역시 빈부의 격차는 여전히 존재하고 있으며 동시에 자본주의 시장경제를 일부 도입하는 모습에서 그들이 가지고 있는 세계관으로는 당면한 현실의 문제를 해결하거나 삶을 진일보시키지 못함을 알 수 있다.

20세기에 방황하는 그리스도인들에게 하나님이 보내주신 선물인 프란시스 쉐퍼는 '화학 반응식의 대답은 시험관을 관찰한 것과 일치해야 하고, 인간과 그 인간다움에 관한 대답은 인간의 폭넓은 관심과 그의 행동에 대한 관찰에 부합해야 한다'[37] 고 하였다. 이에 대하여 성인경은 '어떤 신념이 진리라면 그것은 사실에 부합할 뿐만 아니라 논리에도 부합하기 때문에 누구나 이성으로 이해할 수 있는 점이 있다'고 하였다.[38] 이처럼 현실에 자연스럽게 적용되지 않는다면 그것은 바른 세계관이 아닌 것이다. 올바른 세계관은 세상과 소통한다.

교정 가능성

마지막으로 '교정 가능성'의 측면에서 올바른 세계관의 이해이다. 올바른 세계관은 자체의 유한성과 한계를 인식한다. 이것은 세계관이 구조적 모순이 없고, 현실성이 있다고 해서 세계관을 절대화하는 것의 위험을 지칭한다. 우리는 연약하고 유한한 존재이자 끊임없이 지평을 넓혀 가야 하는 존재이기 때문에 우리의 지식과 경험의 확장을 위해 열려 있는 자세가 필요하다. 다시 말한다면 구조적 모순이 없다는 것이 하나의 이데올로기가 되어서는 안 되는 것이다.

참으로 좋은 세계관이란 언제나 수정을 받을 수 있는 준비가 되어 있는 세계관이다.[39] 그렇지 않다면 현실의 삶을 가능케 하는 세계관이 아니라 이데올로기가 되어 버린다. 그래서 왜곡된 종교는 이데올로기가 될 수 있다. 종교가 정치처럼 되어 버리면 더 이상 종교의 순기능을 나타낼 수 없다. 그러므로 건강한 세계관은 교정을 통하여 발전한다.

이제 우리는 세계관에 대하여 질문을 할 수 있는 기본적 지식을 습득했다. 내가 가지고 있는 세계관이 올바른 것인지에 대하여 위의 관점에 따라 살펴보며 건강하고 온전한 세계관을 가지고 살고 있는지 판단해야 한다. 그것이 이 땅에서 견고하게 사는 힘이 된다.

3. 올바른 세계관이 주는 열매

올바른 세계관은 생각에서 끝나지 않고 반드시 삶의 열매로 나타난다. 그러므로 견고한 세계관은 다음과 같은 삶의 열매를 기대할 수 있다. 첫째는 통일된 삶을 살게 한다. 둘째는 생동적인 삶을 살게 한다. 셋째는 사고와 행동의 방향을 설정하게 한다.[40]

좋은 세계관은 삶에 열정을 갖게 하지만 잘못된 세계관은 삶에 괴리감을 낳게 한다. 이것이 바로 온전한 세계관을 추구하는 이유이다. 따라서 올바른 세계관이 가져다주는 삶의 열매가 무엇인지 구체적으로 알아보는 것은 중요하다. 세계관은 굳은 지식이 아니라 살아있는 지식이기 때문에 곧 삶의 현장을 가장 잘 분석할 수 있는 척도가 된다.

4장. 바른 세계관이 갖는 영향력

몇 해 전에 L.A에서 10대에 의한 살인 사건이 일어났다. 이들은 곧 잡혔고 재판을 받았다. 법정에서 진술한 이들의 살인 동기는 너무나 당황스러웠다. 이들의 진술은 다음과 같았다.

'사람이 죽는 것이 어떤 것인지 알고 싶어서 죽였다.'

그런데 중요한 것은 이것이 먼 바다 건너 서양에서만 발생하는 사건이 아니라 바로 대한민국의 하늘 아래에서도 동일하게 일어나고 있다는 사실이다. 이러한 어이없는 현실과 무질서의 현상은 우리의 주변 어디서나 쉽게 접할 수 있다. 분명하게 기억해야 할 것은 어떤 사회가 혼란스럽고 부패할 때 자주 발생하는 무자비한 폭력과 범죄 행위는 세계관의 상실 내지 세계관의 혼란에서 비롯되는 행위라고 할 수 있다는 것이다.

특별히 오늘날처럼 경제적으로 극심한 고통을 겪는 가운데 일어나고 있는 집단 자살의 현상 그리고 청소년들의 극단적인 탈선과 쉽게 삶을 포기하고 마는 자살의 증가는 세계관의 상실이 얼마나 위험한지를 잘 보여 준다. 그러므로 올바른 세계관의 정립이 없는 한 올바른 사회란 기대할 수 없다. 그것은 세계관의 근본적인 질문인 '나는(세계는) 어디서 왔는가? 나는 어디에 있는가? 나는 무엇을 위해 있는가? 그리고 그 속에서 나(우리)는 어떻게 살고, 삶의 의미와 방향을 어디에 두어야 하는가?' 등을 해결할 수 없기 때문이다.[41] 다시 한 번 부언하자면 세계관 정립이 없이는 참다운 사회관을 소유할 수 없다. 우리는 이러한 실례들을 역사를 통해 알 수 있다.

세계관을 세상을 바라보는 창이라고 본다면, 이 세상의 누구도 이 창을 벗어나서 살 수 없다. 프란시스 쉐퍼의 말처럼 사람은 인식하든 인식하지 못하든 간에 자신의 전제 즉 세계관에 따라 산다.

이러한 모습을 잘 보여 주는 것이 우리 민족의 무의식에 자리 잡고 있는 지방색이다. 군대에 가면 이 문제를 더욱 실감하게 된다. 각 지역에서 모인 사람들을 경상도 보리 문둥이, 전라도 깽깽이, 충청도 굼벵이, 강원도 감자, 서울 뺀질이라고 표현하는 것을 들을 수 있다. 물론 군사 독재 시절에 만들어 낸 몹쓸 말들이지만 오랫동안 내려오는 보이지 않는 뒤틀린 생각의 관습을 비유하는 표현이다. 이렇게 만들어진 가치 체계는 그의 삶을 지배하게 되고 결국 신앙의 모습에까지 지대한 영향을 미친다.

오늘날 동거는 전혀 화제가 되지 않는다. 혼전 성관계는 이제 자유의 상징이 되어 가고 있다. 서로 사랑하면 하룻밤은 아무 문제가 없다. 여기에 동성애의 문제, 계약 결혼 등 교회 안에도 이러한 물결이 깊이 흘러들어 왔다. 예배하는 모습을 빼면 그리스도인과 비그리스도인의 삶의 모습에 별 차이가 없다. 이러한 현상을 우리는 어떻게 보아야 하는가? 단지 사회구조의 문제로만 볼 수는 없다. 경제나 정치, 교육의 문제라고만 말할 수 없다. 여기에는 세계관의 문제가 자리 잡고 있다. 우리 모두는 자신의 세계관에 따라 행동하고 있다. 세계관은 삶의 질문에 대하여 답을 준다. 그리고 얻은 답대로 살게 한다. 세계관은 행동을 낳게 한다. 삶에 대한 우리의 반응은 결코 우연히 일어나지 않는다. 세계관의 표출이다. 그러기에 올바른 세계관을 갖는 것이 필요하다. 특별히 올바른 세계관은 다음의 영역에서 영향력을 행사한다. 첫째는 삶의 가치, 둘째는 자신의 비전, 셋째는 인간관계, 넷째는 사회에 대한 이해이다.

1. 삶의 가치를 결정한다

앞서 살펴보았듯이 우리는 인식하든 인식하지 못하든 자신의 전제에 따라 살아간다. 이 말은 깊은 의미를 담고 있다. 오늘날 연예계에서 살아남으려면 임기응변(애드립)이 강해야 한다고 한다. 즉흥적인 단어의 유희가 없으면 결코 인기를 얻지 못하는 것이 현실이다. 이것은 연예계의 현상일 뿐이 아니라 현대인들의 모습이라 할 수 있다. 현대인은 자신의 주관에 따라 사는 삶이 멋진 삶이라고 말한다. 그래서 현대인은 철저하게 자기 중심의 삶을 구축하고 있다. 자신의 생각이 우주의 근본인 것처럼 생각하고 살아간다. 많은 젊은이들의 우상으로 여겨졌던 서태지가 나왔던 한 광고의 카피 "내 생각이 아닌 것은 모두 태워 버려라"는 이러한 현실을 잘 반영하고 있다. 현대인은 자신 이외에는 아무도 믿지 않는 구조 속에 갇혀 있다. 오직 믿음의 대상은 자신일 뿐이다.

세계관이 중요한 이유가 바로 여기에 있다. 세계관은 곧 자신의 본질을 드러내기 때문이다. 그의 언어와 행동 그리고 글쓰기, 자신의 직업과 인간관계, 남녀의 만남과 결혼 생활, 자녀의 양육 등 모든 삶의 영역이 바로 세계관의 반영이다.

우리는 20세기의 위대한 천재 미술가인 피카소를 통해 세계관이 자신의 본질을 드러낸다는 것이 무엇인지 살펴볼 수 있다. 대부분의 사람들은 피카소의 그림을 통하여 그가 위대한 인물일 것이라고 생각한다. 그러나 그는 결코 가치 있는 삶을 살았다고 말할 수 없다. 물론 일부의 사람들은 영웅과 천재들의 삶이 항상 그래 왔다며 피카소 역시 면죄부를 주려고 한다. 하지만 그의 불쌍한 삶을 부정할 수는 없다.

피카소는 91세의 장수하는 삶을 살았고 수많은 사람에게 칭송을 받았다. 그러나 정작 그의 가까운 지인들에게는 '괴물' 같은 존재였다. 특별히 여성에 대해서는 탐욕스러운 괴물이었다. 그에게는 많은 부인이 있었다. 그리고 정부도 있었다. 피카소의 어머니는 며느리인 프랑수아즈 질로에게 이렇게 경고하였다. "나는 어떤 여자라도 내 아들과 행복하게 살 수 있으리라고 믿지 않는다. 피카소는 자기만을 위할 뿐 타인에게는 전혀 관심이 없기 때문이다." 피카소의 정부였던 도라 마르는 피카소에게 "당신은 일생 동안 어느 누구도 사랑해 본 적이 없는 사람이다. 당신은 사람을 사랑하는 법을 모른다"고 말했다. 한번은 법적인 첫 번째 부인인 질로가 그에게 '악마'라고 말하자 피카소는 피우고 있던 담배로 그녀의 뺨을 지졌는데, 그 행동을 멈추고는 "여전히 내가 당신을 바라보길 원하기 때문이다"라고 말했다. 피카소의 모습은 우리가 알고 있는 천재의 모습이 아니다. 이러한 그의 모습은 철저한 무신론과 관계가 있다. 자신을 니체의 추종자라고 공언했던 피카소는 신은 죽었다고 주장했으며, "나는 신이다. 나는 신이다"라고 중

얼거렸다. 그럼에도 불구하고 그가 창작의 불을 지필 수 있었던 것은 그의 허무주의, 공허함 속에 있는 괴물스러운 힘 때문이었다. 이 힘이 그로 하여금 계속해서 작품을 만들어 내도록 한 것이다.

우리는 누구도 예외 없이 자신이 가지고 있는 세계관에 따라 움직인다. 그래서 세계관이 불완전하면 혼돈 가운데 살게 된다. 이것은 피카소도 예외가 아니었다. 신은 죽었다고 외쳤던 피카소는 질로와의 결혼 3주년 때 갑자기 질로를 데리고 한 작은 교회당을 찾아가 영원히 사랑해 주겠다는 맹세를 해 달라고 하였다. 질로가 여기가 아니어도 되지 않느냐고 하자, 피카소는 "아니, 아니오. 글쎄 물론 그 말이 맞소. 그건 다 마찬가지요. 하지만 이건 그런 것들 중의 하나요, 어떻게 될지 누가 알겠소. 그 모든 것이 교회와 연관이 있을지도 모르지 않소. 그 모든 걸 조금은 더 확실하게 해 줄 수 있으니까. 그럴지도 모르지 않소?"라고 말했다. 그가 자신에게 충실한 것처럼 보였지만 그의 불안한 세계관이 그로 하여금 교회를 찾게 한 것이다. 피카소의 세계관은 그와 관계한 사람들의 가치를 결정하였고 자신의 삶의 가치도 결정하였다. 그가 위대한 미술가는 될 수 있을지 모르지만 그의 인생은 가치가 없었다. 그의 가까운 사람들이 증언하듯이 그의 세계관이 그의 삶을 가치 없게 만들었다. 실제로 그의 첫째 아들과 손자가 자살하고, 그와 살았던 여인들 7명 가운데 2명은 자살하고, 2명은 정신이상을 겪고, 한 명은 요절하였다.

이렇듯 누구에게나 있는 세계관은 그 기반이 얼마나 견고한가에 따라 삶의 가치가 달라진다. 그러므로 '무엇을 위하여 살 것인가? 어떠한 존재로 살 것인가? 시대를 위한 하나님의 부르심을 어떻게 이루어 갈 것인가?' 이에 대한 대답은 바로 견고한 세계관의 확립에 있다.

세계관이 삶의 가치를 결정한다는 사실에서 우리는 성경이 흔들릴 수 없는 진리임을 굳게 믿고, 성경을 진리로 받아들이는 자들에게 나타나는 삶을 통해 그들의 정체성을 볼 수 있다. 그들은 자신의 존재와 타인의 존재를 올바르게 인정한다. 사람을 단순한 물질이 아니라 하나님의 존귀한 형상으로 인식하고 받아들인다. 그런데 교회를 다니고 있고 성경의 진리를 믿으면서 동시에 세상의 가치와 논리에 맞춰 사는 자처럼 불행한 인생은 없다. 그는 발은 교회에 있지만 생각은 세상에 있는 분열된 세계관을 소유한 사람으로서 생각과 삶의 불일치에서 생기는 모순과 괴리로 인해 결코 어느 쪽에도 만족할 만한 삶을 살수 없으며 영향력 있는 존재로 살 수 없다. 이 세상을 움직이는 사람의 삶은 바로 정직한 세계관의 소유 여부에 따라 결정된다. 세계관은 바로 그 사람이기 때문이다.

2. 삶의 목적을 갖게 한다

목적은 우리의 삶에 있어서 열정을 갖고 소망을 품게 하는 매우 중요한 요소다. 삶의 목적이 없는 민족과 개인은 소망이 없으며 결국에는 멸망에 이른다. 부산의 명소인 '태종대'는 바다와 바위가 절묘하게 조화를 이루고 있는 아름다운 곳이다. 바다 멀리 수평선은 시원스럽고 오륙도가 훤히 보인다. 태종대가 유명한 것은 이런 자연환경도 있지만, 사실은 부산에서 자살 명소로 알려졌기 때문이다. 태종대 자살바위라 불리는 그곳에서 2001년 한 해 동안에 약 10명의 젊은이가 자살하였다. 그들이 왜 자살을 택했는지는 모른다. 그러나 짐작해 볼만한 것은 이유야 어찌 되었든 '이 땅이 살 만한 곳이 못 된다'고 생각했기 때문일 것이다. 이 땅에서의 자신의 존재 가치를 발견하지 못했을 때 스스로 생을 마감하는 것이다.

무엇이 이들로 하여금 바다에 몸을 던지게 한 것일까? 정말로 이 땅은 가치 있게 살 만한 곳이 아닌 걸까? 아니면 더 이상 살아야 될 이유를 발견하지 못한 것일까? 사실 자살은 태종대에서만 일어나는 것이 아니라 주변에서 심심찮게 볼 수 있다. 성적을 비관한 청소년들의 자살 역시 자주 접하게 된다. 가능성이 무궁무진한 10대의 아이들이 스스로 목숨을 끊는 것이다. 대학생들과 연예인들의 자살 소식도 자주 듣게 된다. 참으로 서글픈 일이지만 쉼 없이 들려오는 자살 소식에 한국은 자살공화국이라는 오명을 가지고 있다. 우리는 이런 소식을 들으면 살아 있는 자신과는 상관없는 것처럼 듣는다. 그러나 속단할 수 없다. 삶에 대한 소망을 상실하면 누구에게나 가슴 아픈 결말이 올 수 있기 때문이다. 목적이 없는 인생은 비참하다. 삶에 목적이 없다면 냉소적이며 허무주의적 인생관을 가지고 살 확률이 매우 높다. 그리고 그 상당수는 우울증을 겪다가 극단적인 선택을 하는 상황에 이르게 될 수 있다.

그렇다면 삶의 목적은 세계관과 어떠한 연관이 있을까? 사실 **삶의 목적이 있다는 것은 견고한 세계관을 지녔음을 반영하는 것이다.** 우리는 누구이며, 무엇을 위하여 존재하며, 이 땅에 사는 이유가 무엇인가, 무엇이 잘못되었으며, 잘못된 세상을 향한 진정한 해답은 무엇인가? 그리고 우리의 마지막은 어떻게 되는 것인가? 이 질문에 대한 분명한 답을 가지고 있는 자는 결코 이 땅에서 나의 생이 무의미하다고 말하지 않는다.

얼마 전 영국의 한 여성을 소개하는 TV 프로그램을 보았다. 소개된 여성은 36살의 나이로 미혼모가 되었으며 소아마비로 인해 자라지 않은 두 팔과 두 다리를 가진 장애인이었다. 그녀는 우리가 손으로 쉽게 하는 모든 것을 손 대신 입으로 해야 하는 신체적 악조건에도 불구하고 영국에서 매우 유명한 구족 화가이다. 그런데 그 여성이 보여 준 아름다운 드라마는 악조건을 이겨낸 것에만 머물지 않는다. 그녀에게는 세 살 난 남자 아이가 있다. 손도 쓸 수 없는 이 여성이 누구 못지않게 아이를 잘 키우고 있는 것이다. 손이 아닌 입으로 밥도 먹여 주고, 기저귀를 갈아 준다. 그리고 여성인 자신의 아름다움을 위하여 발로 예쁘게 화장을 한다. 손 대신 발로 자동차를 운전하여 가고자 하는 곳은 어디든 다닌다. 대부분 이러한 상황이 되면 포기하고 말 텐데 그녀는 자살은커녕 자신의 아이를 낳고 기르고 그림을 그리며 주체적이고 능동적으로 살아가는 것이다. 도대체 무엇이 이 여성으로 하여금 불가능해 보이는 일들을 가능하게 하였을까?

그것은 그녀의 마지막 인터뷰에서 분명하게 나타났다. 그녀는 "나는 전혀 불편하지 않습니다. 나의 모습도 원망하지 않습니다. 하나님께서 이러한 몸을 주신 것은 분명한 뜻이 있다고 생각합니다. 나로 인하여 많은 사람들이 용기를 얻게 하려고 하신 하나님의 뜻이라고 생각합니다."라고 말했다.

그녀는 자신이 어떤 존재인지 분명히 알고 있었다. 그래서 어떤 삶을 살고, 무엇을 해야 하는지에 대한 끊임없는 도전의식이 생긴 것이다. 이렇듯 올바른 세계관은 인생에 비전을 가지고 살아가게 한다. 이 땅에 태어난 것이 존재의 이유와 목적도 없이 단지 수많은 우연의 연속이라고 생각한다면 그녀에게 어떻게 이러한 용기와 담대함이 있을 수 있겠는가? 앞으로 또 다른 어려움이 닥쳐온다 해도 하나님의 형상으로서 이 땅에 태어나고, 이루어 가야 할 확고한 목적이 있음을 알기에 그녀는 결코 절망의 자리로 쉽게 떨어지지 않을 것이다. 이렇듯 견고한 세계관은 온 세상과 사람 그리고 환경을 적극적으로 보게 하며 흔들리지 않는 삶을 갖게 한다. 견고한 세계관은 이 땅에서 살아가야 하는 이유를 분명히 가르쳐 준다. 그리고 살아감의 목적도 알려 준다. 그래서 모든 환경과 사람 그리고 세상에 대하여 식지 않는 도전 의식을 갖는다. 나아가서 세계관에 대한 성경적 대답을 가지고 있다면 이 세상은 더 이상 두려움의 대상이 아니다. 견고한 세계관을 가지고 있었던 존 웨슬리 목사의 외침을 들어 보라. "세계는 나의 교구다. 바로 여기에 생명이 있고 열정이 있고 최선이 있다."

3. 바른 인간관계를 가진다

오늘 우리가 사는 세상처럼 삭막한 세상은 없다. 수백 개의 성냥 갑처럼 다닥다닥 붙어 있는 아파트를 바라보면 그곳에서 인간다움을 발견하기란 쉽지 않다. 인간은 인간다울 때 가장 아름답다. 그런데 인간이 인간다움을 상실하게 되면 가장 추하고 무서운 존재가 된다. 인간다움을 상실한 채 사는 현실은 옆집에서 누가 죽어서 썩어 가도 아무도 모르게 만든다.

얼마 전 대구의 한 학생의 죽음을 보도한 내용을 보았다. 그 학생은 부모가 없는 고아였다. 학교도 퇴학당하고 며칠 동안 굶주림에 시달리다가 같은 또래의 아이들에게 쳐다보았다는 이유 하나만으로 구타당하고 죽었다. 참으로 비참한 일이다. 그런데 더욱 비참한 것은 이 아이의 죽음을 바라본 이웃 사람들의 반응이다. 학교는 학교대로, 선생은 선생대로 충격도 없고 의미도 두지 않는다. 아파트 이웃 사람들과 친구들은 "나와 무슨 상관이 있습니까, 아무렇지 않습니다." 하며 냉담하게 말했다. 더군다나 집단 구타로 아이를 죽인 가해 학생의 부모들은 깊은 반성도 없이 자기 아이들 구명 운동에만 열을 올리고 있었다. 이것이 현실이다.

왜 이렇게 처참한 모습들이 일어나는 것인가? 그것은 인간에 대한 이해가 다 무너졌기 때문이다. 즉 인간이 존귀한 하나님의 형상이 아닌 단지 동물의 하나로 전락했기 때문이다. 이 역시 세계의 근본 문제에 대한 분명한 이해와 고백이 없기 때문이다. 성경은 빈부귀천을 떠나서 인간은 하나님의 형상이라는 관점에서 누구나 동등하다고 말한다. 이 사실은 우리로 하여금 이 세상 가운데 그 어떤 인간도 우습게 볼 수 없게 한다. 모두가 소중한 존재이다. 바로 여기에서 인간관계가 바르게 출발한다. 인간은 동물이 아니다. 진화된 존재도 아니다. 인간은 하나님의 형상으로 창조된 인격적이고 존귀한 존재이다. 그러므로 지역과 민족 그리고 인종을 초월하여 인간 대 인간의 관계가 유지된다.

견고한 세계관이 형성되지 않으면 모든 인간관계는 흔들리게 되어 있다. 특별히 가정의 중심이 되는 부부 사이도 동일하다. 사랑을 외치며 결혼하였던 관계가 얼마 되지 않아 깨어지는 이유가 어디에 있는가? 그것은 두 사람의 기본적인 세계관의 결여 때문이다. 견고한 세계관을 가지고 있지 않으면 아무리 깊이 사랑하다 결혼해도 무너지게 되어 있다. 부부는 나눔과 섬김의 대상이지, 세력 다툼의 존재가 아니다. 친구가 무엇인가? 친구는 의리로 사는 존재가 아니다. 친구는 존경을 가지고 대하는 존귀한 존재다. 이 역시 하나님의 형상으로 지음받아 한 몸 이룬 형제이다. 여기서 친구관계가 시작되는 것이다. 부모, 연인, 친구, 직장동료 등 우리가 만나는 모든 인간관계의 기본은 견고한 세계관의 기초가 서지 않는 한 항상 깨지고 부서질지 모른다는 불안을 동반한다.

4. 사회를 균형 있게 본다[42]

세계관의 바른 정립은 내가 살고 있는 사회의 존재 의미를 바로 알게 한다. 이것은 세계관의 기본적인 질문인 '나는 어디에 있는가?', '이 땅의 본질은 무엇인가?', '무엇이 잘못되었는가?'에 대한 대답을 주기 때문이다. 이것은 더 나아가 노동의 본질적인 의미를 더욱 분명하게 한다. 이 문제는 2강에서 자세하게 논의할 것이므로 여기서는 사회를 어떻게 볼 것인가를 살펴보고자 한다.

오늘 우리가 살고 있는 사회는 매우 복잡하다. 더구나 분단국가라는 현실이 더욱 우리를 복잡하게 만들고 있다. 분단 이후 끊임없이 우리나라의 성장을 방해하는 훼방꾼이 있다면 그것은 지역주의와 색깔론이다. 세계 역사상 유례없는 이데올로기의 소모전이 벌어지고 있는 곳이 바로 우리나라이다. 이러한 현실 가운데 어떠한 시각으로 사회를 바라보고, 이해하고, 정의를 실천해야 하는가?

전제가 분명해야 진단과 대안이 명확해진다. 우리가 보고 있는 사회는 분명히 문제투성이다. 사회가 본래부터 부패한 인간들의 군상으로 이루어진 집단처럼 보인다. 정직하게 본다면 우리 사회는 회복 불능의 공간이다. 부정과 부패와 돈의 우상이 인간의 형상을 갈기갈기 찢은 곳에 살고 있는 것이다. 그렇다면 이렇게 소망이 없는 이 사회를 포기해야 하는가? 아니면 사회를 위하여 투쟁해야 하는가?

분명한 것은 우리는 이 사회의 논리대로 살 수는 없다는 사실이다. 그렇다고 이 사회를 떠나서 살 수도 없다. 그럼 어떻게 해야 하는가? 우리에게 주어진 것은 이 사회 속에 살면서 사람으로 사는 것의 아름다움이 무엇인지를 보여 주어야 하는 사명이다. 이 사회의 그릇된 유행에 따라 사는 것이 아니라 분별된 삶을 살아야 한다.

지금 우리 사회의 가장 큰 문제는 무엇인가? 그것은 음란과 맘모니즘(물질숭배)이다. 이것은 하나님이 허락하신 가정을 허물고, 사회를 혼탁하게 만든다. 이러한 세상에서 거룩함을 유지하려면 처절한 싸움이 필요하다. 우리가 살고 있는 사회는 지극히 이기적이고 배타적인 집단이 되었으며, 철저한 이원론적 삶이 지배하고 있다. 또한 가출 청소년이 10만 명에 이르는 사회가 되고 있다. 전문직을 가지고 있는 이들 가운데 87.5%는 한국 사회가 부패했다고 말한다. 이것이 기독교 인구 20%를 자랑하는 한국 사회의 모습이다. 그러나 바로 우리가 사랑하고 회복해야 할 사회이다. 바른 세계관을 가진 사람은 세상을 바라보되 하나님의 마음으로 바라보며 어두워진 현상 가운데 밝음을 찾고 회복해 가는 삶을 산다. 이렇듯 바른 세계관은 사회의 문제에 관심을 갖게 하고 사회 변혁을 위한 열정을 갖게 한다.

5장. 세계관은 어떻게 형성될까?

그렇다면 이렇게 중요하고 의미 있는 세계관은 어떻게 형성되는가? 세계관이 하늘에서 뚝 떨어진 것이 아니다. 그러므로 어떻게 형성되는가를 살피는 것은 중요하다. 세계관이 형성되는 단계로 다음 세 가지를 살펴보고자 한다. 첫째는 세계관이 의지와 관계없이 습득된다는 것이고, 둘째는 학습으로 구체화되며, 셋째는 세계관이 문화를 형성하여 삶으로 나타난다는 것이다.

1. 의지와 관계없이 습득된다

나는 어린 시절부터 오른쪽 귀가 잘 안 들렸기 때문에 노랫소리가 잘 들리지 않았다. 그래서 자연스럽게 찬양보다는 책과 글을 쓰는 것을 즐겼다. 그런데 결혼을 하고 두 아이를 하나님께 선물로 받은 이후에 재미있는 사실을 보았다. 어찌 된 일인지 아이들도 어려서부터 찬양보다는 책을 읽고 글쓰기를 좋아한다. 부모의 유전적 특성뿐 아니라 품성과 사고하는 것도 자녀들에게 나타나는 것이다. 아마도 임신 중에도 찬양보다는 책을 보고 읽어 주고 하는 것이 자연스럽게 아이에게 영향을 준 것 같다. 이렇게 우리는 자신의 의지와 관계없이 주어지는 외부의 영향으로 태어날 때부터 어떤 모습이든 자신의 특성을 갖게 된다. 물론 이것은 미미하고 불완전한 것이지만 의지와 관계없이 습득된 것이라 할 수 있다.

이러한 모습을 보면서 알 수 있듯이 우리는 수용 여부를 판단하기 전에 이미 자신의 의지와 관계없이 많은 것을 습득한다. 또한 자신의 의지와 관계없이 태어난 나라에서 그 나라의 풍습과 사용되는 언어를 제1언어로 받는다. 그리고 자신의 의지와 관계없이 부모를 가지게 되었으며 기질과 성품도 선천적으로 물려받는다. 이렇게 자신의 의도와 상관없이 나라와 부모를 통하여 삶을 바라보는 안경을 쓰게 된다.

태어날 때부터 부모와 함께 목욕하고 함께 잠을 자는 문화와 따로 목욕하고 따로 잠을 자는 문화에서 태어나고 자라게 되는 것은 주도적인 의지와 관계없이 각 문화 속에서 가족과 타인에 대한 관계를 자연스럽게 형성하게 된다. 밥을 먹는 일과 빵을 먹는 것은 전혀 다른 식문화의 삶을 살게 한다. 국물을 함께 떠먹는 문화와 제 그릇에 따로 먹는 문화는 전혀 다른 성향의 사람을 만들어 낸다. 이것은 학습이 이루어지기 전부터 자연스럽게 행해진 생활이다. 즉, 주어진 환경과 교육이 아무런 저항 없이 받아들여진 결과다. 이렇게 의지와 관계없이 세계관은 습득된다. 물론 견고한 것은 아니지만 무의식 가운데 우리의 삶에 영향을 준다. 그러나 우리의 세계관이 전적으로 의지와 관계없이 이루어지는 것만은 아니다. 세계관은 학습으로 구체화되기 때문이다.

2. 학습-저항과 순응-으로 구체화된다

세계관은 학습을 통하여 다져지고 구체화된다고 말할 수 있다. 그래서 세계관 운동은 일차적으로 학습이 선행되기도 한다. 지금은 볼 수 없는 광경이지만 40년 전 중학생 시절에 종암동 집에서 삼선동에 있는 학교까지 가려면 미아리 고개를 넘어야 했다. 이때 버스는 95번 하나뿐이었다. 당시에 버스에는 차장이 있어서 차장에게 토큰을 내고 타고 다녔다. 버스도 한 대만 다녔던 시기라 모든 사람이 서로 차를 타려고 한 번에 몰려들었다. 그리고 어떻게 해서든지 몸을 버스 안으로 밀어 넣었다. 나머지는 기사와 차장이 알아서 한다. 차장은 온갖 노력으로 사람을 밀어 넣어 태운다. 그러면 기사는 살짝 급브레이크를 밟는다. 상상이 되는가? 그러면 일순간 정리가 된다. 그런데 이러한 모습이 있기 전이 더욱 대단하다. 차가 들어서기 무섭게 사람들은 몰려가서 서로 타기 위하여 전쟁을 치른다. 타지 못하면 지각하는 것이 불 보듯 뻔하니 어떻게 해서든지 먼저 타려고 한다. 옆에 있는 사람의 사정은 중요하지 않다. 오직 타는 것이 목적이기에 질서란 존재하지 않았다.

지금은 이런 모습을 좀처럼 보기가 어렵다. 우리는 곳곳에서 한 줄 서기를 알리는 문구를 보거나, 발바닥 모양의 스티커나 화살표 등 공공장소에서 줄 서는 곳임을 알리는 각종 표식을 쉽게 볼 수 있다. 이제 버스나 지하철 등 대중교통을 한 줄로 서서 기다리는 게 자연스럽게 느껴지고 있다. 전동차 안의 경로석도 마찬가지이다. 여기에 경로석 자리를 양보하는 한 CF가 영향을 미쳤다고 본다. 이제는 사람들이 경로석을 비우는 것은 자연스럽다. 이것이 바로 질서를 지키도록 하는 학습의 결과이다. 이렇게 행동으로 나타낼 때까지 참으로 많은 부분에서 학습이 이루어진다.

예를 하나 더 들어 보겠다. 우리나라 대다수의 국민은 숫자 4를 좋아하지 않는다. 의미는 전혀 다르지만 4와 음이 같다는 이유로 죽을 死를 연관 지어 생각하기 때문이다. 엘리베이터가 운행하는 몇몇 건물의 4층에는 4 대신 F로 표시해 놓았다. 서구의 시각에서 보면 이해가 되지 않는 부분이다. 하지만 우리 역시 예수님을 믿고 나서도 문화적 습관으로 4자를 쓰지 않으려고 한다. 이와 비슷하게 빨간색으로 이름을 쓰지 않는 것, 모서리에서 밥을 먹지 않는 것, 문지방을 밟거나 걸터앉으면 부정 탄다고 생각하는 것, 시험 보기 전에 미역국을 먹지 않는 것, 가게에서 첫 손님이 여자이면 소금 뿌리는 것 등 온갖 미신적 요소가 있지만 아주 자연스럽게 인식한다. 이러한 것들이 아주 어릴 적부터 학습되고 문화로 인식되었기 때문이다. 이렇게 세계관은 작은 부분에서부터 학습을 통해 삶의 모든 부분에 영향을 미친다. 여기서 학습이라고 할 때 그것은 주어진 문화나 관습 그리고 새로운 것에 대한 저항과 순응의 과정을 의미한다. 누구든지 저항과 순응의 과정을 통하여 한 사람의 세계관이 문화로 정착한다.

3. 문화를 형성하여 삶으로 나타낸다

오래전 단기선교로 홍콩에 머문 적이 있었다. 홍콩의 한 게스트하우스에서 하룻밤을 묵었을 때이다. 새로운 잠자리가 불편하여 일찍 일어나 창문을 열고 주변을 구경하였다. 그때 신기한 광경을 목격하였다. 새벽이라 건널목에 사람이 없는데 택시가 신호를 지키는 것이었다. 정말 신기했다. 홍콩에 들르기 전에 중국 광저우에 머물다 왔는데 광저우에서는 차량 정지를 알리는 빨간 신호가 켜져 있어도 차들이 거리낌 없이 지나갔다. 사람이 있건 없건 중요하지 않았다. 차도 사람도 서로들 아무 문제없다는 듯이 지나다녔다. 하지만 홍콩은 같은 중국이지만 확연히 다른 모습이었다. 이러한 차이가 어떻게 생겼을까 궁금하였다. 그런데 홍콩이 오랜 시간 영국의 통치를 받아서 영국의 영향으로 형성된 문화 중에 하나라는 선교사의 이야기를 듣고 그 까닭을 이해할 수 있었다. 홍콩은 본류인 중국이 아닌 영국식 세계관의 영향을 받아 새로운 문화를 형성하고 있었다.

또한 키르기스스탄 단기선교 때 현지인 자매에게 들은 이야기가 있다. 그 자매는 한국 사람들은 너무 행복하고 좋겠다고 부러워했다. 그 이유는 키르기스스탄과 달리 한국이 일부일처제이기 때문이었다. 키르기스스탄에는 아직도 보쌈이 있으며 일부다처제의 사회다. 사실 자신들은 일부다처제가 싫은데 어쩔 수 없이 살고 있다고 한다. 그래서 한 남자가 한 여자만을 사랑하는 한국의 드라마 '가을동화'나 '겨울연가'의 지고지순한 사랑 이야기가 인기라는 것이다. 한 남자가 한 여자만을 사랑한다는 것이 이해가 되지 않지만 더할 수 없이 부럽다는 것이 자매의 이야기였다. 그러나 키르기스스탄의 문화가 자매의 소원대로 바뀌기는 쉽지 않을 것 같다. 문화를 바꾸는 것은 새로운 문화가 이식되어야 하기 때문이다.

일부다처제의 문제는 아니지만 우리나라도 키르기스스탄 못지않게 회복되지 못한 것이 있다. 바로 인권과 윤리 문제이다. 우리는 인권과 윤리 문제를 심각하게 생각하지 않는다. 그런데 서구 사회는 인권과 윤리 문제에 민감하다. 특별히 가정 폭력에 대하여는 매우 엄격하다. 우리는 가정 폭력을 남의 집안일이라고 냉소적으로 대하는 것이 일반적이다. 또 신용의 문제도 온전한 회복이 이루어지지 않았다. 신용카드는 대중화되었지만 신용사회라 인식하지 않고 있다. 신용사회가 신용을 기반으로 한다는 것을 학습을 통해 습득하고 있으나, 아직 문화로 일상화되어 있지 않기 때문이다. 세계관은 학습된 것이 문화로 정착될 때 온전히 이루어진다. 즉 세계관 형성에 다음과 같은 틀이 생성된다고 할 수 있다.

형성된 문화 → 의지와 관계없이 문화 습득 → 세계관 학습 → 저항과 순응 → 문화 형성 → 삶의 행동 기준

결국 세계관은 자신의 의지와 관계없는 삶의 정황 속에서 문화적으로 습득되어 기초로 다져진 것이 학습으로 견고하여져서 일상의 문화가 된 것이라 할 수 있다. 그러므로 문화의 차이가 세계관의 차이를 가져온다고 말할 수 있다.

사람들은 세계관을 의도적으로 배우지 않고 일상의 삶을 통하여 전수하고 취득한다. 이렇게 경험되고 취득된 것이 축적되어 삶으로 드러나게 된다. 그러므로 세계관은 교육으로 단시일에 만들어질 수 없고 오랜 시간에 걸쳐 형성되며, 끊임없는 훈련이 있어야 한다. 세계관은 오랜 시간에 걸쳐 진행되어 일상의 문화가 될 때까지 계속되어야 한다.

6장. 우리 시대에 불어온 새로운 변화

앞 장에서 우리는 세계관이 어떻게 형성되는지 살펴보았다. 이제 삶의 현장으로 눈을 돌려 보고자 한다. 우리 시대의 지배적인 세계관은 무엇인가? 우리의 삶을 만들고 있는 세계관들을 바로 아는 것은 매우 중요하다. 현재 우리가 살고 있는 시대의 모습은 다원적이다. 동양 문화를 바탕으로 한 가운데 서양식 사고가 들어와 자리를 잡고 있다. 그래서 때로는 이성적이면서 때로는 미신적인 요소들이 참으로 많은 것을 볼 수 있다. 앞서 보았듯이 공부를 밤새 해 놓고 생일이라 할지라도 시험날 아침에 미역국은 먹지 않는다. 서양식 사고와 동양식 문화가 절묘하게 결합되어 있는 우리의 모습이다. 그런데 이성과 비이성이 공존하는 모순과 같은 이러한 모습이 불편하게 느껴지는 것이 아니라 편안하고 자연스럽게 느껴진다. 그것은 바로 우리 시대에 불어온 새로운 변화 때문이다.

이 변화는 바로 포스트모더니즘이라는 거센 바람이다. 포스트모더니즘이 교회를 지배하고 사람과 사회를 지배하고 있다. 이 바람은 모든 것을 다 포위해 버린 것 같다. 이것은 기독교에 있어서 기회가 되기도 하지만 동시에 가장 큰 위기가 될 수 있다. 그래서 포스트모더니즘에 대하여 상식적으로 알고 있는 것이 중요하다. 그런데 우리 시대의 전령인 포스트모더니즘을 이해하려면 우선 모더니즘에 대한 이해를 가지고 있어야 한다.

1. 모더니즘

모더니즘은 근대 사회를 의미한다. 근대 사회는 16세기 르네상스의 영향으로 시작되어 18세기 계몽주의 시대에 가장 활짝 꽃피웠다. 계몽주의는 인간의 이성을 깨우쳐 제자리를 갖게 하자는 운동이다. 즉 중세의 종교적 그늘은 이성을 경시하였는데 그것을 바로잡자는 것이다. 그 결과로 이전 시대와 상반된 신, 진정한 신은 이성이라는 외침이 나타났다.[43]

특별히 계몽주의와 함께 진리와 실재를 결정하는 새로운 접근 방법이 등장하였다. 진리란 하나님의 계시, 성경, 또는 교회 공의회를 더이상 의지하지 않고 과학적 관찰과 측정이라는 수단으로 발견되는 것이라는 생각이다.[44] 이렇게 계몽주의는 중세의 세계관을 전복하는 일을 하였다. 계몽주의로 말미암아 인간의 객관적 이성이 고양되고 초자연적 존재를 거부하면서 인간이야말로 의미와 중요성을 결정하는 궁극적 중심이라는 신념을 갖게 되었다. 더불어 인본주의, 물질주의, 합리주의적 세계관이 등장하고 자라났다. [45]이렇게 계몽주의는 인간의 이성과 과학적 법칙으로 보편적인 진리와 실재를 알 수 있다는 생각을 가지게 하였다. 모더니즘이 지배하던 사회는 산업과 과학의 발달을 이룬 낭만적 삶의 모습으로 표현할 수 있다.

2. 모더니즘의 자녀들

모더니즘 사회에 영향을 미친 대표적인 세계관을 본다면 첫째는 인본주의, 둘째는 다원주의(자연주의 철학), 셋째는 마르크시즘이라 할 수 있다. 이것이 근대 사회를 움직인 동력이었다. 인간의 이성으로 무엇이든지 할 수 있다는 인본주의 사고는 무서운 기세로 근대를 장악하였다. 과학적 합리주의, 물질주의, 교육의 도구주의 등은 인본주의의 결과물이다. 다윈의 「종의 기원」으로 촉발된 진화론은 신 중심적이던 우주관에 포탄을 던진 것과 같다. 또한 다원주의적 세계관의 영향 가운데 자라난 마르크스주의는 정치 경제 영역에 가장 큰 변화를 가져왔다.[46]

인본주의 선언에 나타난 모습을 보면 이들의 세계관이 철저하게 반기독교 세계관임을 잘 알 수 있다. 오늘날 안티 기독교인들이 가지고 있는 세계관의 근저는 바로 인본주의 선언이라 할 수 있다.

"인본주의자들은 우주는 스스로 존재하며 창조된 것이 아니라고 여긴다. … 인간의 필요와 경험에 우선하는 계시, 하나님, 의식 또는 신조는 인간에게 해를 끼치는 것이라고 우리는 믿는다. 무신론자로서 우리는 하나님이 아닌 인간, 신이 아닌 자연으로부터 출발한다. 우리는 인간에 대한 신적 목적이나 섭리를 발견할 수 없다. … 인간은 우리의 현재의 모습과 미래의 되어질 모습에 책임을 진다. 어떤 신도 우리를 구원하지 않을 것이며 우리는 스스로를 구원해야 한다. … 인간의 도덕적 가치관은 그 근원이 인간의 경험에서 유래되었다고 단언한다.

윤리는 자치적이며 상황적인 것으로서 신학적, 이념적 재가가 필요하지 않다. 윤리는 인간의 필요와 관심에 기원한다. 이러한 사실을 부인하는 것은 삶의 기초 전체를 왜곡시키는 것이다.

우리가 우리의 미래를 창조하고 개발할 수 있기에 인간의 삶의 의미가 있는 것이다. … 인본주의가 작금의 세계에 던지는 메시지는 과학 자연주의에 헌신하겠다는 약속이다. … 과학 자연주의는 인간이 형이상학, 신학으로부터 벗어나 과학에 기초한 일관된 세계관 형성을 가능하게 해 준다."[47]

3. 포스트모더니즘

포스트모더니즘에 관한 역사적 사실에 대하여는 제2부 5강 '우리는 어디에 서 있는가'를 참조하기 바란다. 여기에서는 포스트모더니즘의 특징을 소개하고 모더니즘과 비교할 것이다. 그리고 이러한 세계관이 어떻게 우리 사회 속에 혼합되어 있는지 논의하고자 한다.

포스트모더니즘에는 진리에 대한 확실성이 없다. 포스트모더니즘에 따르면 인간 정신에는 주관성이 있는데 그것이 객관적인 진리를 알 수 없다고 주장한다. 그러므로 진리를 객관적인 용어로 이해하기란 불가능하다고 본다. 객관성이란 것은 망상에 불과하고, 확실한 것은 아무것도 없다는 것이다.[48] 결국 포스트모더니즘은 불확실성을 주장하는 것이라 할 수 있다. 이에 대하여 존 맥아더는 포스트모더니즘이 낳은 두 쌍둥이가 있는데 하나는 "진리거절", 또 하나는 "회의주의 절대 환영"이라고 하였다.[49] 아주 적절한 표현이라 생각한다. 이들은 이성적이고 논리적인 것을 의심한다. 그래서 진리를 명제적 용어로 설명하기를 꺼린다.[50] 이것이 포스트모더니즘이 가지고 있는 관점이다. 명백한 진리를 인정하지 않는 것이 우리 시대에 많은 이들에 의하여 환영받고 있다.

4. 모더니즘과 포스트모더니즘의 비교

모더니즘과 포스트모더니즘의 특징은 다음과 같이 요약할 수 있다. 모더니즘이 가지고 있는 특징을 본다면 1) 이성이 궁극적 권위이며 인도하는 등불이다. 2) 보편적, 객관적 진리(모든 사람에게 적용되는 진리)는 이성과 과학적 방법을 통해 발견될 수 있다. 3) 과학이 모든 문제를 해결할 것이다. 4) 의미와 가치는 인간의 관심을 중심으로 결정된다. 반면에 포스트모더니즘의 특징은 1) 이성이 궁극적 권위가 아니다. 주관적 신념, 직관, '직감'도 마찬가지로 타당한 기준이 될 수 있다. 2) 보편적, 객관적 진리란 없다. 진리는 사회적, 문화적으로 결정된다. 3) 과학이 모든 문제를 다 풀 수는 없다. 과학은 많은 문제를 만들어 내기도 한다. 4) 의미와 가치의 기준이 될 중심이란 없다.[51]

이와 같이 두 사상은 분명한 특징을 가지고 있다. 그리고 이 두 사상이 지금 우리 시대에 혼재하고 있는 것을 본다. 모더니즘이 신앙을 무너뜨리는 역할을 했다면 포스트모더니즘은 절대 진리를 무너뜨리는 역할을 하였다고 할 수 있다. 이러한 사상의 흐름은 다양한 계층들이 함께 살고 있는 우리 시대에 큰 영향을 주고 있다.

7장. 우리 시대를 이끄는 강력한 세계관

우리 시대에 불어 온 새로운 변화는 진리관의 격변이다. 유일한 진리가 아니라 다양한 진리를 말한다. 이러한 생각이 이전의 세계관들과 합력하여 강력한 성벽을 구축하고 있다. 이 변화는 종교와 진리관, 그리고 삶의 문제에 전반적으로 침투하여 시대를 이끌어 가고 있다. 바울은 이 세대를 본받지 말라고 하였다(롬 12:12). 그러기 위해서 이 시대의 강력한 세계관을 살펴보는 것이 필요하다. 그 가운데 일상에 영향을 주는 6가지의 강력한 세계관을 살펴보고자 한다.

첫째, 종교적인 면에서 종교 다원주의다. 둘째, 진리관에 나타난 상대주의이다. 셋째, 사회적 관계에서 보이는 현실주의다. 넷째, 문화적인 측면에서는 쾌락주의다. 그리고 다섯째, 전통적인 관점에서 서열과 체면 의식을 강조한 엘리트주의이며 여섯째, 이원론에 입각한 천민자본주의라는 괴물이다.

1. 종교 다원주의

첫 번째 주자는 종교 다원주의이다. 이것은 다양성과 분명히 다른 개념이다. 다양성은 각자가 가지고 있는 개성의 모습을 말한다. 그러나 다원주의는 거기에서 더 나아가 진리의 문제에까지 이르러 진리 역시 다원적이라고 말한다. 이것의 심각성은 기독교에 침투한 종교 다원주의다. 종교 다원주의는 교회 밖에도 구원이 있다고 말하는 것이며, 기독교를 진리가 아니라 하나의 종교로 본다. 결국 진리의 개념을 모호하게 만든다. 절대적 기준은 이제 사라져 가고 있다. 종교 다원주의는 우리 시대의 대세가 되었다. 서철원은 종교 다원주의의 근본 신조를 5가지로 정리하였다.

> "1) 모든 종교는 근본에 있어 동일하다. 2) 예수를 하나님의 성육신으로서 그리스도라 하는 기독교의 교리를 비신화화해야 한다고 한다. 3) 예수가 중심으로 삼은 신 중심으로 돌아가야 한다. 4) 그리스도는 구주로서 혹은 구원이 원리로서 모든 종교들에게 현시되었다. 5) 종교간의 대화는 종교의 존속에 필수적이다."[52]

서철원은 이전의 종교 다원주의자들은 예수 그리스도의 신성을 인정하지 않고 평범한 한 인간이 자신의 노력을 통하여 무한한 신 의식을 가지게 됨으로 신이 되었다고 말하였는데, 현대의 종교 다원주의자들은 창조주 하나님의 인격과 존재를 무시하고 하나님을 '근원적인 힘', 혹은 '존재 자체' 등으로 대체하였다고 강조한다. 한국의 종교 다원주의는 로마 가톨릭이 결정적인 역할을 하였다. 제2차 바티칸 공의회에서 종교 다원주의를 인정하였고 한국 천주교 역시 그와 동일한 입장을 가지고 있다.[53]

서울대 종교학과 명예교수인 정진홍은 성경 기록이 가지는 의미를 통하여 종교 다원주의 입장을 강조하였다. 그는 성경의 기록은 실증적인 언어가 아니라 고백적인 언어라고 말한다. "성경의 언어는 인식의 언어가 아니라 고백의 언어이다. 성경은 역사적 사실에 대한 기록이 아니라 사실에 대한 경험과 그 사실을 경험한 주체가 경험에서 얻은 의미를 고백한 것이다. 따라서 인식의 언어는 실증이 요청되지만 고백의 언어인 성경은 과학적으로 실증하려고 해서는 안 된다. 성경을 내 삶의 의미를 찾는 준거로서 대해야 한다. 우주의 물리적인 탄생을 실증하기 위한 목적으로 성경을 보는 것은 바른 태도가 아니다."[54] 즉, 처녀가 아이를 낳고, 죽은 사람이 되살아나고, 앉은뱅이가 벌떡 일어났다는 이야기가 과학적으로 사실인가 아닌가 하는 데 관심 갖기보다 그것이 내 삶에서 어떤 의미를 갖는가에 관심 가져야 한다는 것이다. 이것이 무엇을 의미하는가? 사실은 중요하지 않고 의미만 중요하다는 생각이다. 이것은 결국 어디에나 진리는 있고 기독교만이 참된 진리가 아니라는 방향으로 나간다. 오히려 유일한 진리를 주장하는 것은 기독교의 독선을 나타내는 것으로 본다.

결국 다원주의는 탈근대 시대가 가져다준 선물이기는 하지만 진리의 영역에서는 혼합주의를 만들었고 결국 진리를 죽이는 일을 하고 있다. 어디에나 구원이 있다면 예수의 십자가는 진리일 수 없는 윤리의 영역과 감상의 영역으로 떨어질 것이다.

2. 진리의 상대성

두 번째로 나타난 큰 변화는 바로 진리의 상대성이다. 상대주의의 특징은 어떤 종교나 철학이 절대적인 진리를 천명할 수 있다는 것을 부인한다. 즉 상대주의에 의하면 절대란 존재하지 않는다. 다시 말하면 '너한테는 그게 진리일 거야. 하지만 나한테는 그것이 진리가 아니고 그럴 필요도 없다'는 말이다. 상대주의 세계관은 절대를 말하는 것은 반지성적이라고 말한다. 정진홍의 다음 말이 우리 시대의 상대주의 사상을 잘 보여 준다.

"성경은 절대적이 될 수 없으며, 지극히 상대적인 것이다. 성경이 기독교의 경전 그 이상도 이하도 아니고, 불교의 경전도 그 이상도 이하도 아니라는 사실을 간과하고 논의를 전개할 때부터 우리는 반지성적이 된다. 반지성적인 것도 거짓을 범하는 것이다."[55]

상대주의는 단순히 종교의 영역에만 머물지 않고 윤리의 영역에도 그리고 법의 영역에도 큰 영향을 미치고 있다. 낙태와 혼전 성관계 그리고 동거 등, 우리 시대에 만연한 풍토는 바로 이러한 상대주의 가치관의 열매이다. 상대주의가 존재하는 방식에 대하여 제임스 사이어는 여섯 가지 형태를 말하고 있다.

"첫째는 모든 종교는 결국 다 같은 것이다. 둘째는 너에게는 진리이고 나에게는 진리가 아니다. 셋째는 모든 종교 체계는 신실하게 따르기만 하면 같은 영적 실제로 인도한다. 넷째는 어떤 종교적, 지적 신념도 진리라고 주장할 수 없다. 모든 것은 수정 가능하다. 다섯째는 모든 주장은 언어의 구조 내에서 이루어진다. 그 주장들은 언어의 구조와 거기 깔려 있는 전제들에 얼마나 들어맞는지에 따라 진리로 결정된다. 이것은 현실 속에 알 수 있는 본질이 존재한다는 개념 자체를 부정하는 말이다, 이 말은 우리가 나무라고 부르는 것은 우리 각자에게 다른 이미지로 다가온다. 나무라는 것은 항상 유동하는 다수적 현상에 붙인 하나의 이름에 불과하다. 현상과 함께 이름도 비본질적이다. 이것이 종교적 주장으로 적용되면 급진적인 상대주의가 되는 것이다. 즉 모든 종교가 같은 곳으로 인도하는 것이 아니라 각 종교가 각각의 언어로 각각의 주장을 만드는 것이다. 그 종교는 다른 사람이 그 언어로 말하도록 설득시키는 방법으로만 추종자를 얻을 수 있다. 여기에 객관적 진리란 의미가 없는 것이다. 여섯째는 신은 존재하지 않는다. 자연주의는 진리이다. 종교적 주장은 사람들이 조화롭게 살도록 도와주는 은유에 불과하다. 조화로만 인도한다면 어떤 은유든지 좋다. 우리가 바랄 수 있는 최선이 바로 그것이기 때문이다. 죽음 후에 삶이란 없다."[56]

이러한 현상이 우리 주변에 지극히 만연되어 있다. 이것이 학문으로 자리 잡기도 하고 삶의 실제 가운데 나타나 있기도 하다. 상대주의가 진리를 거스르고 있다. 상대주의에 대해서는 제5강 '우리는 어디에 있는가'에서 좀 더 자세하게 살펴볼 것이다.

3. 개인적 평안과 풍요의 현실주의

"사람들은 현대인들의 기본적 사상이 된 관점[57] (즉 이성에서의 도피)을 점차로 거의 전적으로 받아들이고, 거의 아무런 이의 없이 인정하였다. 그리고 그것이 미술, 음악, 드라마, 신학 그리고 대중매체를 통하여 대다수 사람들에게 이르게 되자, 가치들은 죽어버렸다. 좀 더 기독교적 영향력이 지배적이던 합의점이 약해지자 대다수 사람들은 두 가지 빈약한 가치 즉, 개인적 평안과 풍요를 받아들였다."[58]

프란시스 쉐퍼의 지적처럼 오늘 우리 시대에 나타난 세 번째 모습은 '개인적 풍요와 평안의 만족을 추구하는 현실주의 시대'이다. 쉐퍼는 "개인적 평안은 내 개인의 생활양식이, 내 아이들과 손자들의 인생에서 어떤 결과가 일어나든지 상관없이 방해받지 않고 영위할 수 있기를 바라는 것이다. 풍요는 압도적이고 계속 늘어나는 번영, 즉 물질과 물질, 더 많은 물질로 이루어진 생애 — 계속 높아지는 물질적 풍요의 수준에 의해 판단되는 성공을 뜻한다."[59] 고 정의하였다.

이 가치를 받아들이자 노동은 파편화되고, 좌파의 학생 운동이 힘을 갖게 되고, 히피들의 약물세계는 절정에 이르게 되었다. 그러고도 소망을 찾지 못하자 그 이후에는 무관심만이 존재할 뿐이었다.[60] 이것은 1960년 이후의 서구 사회가 보여주고 있는 파편화된 개인주의의 모습이지만 우리 시대에도 분명한 시사점을 주고 있다. 오늘날 사람들은 3D 업종에 종사하기를 싫어한다. 노동의 의미는 오직 개인적인 평안과 풍요를 위한 수단으로 전락하고 말았다. 그래서 어렵지 않게 돈을 벌 수 있는 서비스업에 종사하는 젊은이들이 점점 많아지고 있다. 대학에서는 인문과학의 입지가 좁아지고 있고 학생들은 취업을 위한 공부에만 매달리는 모습을 보게 된다. 자신들이 가지고 있는 달란트에 대한 아무런 고려 없이 대학을 다니고 전공과 상관없이 취업을 한다. 이렇게 어이없는 일들이 대부분 사람들의 삶의 모습이다. 모든 것이 그저 개인적인 풍요와 평안에 달려 있다. 이것이 최고의 가치가 되었다.

로또와 부동산 투기가 지칠 줄 모르고 기승을 부리는 것은 모두가 쉽게 큰돈을 벌어 개인적인 평안과 풍요를 영위하기 위함이다. 우리 시대는 쉐퍼의 말처럼 지극한 무관심의 사회가 되어 버렸다. 옆에서 사람이 죽어도 관심이 없다. 아직 배움이 자리 잡히지 않은 청소년들이 비상식적인 행동을 서슴지 않음을 보아도 누구도 말하지 않는다. 건드려서 손해 볼 일을 하지 않겠다는 의미다.

사회학적 법 이론은 낙태와 동성애의 문제를 지적할 수 없게 만들고 있다. 보편적 기준이라고 여겼던 것이 이제 다수가 원하는 것이 법이라는 사회학적인 법 이해로 기준이 변화되고 있다. 이제 잘못이라 생각한 것을 지적해도 지적한 사람이 도리어 처벌을 받는 시대가 되어 버렸다. 당한 사람만 억울할 뿐 모두가 나만 아니면 된다는 무관심의 삶을 살고 있다. 이것은 아파트 문화와 정치로 대변된다. 사람들은 이웃에 대하여 무관심하고 정치에 대하여도 무관심으로 일관되게 살고 있다. 이처럼 지극히 개인만을 위한 삶이 오늘 우리 시대의 사조 아닌 사조이다.

교회도 이 일에 적극적이다. 오직 이 땅에서 모든 것을 해결하고자 한다. 하나님 나라에서 얻고 누릴 영광에 관심이 없다. 사람을 키우고, 교육에 투자하고, 가난한 자를 돌보는 일에 열심을 내지 않는다. 여전히 교회 건물 짓기에 힘을 쏟고 있다. 그러므로 겉으로 커진 외형 안에 영적인 무관심이 더욱 팽배해지고 있다. 대학을 보내기 위해서는 100일 기도하면서 나라와 민족과 교회를 위하여는 이러한 열정을 내지 않는다. 교회 안에서도 중요한 것은 오직 개인의 풍요와 만족이다. 이것이 해결되지 않는 한 하나님의 말씀에 순종하지 않는다. 이 모습은 실제 상황이다. 한 보고서에 따르면 강남의 땅값을 올리는 주범으로 집 세 채 이상 가진 사람이 전체의 60%에 해당한다고 한다. 이 중에 그리스도인들은 없기를 기대할 수 있을까? 땅은 소유의 개념이 아니라 거주의 개념이라고 성경은 말하고 있지만 교회가 이것을 분명하게 말하고 있거나 혹은 성도들이 이 말을 듣고 있을까? 개인적 풍요와 평안이라는 현실주의와 함께하는 무관심은 결국 하나님의 공동체를 허물 것이다. 이것이 우리가 직면하고 있는 현실이다.

4. 찰나적 쾌락주의

네 번째는 문화적 측면에서의 찰나적 쾌락주의다. 우리 시대를 대중적으로 묘사하는 개념으로 삶에 대한 성찰이 더 이상 의미 없음을 선언하는 것이다. 밤늦도록 꺼지지 않는 도시의 화려한 네온사인 불빛은 마치 찰나적 쾌락의 향연을 보는 것 같다. 찰나적 쾌락주의는 대중문화를 보면 그 본심을 알 수 있다. 특별히 대중음악은 우리 시대에 나타났던 찰나적 쾌락주의 흐름을 보여 준다. 대중가요의 상당수의 내용들이 마음껏 즐기고 놀자는 것에 있다. 그때그때 느끼는 대로 행동하고 그저 본능에 충실하게 살자고 유혹한다. 90년대 인기를 끌었던 DJ DOC의 「Ok? Ok!」[61]는 이러한 시대의 서막을 열었다. 쾌락주의는 2000년대에도 지속되었는데 대표적인 여성 가수였던 이효리는 2003년에 「텐미닛(10 minutes)」[62]을 발표하고 이효리 신드롬을 일으킨다. 그것은 90년대에 시작된 찰나적 쾌락주의가 비상을 위해 날개를 단 것과 같다. 여성의 몸을 마음껏 드러낸 비디오와 함께 노래는 무한한 인기를 얻었다. 처음에 몇몇의 시도가 성공하자 이어진 흐름으로 2008년에는 대부분의 가수들이 더욱 자극적이고 적극적인 가사와 그림으로 대중들 앞에 나타났다. 젝스키스의 리더였던 은지원이 솔로로 데뷔한 뒤에 발표한 곡 「올빼미」[63], 이효리의 뒤를 이은 섹시 여가수 채연의 「둘이서」[64]는 성적 묘사가 노골적인 가사와 뮤직비디오로 주목을 끌었다. 솔비의 노래[65]가 그 흐름에 함께했다.

그러나 2008년 최고의 인기를 얻었던 그룹은 '빅뱅'이라 할 수 있다. 그 가운데 태양의 솔로 음반에 수록된 대표곡 「나만 바라봐」[66]는 중고생들은 물론 초등학생들에게도 인기를 얻었다. 그런데 문제는 노래의 가사가 주는 슬픔이다. 이 노래를 듣고 자란 아이들의 세계관은 무엇으로 채워질까? 이 가사만큼 마음이 아프고 화가 나는 노래도 없다.

이러한 쾌락주의는 10여 년 동안 이 시대가 꾸준하게 추구하고 있는 계몽에 가깝다. 사실 1990년대부터 시작된 우리 시대의 흐름은 '본능에 충실하자'는 것이다. 생각이 아니라 본능에 따라 살자고 계속하여 대중을 세뇌시켜 왔다. 그렇게 20여 년이 흘러왔다. 그리고 이러한 모습은 지금도 변함없이 진행 중이다. 이제는 한류라는 흐름을 타고 찰나적 쾌락의 문화를 수출하는 상황에 이르렀다. 우리의 쾌락주의를 세계에 알리며 쾌락의 선봉에 서 있다고 해도 과언이 아니다. 지금 대중문화에 세계적인 영향력을 미치고 있는 싸이의 노래는 이 사실을 그대로 보여 주고 있다.

싸이의 「강남 스타일」[67]과 「젠틀맨」[68]에 나타난 우리 시대의 모습은 즉흥적이고 변화무쌍하며 순간의 느낌대로 사는 것을 보여 준다. 싸이가 말하고자 하는 것처럼 이런 사회를 살아가는 사람들에게 이중성은 큰 무기가 된다. 아침과 저녁이 다른 삶을 멋진 삶으로 여긴다. 그렇지 못한 것은 시대에 뒤떨어진 패자들의 삶이다. 이렇게 느낌을 추구하는 이중성의 사회는 결국 외모지상주의를 정당하게 만든다. 미끈함을 원하는 시대에 맞게 사람들은 많은 돈을 들여 성형외과의 문을 두드린다.

그런데 외모가 곧 힘인 외모지상주의는 화려함과 동시에 삶에 위기를 가져왔다. 수려한 겉모습과 달리 내면의 문제를 가볍게 여기게 되면서 내면의 진실함은 사라지고 결국 서로 속고 속이는 사회가 되어 가고 있다. 내면의 준비가 없는 사회 속에서 태동한 가정들은 결국 분열을 경험한다. 우리나라가 이혼율 세계 1위라는 불명예를 얻게 된 것은 바로 이중성으로 무장한 사회가 가져다준 아픈 결과다.

이혼이 너무 쉬워지면서 이제 혼전 동거는 더 이상 뉴스거리가 아닌, 이성교제 못지 않게 흔한 일이 되어 버렸다. 높은 전·월세로 인해 대학가에서는 주거비 절감과 쾌락의 두 마리 토끼를 다 잡을 수 있는 묘수가 동거인 지경이다. 이런 현상들이 지속되면 우리는 다음 세대의 어두움을 맞이할 수 있다. 찰나적 쾌락주의에 빠져 있는 시대의 미래는 결코 밝지 않다. 찰나적 쾌락주의는 본능에 충실하다. 삶에 대한 정당한 이유와 기준이 없다. '생각은 이제 그만'이라고 외친다. 일단 놀아보고 생각하자고 요구한다. 그래서 찰나적 쾌락에 빠진 사회는 터가 무너진 집과 같다. 터가 무너진 집은 잠깐은 견딜 수 있으나 이곳저곳에 금이 가고 곧 무너진다. 지금 그 결과가 바로 자살과 폭력 그리고 허영으로 이어지고 있다.

쾌락주의에 빠진 시대는 더 이상 진리에 관심이 없다. 사색적인 삶이 무너진 시대에 인간의 본질을 생각하는 문제는 따분하다. 그러기에 죄에 대한 인식이 가벼워지고 진리에 대해 고민하지 않는다. 더욱더 가슴 아픈 것은 정직하게 사는 것, 남을 위하여 헌신하는 삶의 놀라운 가치를 잊어버리는 것이다. 오직 먹고 마시고 이 땅에서 누릴 풍요만을 노래하고 있다.

학생들이 취직에 용이한 좋은 대학에 진학하는 것이 유일한 비전이고 목표가 되어 버린 것은 식상한 일이 되었다. 기성세대는 어떠한가? 그들의 목표는 내 집 마련이다. 이 일이 끝날 때까지는 아무것도 시도하지 않는다. 힘겹게 목표를 달성한 후에는 영락없이 쾌락 추구의 길로 들어선다. 쾌락의 삶을 위하여 낮이나 밤이나 어디서나 무엇이든 하고 싶고 하게 만드는 사회이다. 이것은 꺼질 줄 모르는 유흥가의 네온사인만 대표하는 것이 아니다. 집에 돌아와서는 인터넷이 쾌락 충족의 개인 공간이자 도구가 되어 역할을 이어 간다. 쾌락을 위한 모든 것이 다 있는 인터넷 세상에서 거룩함과 진지함은 존재하지 않는다.

이것은 교회도 동일하다. 깊이 있는 대화와 나눔이 사라졌다. 헌신적인 나눔이 무너졌다. 설교도 엔터테인먼트 시대가 되었다. 진지하기보다 개그에 가까워야 한다. 왜 그런가? 즐겁지 않으면 안 되기 때문이다. 이 역시 쾌락의 세계관이 보이지 않게 침투하고 있는 것을 보여 준다. 진지함보다 즐거움이 더 힘을 발휘하고 있는 시대이다. 지난 20년 동안 쾌락의 문화는 지칠 줄 모르게 달려왔다. 아직도 그 힘은 남아 있는 것 같다. 쾌락의 세계관이 지배하는 육정의 시대 속에 신령한 삶을 추구하는 우리들이 살고 있다.

5. 엘리트주의

다섯째는 전통적 관점의 엘리트주의다. 이것은 한국의 고유한 세계관인 서열(승귀)과 체면 의식의 현대적 표현이라고 할 수 있다. 한국인이 가지고 있는 사회적 배경은 무엇인가? 최재석은 한국인의 사회적 성격의 배경에는 가족을 살려야 하는 가족중심주의가 있으며 가족중심주의는 가족의 생계를 책임져야 하는 가장에게 강력한 권위를 주었고 이 가장의 권위인 가부장 제도가 한국인의 사회적 성격에 가장 큰 문화적이고 역사적인 배경이라고 하였다.[69]

그가 이러한 배경을 두고 논증으로 제시한, 한국인에게 두드러지게 나타나는 한국인의 사회적 성격 5가지는 다음과 같다. '감투 지향적 성격', '상하 서열 의식', '눈치의 원리', '친소 구분의식', '공동체 지향의식'이다. 이 5가지 사회적 성격은 한국의 역사적이고 문화적인 배경을 잘 보여 주고 있다.

특별히 상하 서열에 대한 우리 민족의 과열에서 그 모습을 잘 볼 수 있다. 전통적으로 힘 있는 자 그리고 권력이 있는 자는 사회적 혜택을 누리고 있다. 아무리 봉사직이라 해도 힘 있는 공무원은 어깨에 힘이 들어가는 것을 본다. 이 의식은 의미 있는 것이나 동시에 매우 위험한 성격을 띤다. 신분이 높아져야 사람 구실 할 수 있다는 의식은 오랜 세월 계급의식에서 싹터 왔다. 그 대표적인 예로 어떻게든 과거에 나아가려고 하는 옛 모습에 잘 나타나 있다.

이러한 문화는 근대화를 거치면서도 변하지 않았다. 일제 식민지 시대에도 최고의 성공은 바로 판검사였다. 그리고 해방 이후 60-70년대 공업화 중에도 판검사나 의사가 되는 것이 성공이라고 생각했다. 자신이 어떻게 되더라도 자식은 공부시켰다. 이러한 문화적 역사적 배경 가운데 한국인의 상하 서열 의식이라는 사회적 성격이 형성되었다.

우리나라에 두드러지게 나타나 있는 상하 서열 의식은 무엇이 있을까? 우리는 조선 시대에 중국의 성리학을 받아들이면서 성리학적 사고가 형성되었다. 어른과 함께 먹을 때에 어린 사람이 절대로 먼저 먹어서는 안 된다. 밥상에도 상하 서열이 정해져 있고 찬물에도 장유유서가 있다.[70]

서열 의식은 성리학적 배경뿐 아니라 오랫동안 지속되고 있는 철저한 군사 문화의 영향이라고 할 수 있다. 군대로 인해 군대가 아닌 곳에서 볼 수 있는 재미있는 모습은 군인인 남편의 계급 따라 아내들 사이의 계급이 형성되는 것이다. 어떠한 지혜나 재능을 가졌는지는 중요하지 않다. 그런데 이러한 모습이 군인 가족뿐만 아니라 군대를 떠난 후에도 그대로 우리 사회 곳곳에 나타나고 있다. 또한 기업의 현장에서 서열 의식은 더욱 극명하다. 결코 개인과 개인의 만남과 인격이 존재하지 않는다. 오직 서열만이 그 자리를 차지하고 있다.

그러기에 많은 사람들은 조금이라도 우월한 위치에 다다르고자 많은 노력을 기울인다. 한국에서는 대학을 졸업했다는 명목적인 효과가 효력을 발휘하고 또 크게 작용하는 사회 분위기 때문에 교육의 비중이 커져 있다. 이것은 한국인의 겉을 중시하는 풍조가 낳은 문제이다. 학력 지향 풍조는 모든 공부를 입시에 치중하여, 어떤 공부든 시험 공부로 오인하게까지 되었고, 창의성과 정서를 메마르게 하여 다양한 인재를 키우지 못하는 병폐가 드러나게 되었다. 대학 입시가 마치 나라 전체의 행사처럼 치러진다. 온 매스컴이 떠들썩하고, 경찰차로 입시에 늦은 학생들을 실어 나르는 분주한 모습들을 쉽게 볼 수 있다. 대학은 한정적인데 들어가려는 사람은 넘치는 불균형 탓에 입시지옥이라는 말이 생겨났으며, 입시지옥에서 자식을 살아남게 하려는 부모들의 엄청난 교육열은 공교육비보다 사교육비를 더 많이 지출하게 만들며 많은 문제를 낳고 있다. 한국인은 학벌에 집착이 강하다. 학벌이 그 사람의 됨됨이와 능력을 가늠하는 첫째 기준으로 여겨지고 있기 때문이다. 학벌 우선주의는 한국인의 겉치레와 상하 서열을 중시하는 습성에서 비롯된 것이다. 좋은 학벌을 갖기 위해서라면 입시 지옥은 불가피한 것처럼 보인다.

서열 의식은 결혼 과정에서도 엿볼 수 있다. 최근의 한 조사에 따르면, 한국인의 1인당 결혼 비용이 가까운 이웃 나라 일본의 6배에 달한다고 한다. 결혼의 처음 시작부터 모든 것을 갖추고 시작하려는 한국인들은 결혼에 엄청난 비용을 들인다. 한국에서의 결혼은 개인과 개인의 결합이 아닌 두 가족 간의 결합이다. 그러기에 상대방의 가족에게 예우하는 의미에서 예단을 교환해 왔다. 그러나 이 예단과 혼수가 사회문제가 될 만큼 지나치게 비대해져 있는 것을 쉽게 볼 수 있다. 한국인들에게 결혼은 양 집안의 체면이 달린 큰 행사이다. 체면을 중시하는 우리 의식 속에서 나보다는 남을 많이 의식하는 한국인들은 혼수 비용의 많고 적음으로 자신의 지위와 능력이 드러난다고 생각한다. 결혼이 자신의 위치를 선전하는 도구로 전락한 현상이다.

어떻게든 위에 있어야 한다는 이 의식이 우리 사회의 고질적인 성격이다. 위에 서기만 하면 자기 마음대로 할 수 있다는 생각이 고정되어 있기 때문이다. 그리고 현실에서 그러한 모습이 확인되고 있는 것이 피할 수 없는 사실이기 때문이다. 그래서 머리가 될지언정 꼬리가 되지 말라고 하고, 용 꼬리가 되기보다는 닭 머리가 되는 것이 낫다고들 한다. 이것은 상하 서열 의식을 넘어서 철저한 성공 지향 의식으로 나아가고 결국 수단과 방법을 가리지 않고 위엣것을 취하는 모습을 드러내는 기형적 인간과 사회 구조를 만들어 내고 있다. 상하 서열은 인간 사회 속에 존재하는 필요악이다. 그러기에 언제나 그 구조의 중심에 있는 인간의 역할이 중요하다.

6. 천민자본주의

여섯째로 우리 시대에 흐르는 사상 가운데 가장 자극적인 것은 바로 '이원론에 입각한 천민자본주의'다. 이원론은 이제 완전하게 정착하여 그 세력을 더욱 넓히고 있다. 그렇게 이원론의 위험성을 강조하고 가르쳤어도 세를 유지하고 있다. 이원론이 여전히 강세를 떨치고 있는 것은 자본주의와 결탁했기 때문이다. 이원론과 천민자본주의의 만남은 그 어떤 만남보다도 이상적이다. 이원론은 단순히 철학적이고 사상적인 말이 아니다. 이것은 일상의 언어가 되었다. 사람들은 앞에서 웃고 뒤에서 돌을 던지는 일을 너무나 자연스럽게 하고 있다. 특별히 종교의 영역으로 들어오면 이것은 엄청난 힘을 발휘한다. 어떻게 해도 서울만 가면 된다는 식의 사고가 하나님의 나라를 무너뜨리고 있는 것을 본다. 과정은 중요하지 않다. 중요한 것은 결과이다. 어떻게 벌어도 관계없고 오직 헌금만 잘하면 모든 것을 보상받는다고 생각한다. 중세의 면죄부를 팔듯이 헌금의 액수가 교회의 직분을 얻는 통로가 되고 있다는 소리가 들린다. 하나님의 정의와 정직을 말하면서 교회 단체장 선거에 나가기 위해서 돈을 쓰고 거짓을 말하는 것이 아주 자연스럽다. 사랑을 말하면서 상대방의 인격을 모독하는 언사들이 너무나 자연스럽다. 그리고 이 모든 것이 교회 크기가 크면 클수록 힘을 발휘한다.

이것은 천민자본주의의 전형이자 개인적인 풍요와 만족의 추구가 가져다준 열매이다. 돈이 모든 것의 기본이 되었기에 돈을 위하여 모든 것을 합리화시키고 있다. 그 예는 일부 교회가 다단계 판매를 변호하는 모습에서 찾아볼 수 있다. 이들은 그렇게 모은 돈으로 하나님의 영광을 위하여 쓰기에 문제없다고 항변한다. 이것이 바로 이원론과 천민자본주의자가 만나서 일하는 모습이다.

돈이 모든 것을 가능하게 한다는 시대의 모토 아래 돈만 된다면 무엇이든 다 한다. 청소년 성매매가 바로 그 일그러진 예이다. 이렇게 사람의 평가가 물질의 유무로 매겨지는 천박한 세대와 생각의 흐름 가운데 우리들이 살고 있는 것이다.

우리 시대는 종교 다원주의 시대이며, 진리가 상대화된 시대이며, 엘리트만이 살아남는 시대이다. 개인의 평안과 풍요가 중심 가치가 되어 있으며, 천민자본주의에 빠져서 맘몬의 종이 되어, 찰나적 쾌락주의에 허우적거리는 시대이다. 슬프고 가슴 아프지만 이것이 이 세상의 진짜 모습이다. 우리는 이러한 시대에 한데 섞여 호흡하며 혼란스러운 세상을 살고 있다. 우리 시대의 기생충은 삶의 곳곳에 침투하여 우리의 영혼을 더욱 썩게 하고 있다.

세계관에 대한 정의와 올바른 세계관이란 어떠해야 하는지, 그리고 세계관의 형성 과정과 우리 시대에 존재하는 강력한 세계관들은 무엇이 있는지 살펴보았다. 이제 중요한 질문을 던질 때가 왔다. 지금 세상에 살고 있는 그리스도인이 가지고 있는 세계관은 온전한가? 그리스도인들은 세계관의 판단의 기준과 수정의 근거를 소유하고 있는가? 결론부터 말하면 우리는 답을 가지고 있다. 그것은 바로 '성경'이다.

그리스도인의 세계관은 성경을 통하여 형성된다. 성경을 통하여 형성되는 세계관이기에 언제든지 성경을 기준으로 우리의 세계관을 교정할 수 있다. 성경은 그리스도인으로 하여금 성경적 세계관에 합당하게 살게 한다. 그리스도인의 생각과 삶에 있어서 정확한 판단 기준은 바로 성경이다. 성경적 세계관은 혼란스러운 세대에 정신 차리고 살 수 있는 길을 알려준다. 성경은 길이다. 성경은 빛이다. 성경은 생명이다. 우리는 성경이 보여 주는 세상을 보며 살아야 한다.

2강 | 성경이 세계관을 말하다

"싸이 노래 사탄 음악이죠? 들어도 되나요?"

"사탄 음악이 뭐지?"

"우상을 숭배하도록 하는 것입니다."

"그럼 싸이 노래만 그런 것은 아니겠네. 돈과 성 그리고 권력을 추구하는 노래도 우상이라고 할 수 있는데."

"그러네요, 그럼 어떻게 해야 하나요?"

싸이의 노래가 전 세계를 휩쓸고 있는 시점에 한 학생이 찾아와서 SNS로 이러한 내용이 퍼지고 있다면서 한 이야기이다. 90년도 초에 '서태지와 아이들'의 노래가 나왔을 때도 동일한 반응이었다. 우리는 살면서 수없이 많은 질문에 봉착하고 그때마다 답을 찾아야 한다. 상황을 잘 진단하지 않으면 치료하는 것이 어려워진다. 답을 찾는 데 가장 어려운 것은 이기적으로 접근할 때이다. 즉 자기 소견에 좋은 대로 판단할 때 결코 답을 얻을 수 없다.

그러므로 답을 얻기 위하여 상황에 따라 흔들리는 소견이 아니라 언제 어느 때에도 한결같이 견고한 세계관이 필요하다. 어떠한 압력이 가해져도 결코 무너지지 않는 그러한 세계관이 있어야 상황을 바르게 분별하고 처방할 수 있다.

견고한 세계관은 세상을 잘 이해하고 일관된 삶을 살아갈 수 있도록 한다. 그러므로 우리의 모든 의식과 행동을 지배할 세계관을 가져야 한다. 2강에서는 그 견고한 세계관을 만나 볼 것이다.

1장. 성경적 세계관 정의

　　지금까지 진단하고 살펴본 것은 기독교 정신을 회복하기 위한 기초 작업이다. 우리는 세계관의 전쟁터에 살고 있다. 이러한 시대적 상황 가운데 그리스도인으로 담대하게 살아가는 것은 너무나 중요하다. 또한 현실에 나타난 삶의 모든 것을 그리스도인답게 바라보고 해석하는 것 역시 중요하다.

　　이제 구체적으로 그리스도인으로서 가지고 있어야 할 기독교 정신을 살펴보고자 한다. 이전에는 오늘날처럼 다양한 사상과 절대 가치의 부재, 상대주의의 보편화를 찾아볼 수 없었다. 그런데 우리 시대의 포스트모던 사상은 절대 가치와 절대 진리의 유일성을 강조하는 기독교적 정신에 있어서 대단한 도전이 아닐 수 없다. 이러한 도전 앞에 기독교 정신은 위협을 받고 있다. 실제로 기독교 정신이라는 말을 할 수 없을 정도로 기독교는 혼합화되었다. 그래서 해리 블레마이어 (Harry Blamires)는 그의 책 「그리스도인은 어떻게 사고해야 하는가?」(The Christian Mind—How Should a Christian Think?)에서 "이 시대는 기독교의 교회는 있으나 기독교 정신은 없다"[71]고 하였다. 이것은 정확한 지적인 동시에 크나큰 슬픔이다. 서구의 플라톤과 토마스 아퀴나스의 영향을 받은 이원론적 사고는 무구한 역사 속에서 도도하게 흘러 과학의 최첨단을 달리는 현대에 이르기까지 우리의 지성과 시각을 조종하고 있다. 실례로 성과 속을 구분하는 신앙의 모습과 교회 안과 교회 밖을 차별하는 모습들이 여전히 교회 안에 존재하고 있다. 또한 합리적이지 않은 샤머니즘적 신앙이 기승을 부리고 있다. 이러한 기독교는 사회에서 제대로 대접받지 못하며 사회를 이끌어 가는 위치에서도 도태되어 버리고 만다. 기독교가 사회를 이끌어 가고 이 시대를 통찰하면서 역사적인 흐름을 올바로 진단할 수 있으려면 위에서부터 아래에 이르기까지 전반적인 '기독교적 정신'의 회복이 필요하다. 기독교 정신의 전방위적 회복만이 무질서와 탈역사를 강조하며 개인적인 평안과 풍요가 인생 최고의 가치라고 말하는 이 시대를 치유할 수 있다.

1. 성경적 세계관의 정의

기독교 정신은 다른 말로 성경적 세계관이라고 할 수 있다. 그런 측면에서 죽은 세계관을 살리는 것은 기독교 정신의 회복을 의미하고, 이것은 바로 성경적 세계관을 갖는 것이라 할 수 있다. 지금까지 많은 이들이 성경적 세계관에 대하여 이야기를 해 왔다. 앞서서 나누었던 성경적 세계관 혹은 기독교 세계관에 관한 정의를 잠시 살펴보는 것은 앞으로의 논의에 유익이 될 것이다.

성인경은 성경적 세계관의 세 가지 기본 원리를 강조한다. 첫째는 삼위일체 하나님이라는 근본 원리, 둘째는 하나님의 말씀인 성경이라는 외적 원리, 셋째는 성령이라는 내적 원리이다. 이 세 가지는 본질적이고 절대적인 원리로서 성경의 눈으로 본다고 할 때에 이 의미를 동일하게 인식해야 한다고 하였다.

이에 대하여 이승구는 좀 더 명확하게 이 문제를 정의하였다.

"첫째는 기독교 세계관은 중생한 사람들의 영적인 세계관이다. 즉 중생하지 아니한 자들의 다양한 세계관과 대립적이고 반립적인 세계관이다. 둘째는 기독교 세계관은 성경적 관점을 가지고 세계를 보는 성경적 세계관이다. 그런데 성경적 관점은 결국 구속사적 관점에서 보는 것이다. 셋째는 구속사적 관점에서 보는 성경적 세계관은 결국 하나님 나라를 지향하고 있으며 하나님 나라의 실현과 관련된 것이다."[72]

신국원 역시 기독교 세계관을 말하기를 구속사적 세계관이며, 성경의 진리에 따라 세상을 보는 안목이라고 하였다.[73]

이와 같은 다양한 이야기가 우리에게 성경적 세계관이 의미하는 것이 무엇인지 좋은 안내자가 되어 준다. 이들의 세계관에 대한 견해들을 살펴볼 때 우리는 세계관이 지적인 문제에 국한된 것이 아니라 신앙과 삶의 문제에 더욱 깊이 연관되어 있음을 알 수 있다. 그런 의미에서 성경적 세계관을 다음과 같이 정의하고 싶다.

"성경적 세계관은 중생한 그리스도인이 성경의 이해를 통하여 (개인적인 혹은 전체적인) 세상(삶의 방식)을 이해하고 해석한 대로 세상에서 살아가는 삶의 관점이다."

성경이 세상을 향하여, 인생을 향하여 그리고 죽음에 대하여 무엇을 말하고 있는가? 궁극적으로는 이 땅에 살고 있는 나를 향해서 무엇을 말하는가? 미국의 한 배우는 자신의 존재에 대해 "나는 고깃덩어리에 불과하다"라고 말하고 프랑스의 노벨상 수상자인 자크 모노는 인간은 "우연적인 존재로 이 땅에 존재한다"[74] 고 얘기한다. 그리고 프란시스 크릭은 "인간은 본질적으로 DNA 주형을 구성하는 화학적 물리학적 성질로 환원될 수 있다"[75] 고 하였다.

인간을 복잡한 인격을 가진 존재가 아니라 전자 화학적 기계로 환원하였다. 이제 인간에게 더 이상 존엄성이라는 것은 없다. 현대의 진화론자들은 인간을 원숭이와 별다를 것이 없고 오직 DNA 차이만이 존재한다고 한다.

기술 사회학자들은 시대의 중심에는 기술이 있으며, 기술이 인간의 행복을 책임진다고 확언하고 있다. 교육의 도구화를 부르짖는 일련의 학자들은 더 이상 교육의 가치를 논하지 말자고 한다. 교육은 인간의 삶의 질을 높이기 위한 도구일 뿐이라고 말한다. 성의 자유를 부르짖는 자유주의자들은 고정적이고 종교적인 성의 굴레에서 벗어나서 참된 자유를 누리자고 외치고 있다. 성은 순결의 상징이 아니고 즐거움의 상징이라고 본다. 그러므로 동성애자들은 거리낌 없이 자신을 세상에 내보이고 있다.

앞서서 언급했듯이 혼전 성관계를 부정적으로 이야기하면 코웃음을 친다. 교회도 예외가 아니다. 또한 낙태의 모습을 보면 놀랄 정도이다. 이 모든 문제를 세상은 저마다의 눈으로 보고 생각하고 말하고 있다. 우리는 어떻게 보아야 하는가? 분명한 해답은 성경의 눈으로 보는 것이다. 성경은 창조 세계를 살아가도록 말씀하시는 하나님의 음성이다. 그런 의미에서 성경은 우리의 기준이 되어야 한다.

베드로 사도는 다음과 같이 말하였다. "모든 육체는 풀과 같고 그 모든 영광이 풀의 꽃과 같으니 풀은 마르고 꽃은 떨어지되 오직 주의 말씀은 세세토록 있도다."(벧전 1:24-25)

세상은 변하고 우리도 변하나 하나님의 말씀은 변하지 않는다. 그러므로 성경이 세상을 바라보는 우리의 창이어야 한다. 그렇다면 성경은 나와 나의 인생에 대하여, 우리 시대의 문제에 대하여, 참된 신앙 그리고 궁극적인 죽음에 대하여 무엇을 말하고 있는가? 성경은 이 문제에 대하여 그 무엇보다도 분명한 답을 주고 있다.

성경이 보여 주는 세계관은 창조, 타락, 구속, 완성의 패러다임을 가지고 개인과 세상을 바라보게 한다.[76]

하나님의 지혜의 현시인 창조는 하나님의 말씀으로 시작되고 완성되었으며, 하나님의 법 안에서 운행되고 존재한다. 특별히 창조는 인간 창조에서 절정에 이른다. 하나님의 형상으로 지음받은 인간은 그분의 대리 통치자로서 하나님의 지혜의 현시인 이 창조 세계를 다스리고 보존해야 할 소명을 받았다(창 1:26-28, 2:17). 그 첫 열매인 인류의 대표자 아담은 에덴동산에서 하나님이 계획하신 하나님 나라의 영광을 위하여 주어진 소명을 감당하였다.

이렇게 창조는 인간의 근원과 삶의 이유 그리고 목적을 분명하게 제시한다. 동시에 자연이 자연으로 존재하는 이유가 무엇인지도 말하고 있다. 그러나 이러한 에덴의 생활 가운데 동산의 평화를 깨는 일이 생기고 말았다. 하나님과 같이 되려는 사단의 음모는 아담과 하와를 죄악 속으로 빠지게 하였다. 결국 하나님의 대리 통치자로서의 사명을 포기하고 주권자가 되려고 하였던 인간은 하나님이 허락하신 동산에서 버림받고 말았다. 사단의 일은 하나님의 자리를 찬탈하는 행위였다. 사단의 속임수에 넘어가 시작된 인간의 타락은 하나님과의 분리를 가져왔고 자연과 인간의 대립, 그리고 인간과 인간의 분리, 동시에 자기 자신 안에서의 분리를 겪게 되었다. 이렇게 타락은 인간 사회의 전반적인 부분에서 분열을 가져 왔다. 하지만 하나님의 창조는 결코 포기될 수 없었다. 알다시피 창조는 하나님의 완전한 작품이다. 만약 창조가 불완전하다면 다시 만들어야 하지만 완전하기에 다시 만들 필요가 없다. 하나님이 보시기에 좋았던 창조계가 타락으로 인하여 잠시 몸살을 앓고 있을 뿐이다. 즉 죄악의 기생충이 하나님의 창조 세계에 들어온 것이므로 기생충만 제거하면 되는 것이지 기생충 때문에 모든 것을 다시 만들 필요는 없다.

이것을 구조와 방향의 문제에서 살펴보면 이해가 된다.[77] 즉 하나님께서 창조하신 구조 즉, 동산에서 도시로 나아가는 창조의 풍성한 계획은 변함이 없다. 문제는 죄의 침입으로 인하여 창조의 방향이 바뀐 것이다. 즉, 창조계가 죄로 인하여 부패되었지만 틀어진 방향만 바로잡으면 되는 것이다. 방향을 바로잡는 작업이 하나님의 구속 사역이다. 이 작업은 예수의 십자가에서 이루어졌으며, 새 하늘과 새 땅이 도래하는 그때에 완성된다. 그러므로 삶의 모든 것이 그날을 위하여 준비되어야 한다. 결국 피터 코테렐의 말처럼 그리스도인의 세계관은 세상에 대한 성경적인 이해를 바탕으로 삶의 경험과 이해관계가 어우러져 만들어 간다.

2. 성경적 세계관이 필요한 현실적 이유?

성경적 세계관이 필요한 이유는 무엇인가? 이 질문은 어찌 보면 우문(愚問)일 수 있다. 그러나 반드시 해야 할 질문이다. 우리는 기독교 문화가 형성된 나라에 살고 있지 않다. 우리는 동양의 세계관 속에 태어나 서구의 가르침을 배우면서 자라났다. 그리고 그리스도인이 되었다. 이렇게 다양한 역사적 배경과 문화적 현실을 인식한다면 성경적 세계관이 우리에게 왜 필요한지 알 수 있다. 이것을 구체적으로 다음 네 가지로 말할 수 있다.

첫째로 사상적 혼합주의 사회에서 성경적인 삶을 살기 위해서이다. 우리들은 종교적 다양성과 사상적 다원주의 그리고 문화적 혼합주의 사회에 있다. 이러한 모습이 우리로 하여금 하나님을 아는 믿음대로 살지 못하게 한다. 이러한 사상은 종교의 측면에서 종교 다원주의로 명백하게 드러난다. 한때 대광고등학교 교목으로 있다가 그만둔 L목사는 예수 천당은 맞지만 불신 지옥은 아니라고 말해야 한다고 하였다. 그는 "기독교는 가치 있는 여러 종교 가운데 하나이지, '유일한 진리의 종교'가 아닙니다. 하느님은 분명히 기독교를 통해 구원받을 수 있는 길을 열어 주셨지만, 유대교나 이슬람교, 불교 등의 세계 종교는 물론이고, 천도교와 대종교, 원불교 등의 우리 민족종교를 통해서도 구원받을 수 있도록 자유롭게 역사하십니다. 그 하느님의 섭리를 제한하고 가둘 수 있는 '인간의 신념체계'는 이 세상에 없습니다"[78] 라고 말했다. 그 밖에도 김수환 추기경은 "다른 종교에도 구원이 있다"고 말하였고, 정양모 신부는 "불교의 다르마와 기독교의 하나님은 같다"[79] 고 하였다. 그리고 이러한 사상이 환영받고 있는 시대가 되었다.[80]

이것이 우리가 살고 있는 현실이다. 그런데 우리는 종교 다원주의 사고뿐만 아니라 샤머니즘적 기복주의와 기독교가 기묘하게 섞여 있는 것을 본다. 그래서 예배하기 위하여 교회를 가지만 기독교 샤머니즘 종교인으로 예배하는 모습을 종종 본다. 그래도 어느 누구도 이 문제에 대하여 고민하지 않고 살아간다. 한 기독 언론은 교회가 우리 민족의 망국적 병이며 성경의 가르침과 배치되는 부동산 투기에 대하여 말하지 못하는 이유를 교회가 부동산 투기를 하고 있으며, 교회의 중심 인물들이 부동산으로 돈을 모은 자들이기 때문이라고 지적하였다.[81] 결국 교회가 기복주의 신앙을 부추기고 있다는 사실이다. 이러한 모습이 성경적 세계관이 필요한 이유를 잘 설명해 준다.

앞에서 성경적 세계관은 오직 중생한 그리스도인에게만 있음을 이미 보았다. 거듭나지 않았거나 종교적인 신앙인에게 성경적 세계관은 공허한 이론이나 혹은 하나의 학문으로 전락할 수 있기 때문이다. 그리고 성경적 세계관은 단순히 젊은 청년들을 위하여 필요한 것만이 아니다. 거듭난 모든 그리스도인에게 성경적 세계관이 있어야 한다. 그렇지 않으면 일상의 영역에서 성경적 신앙이 아닌 혼합적 신앙으로 살게 되고 그것은 곧 교회를 허무는 일이 된다.

둘째는 유행에 휩쓸리지 않는 일관된 삶을 살기 위해서이다. 성경적 세계관이 없으면 유행에 따라 살게 된다. 이것은 해리 블레마이어의 말처럼 기독교는 있는데 '기독교 정신'은 없는 삶이다. 좀 더 직설적으로 표현한다면 '교회도 있고, 그리스도인이라 불리는 사람들도 있는데 그 안에 예수의 정신은 없다'는 것이다.

이 말이 무엇을 의미한다고 생각하는가? 그리스도인들이 성경의 가르침대로 바라보고, 판단하고 행동하지 않으며 성경적인 대안도 제시하지 못하고 있음을 의미한다. 결국 몸과 마음이 따로 노는 것처럼 교회와 성도가, 성경과 삶이 함께하지 못한다. 이것을 이원론적 삶이라고 부를 수 있다. 그렇다면 이러한 문제의 근원은 무엇일까? 그것은 세계관의 상실, 성경적 세계관의 상실이 그 핵심이다. 누구든지 세계관을 상실하면 불안해한다. 그래서 많은 사람들이 몰리는 데로 유행을 따라간다. 교회는 열심히 다니고 신앙생활도 어느 정도 했는데 그의 삶을 유심히 보면 바라보고, 생각하고, 판단하는 것이 일반 세속인의 삶과 다른 것이 없다. 삶의 모든 영역이 그러하다. 그러니 새로운 것도 없고 영향력도 없다. 이것은 결코 성경의 가르침을 따르는 삶이라 할 수 없다.

그렇다면 성경적 삶의 회복은 무엇인가? 그것은 상실된 기독교 정신의 회복이다. 기독교 정신의 회복이란 성경의 눈으로 삶을 바라보고, 판단하고, 행동하며, 문제에 대한 성경적인 대안을 제시하는 것이다. 이것이 없이는 영향력도 없게 된다. 상실된 기독교 정신의 회복은 하나님께서 세워 주시고 부르신 소명을 이루어 가는 일이다. 이 일을 통해 그리스도인은 자신의 정체성을 회복하고 사회적으로 영향력 있는 존재가 되어 간다. 교회도 동일하다. 분명한 세계관이 없으면 유행 따라 흘러가는 공동체가 된다. 시대의 흐름을 읽고, 흐름에 대한 분명한 목소리를 내며 품을 것은 품을 준비를 하되, 분별없어 가볍게 바람에 휩쓸리듯 날아가서는 안 된다.

기독교 정신의 회복은 저절로 되지 않는다. 여기에는 땀방울이 핏방울이 되는 준비와 훈련이 있어야 한다. 처절하게 십자가를 지고 가는 믿음이 있어야 회복된다. 바로 거기서 기독교 정신과 교회 그리고 그리스도인이 하나가 될 수 있다. 이렇듯 유행 따라 살고 있는 시대 속에서 하나님의 자녀로서 또한 세상을 변화시킬 책임자로서 살기 위하여 성경적 세계관은 우리에게 반드시 필요하다.

예전에 서울의 한 교회에서 교육 전임목사로 있으면서 4년 동안 주부를 대상으로 세계관 학교를 하였다. 세계관 학교를 하면서 교회에서 세계관 운동이 얼마나 중요하며 영향력이 얼마나 크게 미치는지 그 필요성과 파급효과를 경험하였다. 특별히 아이들의 교육 문제에 있어서 세계관 교육은 많은 빛을 보았다. 평균 5-6개씩 다니던 학원을 정리하며 공부의 목적을 재인식하고, 아이들과 함께하는 부모들로 변화되는 것을 보았다. 단순히 공부하게 하는 것으로 부모의 역할이 끝나는 것이 아니라 아이와 함께 사는 것으로 변화되었다. 학원으로 보내던 아이들과 부모가 함께 도서관을 찾고 다양한 문화생활을 하는 등 아이들에게 의미 있는 시간을 선물하였고, 부모 역시 열심히 책을 읽고 연구하는 자세로 변화하였다. 변화는 가능했다. 혼합주의 사회에서 중생한 그리스도인의 분별력 있는 삶을 위해서는 성경적 세계관이 있어야 한다. 세계관 학교를 통한 변화의 모습은 성경적 세계관이 왜 필요한지 분명하게 보여 주었다.

셋째, 균형 잡힌 신앙과 분별력 있는 삶을 위해서이다. 한국 교회 분열의 역사를 살펴보면 거기에는 극단적 신학의 영향이 있음을 볼 수 있다. 그래서 같은 믿음으로 한 하나님을 섬기고 있지만 결코 하나 되어 살고 있지 않다. 세계의 역사에서 교회가 한국처럼 많이 분열된 나라는 없다. 정확한 통계를 인용할 수 없으나 한국 교회의 독립 교단의 수가 약 180여 개나 된다고 한다. 그만큼 한국 교회는 매우 어지럽다. 또 한국만큼 이단과 사이비 종교가 난무하는 나라도 없을 것이다. 이단과 사이비 종교의 박물관이라고 할 수 있을 정도이다. 한 집 건너면 교회가 있을 만큼 많지만 한 교회 건너 사이비 집단과 이단 그리고 신비주의 기도원이 난립해 있어 어지러운 한국 종교의 현실을 잘 보여 준다. 더불어 포스트모더니즘은 더욱더 종교적 혼란 현상을 가져오고 있다.

이러한 현상은 전통적 교회에 매우 위협이 되고 있다. 무엇이 진리인지 애매모호한 혼돈 속에 성도들은 갈팡질팡하지 않을 수 없다. 더구나 교회에서 상처를 받고 교회를 떠난 사람들이 쉽게 빠져들어 가는 것이 이단의 소굴임을 생각한다면 그 심각성은 이루 말할 수 없다. 바로 이러한 현상이 성경적인 세계관이 무엇보다도 필요함을 강조한다.

성경적인 세계관의 뿌리가 깊이 박혀 있지 않는 한 균형 잡힌 신앙은 유지할 수 없다. 또한 성경 해석에 대한 바른 이해가 없이는 분별력 있는 삶을 살 수 없다. 그런 의미에서 성경적인 세계관의 바른 이해는 성경을 바로 이해하는 데 중요한 영향을 끼친다.

「세상의 변혁을 위한 그리스도의 비전」을 쓴 리처드 미들턴과 브라이언 월쉬는 세계관이 성경해석에 어떻게 영향을 미치는지에 매우 좋은 시험대를 제공하고 있다.[82] 그 구절은 마태복음 24장 36-41절이다.

"그러나 그 날과 그 때는 아무도 모르나니 하늘의 천사들도, 아들도 모르고 오직 아버지만 아시느니라 노아의 때와 같이 인자의 임함도 그러하리라 홍수 전에 노아가 방주에 들어가던 날까지 사람들이 먹고 마시고 장가들고 시집가고 있으면서 홍수가 나서 저희를 다 멸하기까지 깨닫지 못하였으니 인자의 임함도 이와 같으리라 그때에 두 사람이 밭에 있으매 하나는 데려감을 당하고 하나는 버려둠을 당할 것이요 두 여자가 매를 갈고 있으매 하나는 데려감을 당하고 하나는 버려둠을 당할 것이니라"

이 본문에서 생각해야 할 것이 특별히 40, 41절의 내용이다. 두 여인이 맷돌을 갈고 있는데 한 사람은 데려감을 당하고 한 사람은 버려둠을 당할 것이라고 했다. 여기서 '누가 데려감을 당하고 누가 버려둠을 당할 것인가?'를 생각하게 되는데, 대부분의 그리스도인들은 데려감을 당하는 사람은 그리스도인이고, 남겨지는 사람은 비그리스도인이라고 생각한다. 정말 그러한가?

이 본문을 해석할 때 예수님께서 휴거의 문제를 말씀하시는 것이 아니라 불신자들의 심판을 말씀하고 있음을 알아야 한다. 이 말씀을 잘 보면 인자는 노아의 때와 똑같이 아무도 모르는 어느 날에 오신다. 그렇다면 노아의 때는 어떠했는가? 홍수가 났을 때 멸망당한 자(영어로는 '데려간 자')는 누구였는가? 그들은 바로 노아를 무시했던 사람들이다. 이와 같이 인자의 임할 때도 데려감을 당한 자는 바로 구원의 복음을 무시한 자들임을 보여 주는 본문이다. 이것은 병행 구절인 누가복음 17장 26-37절과도 동일하다.

"노아의 때에 된 것과 같이 인자의 때에도 그러하리라 노아가 방주에 들어가던 날까지 사람들이 먹고 마시고 장가들고 시집가더니 홍수가 나서 저희를 다 멸하였으며 또 롯의 때와 같으리니 사람들이 먹고 마시고 사고팔고 심고 집을 짓더니 롯이 소돔에서 나가던 날에 하늘로서 불과 유황이 비 오듯 하여 저희를 멸하였느니라 인자의 나타나는 날에도 이러하리라 그 날에 만일 사람이 지붕 위에 있고 그 세간이 집 안에 있으면 그것을 가지러 내려오지 말 것이요 밭에 있는 자도 이와 같이 뒤로 돌이키지 말 것이니라 롯의 처를 생각하라 무릇 자기 목숨을 보존하고자 하는 자는 잃을 것이요 잃는 자는 살리리라 내가 너희에게 이르노니 그 밤에 두 남자가 한 자리에 누워 있으매 하나는 데려감을 당하고 하나는 버려둠을 당할 것이요 두 여자가 함께 매를 갈고 있으매 하나는 데려감을 당하고 하나는 버려둠을 당할 것이니라 (없음) 저희가 대답하여 가로되 주여 어디오니이까 가라사대 주검 있는 곳에는 독수리가 모이느니라 하시니라"

누가복음 역시 마태복음의 내용과 다를 것이 없다. 그럼에도 불구하고 왜 이렇게 많은 사람들이 오해하는가? 이것은 성경이 말하고 있는 미래에 대한 관점 때문이다. 성경의 미래관은 피조 세계의 회복이다. 악으로 관영한 이 세상의 모든 것이 없어지는 것이 아니고 본래의 선함과 아름다움을 회복하는 것이다. 이러한 이해의 차이가 성경을 오해하게 하였고, 삶에 대한 태도도 차이를 만들었다.

넷째, 국가권력과 정치 참여에 대한 바른 이해를 갖기 위해서다.[83] 성경적 세계관은 정치의 영역에 대한 바른 자세를 갖게 한다. 동시에 국가를 바르게 이해하게 한다. 국가에 대한 바른 이해는 곧 정치에 대한 우리들의 자세가 어떠해야 하는지를 알려준다.

우리는 사회 속에 사는 존재다. 바로 이것이 우리에게 다양한 문제를 가져다준다. 문제란 그 사회의 정치와 권력의 문제이다. 그런데 이것은 국가에 대한 관점과 연결되어 있다. 국가에 대한 성경적인 이해가 정치와 권력에 대한 균형 잡힌 견해를 갖게 한다. 안타깝게도 국가에 대한 자세에 있어서 한국 교회만큼 많은 왜곡이 일어난 곳은 없다. 그동안 국가의 불의와 부정에 대한 태도로 시민 불복종을 얘기한 교회의 가르침은 없었다. 오히려 사회참여에 대해 정교분리의 원칙이라는 미명 아래 교회를 사회로부터 분리하는 우민화 정책을 취했다. 그리고 대부분의 그리스도인들은 이렇게 왜곡이 고착화된 가르침을 받으며 성경을 보고 따랐다. 오랜 시간 동안 정교분리라는 왜곡된 가르침으로 억압당하였기 때문에 성경을 성경의 눈으로 볼 수 없고 이해할 수 없었다. 하지만 성경적 세계관은 우리로 하여금 정치 권력에 대한 균형 잡힌 시각을 갖게 하고 바른 성경 해석을 하게 한다.

이 부분은 성경의 정직한 가르침과 교회사의 가르침을 통하여 균형을 잡아야 한다. 성경은 로마서 13장과 베드로전서 2장에서 국가에 대한 순종을 말하고 있다.

"각 사람은 위에 있는 권세들에게 굴복하라 권세는 하나님께로 나지 않음이 없나니 모든 권세는 다 하나님의 정하신 바라 그러므로 권세를 거스리는 자는 하나님의 명을 거스림이니 거스리는 자들은 심판을 자취하리라 관원들은 선한 일에 대하여 두려움이 되지 않고 악한 일에 대하여 되나니 네가 권세를 두려워하지 아니하려느냐 선을 행하라 그리하면 그에게 칭찬을 받으리라 그는 하나님의 사자가 되어 네게 선을 이루는 자니라 그러나 네가 악을 행하거든 두려워하라 그가 공연히 칼을 가지지 아니하였으니 곧 하나님의 사자가 되어 악을 행하는 자에게 진노하심을 위하여 보응하는 자니라 그러므로 굴복하지 아니할 수 없으니 노를 인하여만 할 것이 아니요 또한 양심을 인하여 할 것이라 너희가 공세를 바치는 것도 이를 인함이라 저희가 하나님의 일군이 되어 바로 이 일에 항상 힘쓰느니라 모든 자에게 줄 것을 주되 공세를 받을 자에게 공세를 바치고 국세 받을 자에게 국세

를 바치고 두려워할 자를 두려워하며 존경할 자를 존경하라 피차 사
랑의 빚 외에는 아무에게든지 아무 빚도 지지 말라 남을 사랑하는 자
는 율법을 다 이루었느니라"(롬 13:1-7)

"인간에 세운 모든 제도를 주를 위하여 순복하되 혹은 위에 있는 왕
이나 혹은 악행하는 자를 징벌하고 선행하는 자를 포장하기 위하여
그의 보낸 방백에게 하라 곧 선행으로 어리석은 사람들의 무식한 말
을 막으시는 것이라 자유하나 그 자유로 악을 가리우는 데 쓰지 말고
오직 하나님의 종과 같이 하라 뭇 사람을 공경하며 형제를 사랑하며
하나님을 두려워하며 왕을 공경하라"(벧전 2:13-17)

두 본문은 국가 권력에 대한 이해에 있어 매우 중요한 본문이다.
이 본문에 대한 설교나 가르침은 대부분 하나님이 세워 주신 국가나
권력자들에 대한 순종을 이야기한다. 이것은 왕은 하늘이 낸다는 우
리 민족의 정서와도 일치하고 분단국가의 현실에 있어서 매우 적절한
가르침이다. 그러나 본문은 국가권력에 대한 무조건적인 순종을 의
미하지 않는다. 사실 한국 교회가 소금의 맛을 잃어버린 것은 독재 정
권 시절 정치 지도자들의 권력 앞에 무조건 복종했기 때문이었다. 정
의를 외쳐야 할 교회 지도자들이 정의를 외면하였다. 지난 독재 정권
시절 얼마나 많은 불의가 자행됐는가? 이때에 합리화된 말씀이 바로
위의 본문이다. 권세는 하나님이 주셔야 한다. 그러나 하나님의 뜻을
어기면 이미 그의 권세는 하나님과 관계없다. 그런데 한국 교회는 본
문의 바른 의미를 가르치기보다는 정권의 시녀로 전락함으로 진리를
말하지 아니하였다.

그렇다면 본문은 무엇을 말하는가? 본문에 대하여 정직하게 살

펴보는 것이 중요하다. 미국의 헌법학자인 화이트헤드는 로마서 13장의 해석이 매우 중요하다고 역설하였다. 그는 로마서 13장에 기록된 국가를 의미하는 "사자"의 의미를 해석하였다. '사자'는 헬라어로 '디아코노스(διάκονος)'로서 그 뜻은 '종', '시중드는 사람', 또는 '집사'이다. 이것은 마가복음 10장 43절, 디모데전서 4장 6절, 데살로니가전서 3장 2절, 에베소서 6장 21절에서 사용되고 있다. 그리고 로마서 13장 6절에서 국가 관리도 '사자'라고 칭하는데, 이 헬라어는 성경에서 특별한 이유를 가지고 사용되고 있다. 이때 사용된 단어는 정확하게 하나님의 종으로서 행동하지는 않는다 해도 하나님이 제정하신 법칙대로 자기 기능을 다하고 있는 세상적인 지배자를 가리키는 말이다. 그것은 정당한 국가 관리 또는 정부 지도자들이란 주군이나 맹주처럼 군림하는 자가 아니라 하나님 아래에 있는 종이 되어야 한다는 것을 말해 주는 독특한 가르침이다. 그는 또한 말하기를 시민 정부와 관리들을 세워 주신 두 가지 이유가 있는데 첫째는 국가는 한 사회의 선을 증진시키라고 제정된 기구이고, 둘째로 시민 정부는 죄악이 그쳐지도록 해야 하며, 사회 속에서 악을 꾀하며 악이 자라도록 만드는 이들을 처벌해야 하는 것이다.[84]

스티븐 모트도 이 본문에 대하여 명백히 말했다. 로마서 13장 1-7절과 베드로전서 2장 13-17절은 국가의 한계를 암시하는 것으로 하나님의 권위는, 정부가 수행하는 특수한 통치 행위들을 심판할 수 있는 기초가 된다. 하워드 요더는 "우리는 정부가 얼마나 지속적이고도 성실하게 사람들의 행위에 따라 선악간에 상벌을 시행하는지를 질문함으로써, 정부가 어느 정도 자신들의 임무를 수행하고 있는지를 심사하고 평가할 수 있다. 선을 위해 당신에게 봉사한다는 것은 단순한 말로 그치는 것이 아니라 정부를 평가하는 하나의 척도가 된다"고 하였다. 만일 하나님께서 통치자를 보내신 것이라면, 사람들은 통치자의 잘못을 국민들이 바로잡아야 할 불의로 보지 않고, 그것을 인정해야 할 것이다. 그러나 우리가 정부에 순복해야 되는 동기가 양심에서부터 나오는 것이기 때문에, 만일 정부의 행위가 양심의 소리와 일치하지 않을 때에는 정부에 불복할 수도 있다는 하나의 근거가 주어지게 된다.[85]

　　이 문제에 대하여 양낙흥도 로마서 13장의 해석의 근거로 정부는 하나님으로부터 사회 질서 유지, 정의 구현, 공공복지 증진의 사명을 부여받았음을 분명히 말한다. 그런데 이러한 정치권력이 본연의 사명을 저버리고 부패하면 어떻게 해야 하는가? 이에 대한 해석이 매우 흥미롭다. 그는 사무엘서 등에서 사울과 다윗이 일찍이 왕으로 기름 부음을 받았으나 실제 통치권을 행사하기 시작한 것은 백성들이 그들을 왕으로 선택하고 추대한 후였다는 본문에 주목하기 시작했다. 이러한 성경 본문들에 근거하여 그는 하나님이 위정자들에게 권세를 주시는 것은 사실이지만 그것은 어디까지나 '직접'이 아니라 백성들을 통해 '간접적'으로라는 해석을 제시했다.[86] 이것은 국가의 불의에 대한 국민의 심판이 가능함을 보여 준다. 폴 마샬은 국가는 하나님이 예수 그리스도를 통해 정의를 유지하기 위해 세우신 것이라고 하였다.[87] 그러기에 국가가 정의를 시행하지 않는다면 국가에 불복종하고 심판할 수 있다. 하나님의 권위에 불순종한 국가에 순종하는 것은 하나님께 불순종하는 일이다.

　　결국 위에 있는 권세 역시 하나님의 주권 아래에 있는 권세이다. 그러므로 이 권세가 하나님의 공공의 법을 어기는 것은 하나님의 권위를 어기는 것으로 그는 통치자로서의 자격을 이미 상실하고 있는 것이며 백성은 그에 대한 분명한 입장을 내세워야 한다. 이렇듯 성경적 세계관은 우리로 하여금 국가에 대하여 바른 이해에 이르도록 한다. 국가에 대하여 단순히 정교분리의 원칙으로 호도하였던 지난 시기의 어리석음을 회복할 수 있는 것이 바로 세계관이 주는 열매이다. 이 부분은 성경적 세계관의 삶의 열매와 중복되기에 후에 좀 더 자세하게 다룰 것이다.[88]

2장. 성경적 세계관의 기본 질문

"그리스도인들은 왜 죽음을 슬퍼하지 않습니까?"

"죽음이 슬픈 이유가 무엇입니까?"

"사랑하는 사람과 영원히 헤어져야 하니까요."

"그러면 다시 만날 수 있다면 슬퍼하지 않아도 되지 않습니까?"

"그건 그렇지요, 그러나 어떻게 만날 수 있습니까? 이미 죽었는데요?"

"그리스도인은 다시 만날 수 있는 비밀을 알고 있습니다. 그래서 과도한 슬픔에 빠지지 않습니다."

"그것이 무엇입니까? 어디에 있습니까?"

세계관은 모든 사람들이 가지고 있는 기본적인 질문에 대하여 답을 준다. 그리스도인이 위대한 것은 바로 기본적 질문에 대한 답변을 가지고 있기 때문이다.

그렇다면 중요한 한 가지 문제가 남았다. 바로 나는 어떠한 세계관을 가지고 있는가이다. 지금 나는 어떠한 세계관을 가지고 있을까? 세계관은 세상을 바라보고 이해하는 것이다. 그래서 자신의 세계관이 어떠한지 살펴볼 때 다양한 사상과 상황에 대하여 정직한 질문을 던지는 일이다. 그리고 질문에 대한 정직한 답이 자신의 세계관이다.

질문이 중요한 것은 질문이 자신을 정확하게 알게 해 주기 때문이다. 질문이 없으면 자신이 어떠한 존재인지, 세상은 어떤 곳인지, 삶의 목적은 무엇인지에 대하여 알 수가 없다. 그러나 질문은 이러한 삶의 문제를 알게 해 준다. 그래서 사람은 질문을 통하여 진리를 알고, 자신을 알아간다고 할 수 있다.

이에 대하여 성경적 세계관의 기초를 잘 볼 수 있는, 하버드대학의 정신과 교수인 아맨드 니콜라이 교수가 쓴 「루이스 vs. 프로이트」라는 책은 아주 의미가 있다.[89] 이 책은 무신론자인 프로이트와 무신론자였다가 그리스도인이 된 루이스의 사상을 비교한 책이다. 이 책은 총 9장이지만 본질적인 질문은 8개이다.

1. 창조자: 우주 너머에 지성적 존재가 있는가?
2. 양심: 보편적 도덕률이 있는가?
3. 위대한 변화: 실재에 이르는 길은 어느 것인가?
4. 행복: 인생에서 가장 큰 기쁨의 근원은 무엇인가?
5. 성: 쾌락의 추구가 우리의 유일한 목적인가?
6. 사랑: 모든 사랑은 승화된 성인가?
7. 고통: 고통의 문제를 어떻게 해결할 수 있는가?
8. 죽음: 죽음이 우리의 유일한 운명인가?

이러한 비교를 통하여 저자는 누가 더 일관성 있는 삶을 살았으며 행복한 삶을 살았는가를 비교하라고 말하고 있다. 한 가지만 예를 든다면 프로이트는 죽기 하루 전에 발자크의 소설 「파멸의 가죽」을 읽었다. 이 소설의 주인공은 자신이 소원하는 욕구도, 죽음에 대한 두려움도 통제할 수 없는 공포 상태로 죽음을 맞이한다. 그리고 다음 날 프로이트는 의사인 자신의 동료에게 "자네는 전에 내 시간이 다할 때 나를 저버리지 않겠다고 약속했네, 이제 남은 시간은 단지 고문일 뿐 더 이상 의미가 없네"라고 말하며 안락사를 요구하였다. 동일한 죽음에 이른 루이스는 라끌로의 「위험한 관계」를 읽었다. 인간의 본성에 관하여 아주 세밀하게 지적한 책이다. 그리고 얼마 후 세상을 떠났다. 다음은 그의 마지막 유언이다.

> "이 세상에 보냄받아 해야 할 일은 다 마쳤고, 이제 난 갈 준비가 돼 있어."[90]

우리 시대에 있어서 최고의 변증가라고 할 수 있는 프로이트와 루이스의 비교는 세계관이 얼마나 무서운 영향력을 가지고 있는가를 보여 준다.

이제 질문을 좀 더 확장하여 세계관을 살펴보자. 다음은 우리의 일상생활에서 자주 접하는 질문들이다. 이 기초적인 질문들에 대한 답이 우리의 세계관이 어떠한지 잘 진단해 준다.

① 우주는 어떻게 만들어졌는가? 우주는 우연으로 만들어졌는가? 아니면 어떤 지적인 존재에 의하여 만들어졌는가? 비인격적인 존재에서 인격적인 존재가 나오는 것은 가능한가, 불가능한가?

② 나는 누구인가? 나는 어떠한 존재라고 생각하는가? 하나님의 형상으로 창조된 인격적인 존재인가? 아니면 DNA 배열에 불과한 비인격적인 존재인가?

③ 고난의 이유는 무엇인가? 전쟁의 근본적 원인은 무엇인가? 인간의 죄 때문인가? 아니면 교육의 부재 때문인가?

④ 분명한 회심이 없으면 그리스도인이라 말할 수 없는가? 교회를 다니는 것만으로는 충분하지 않은 것인가?

⑤ 삶의 목적이 어디에 있는가? 개인적 부와 명예를 위한 것인가? 아니면 열심히 배워서 남을 도와주기 위함인가?

⑥ 죽음은 왜 오는 것이며, 두려운 이유는 무엇인가? 죽음은 자연의 순리인가 죄의 결과인가? 죽음은 소멸인가 끝없는 윤회인가? 죽음 이후에는 심판이 있는가? 방황이 있는가?

⑦ 트랜스젠더에 대해 어떻게 생각해야 하는가? 잘못된 탄생을 바로잡은 것이므로 문제는 없다는 게 맞는 걸까, 아니면 하나님의 창조 질서를 거역하는 죄가 분명한 걸까?

⑧ 동성애와 동성애자를 어떻게 이해하여야 하는가? 선천적인가 아니면 하나의 질병인가? 배타적이어야 하는가, 기다려 주어야 하는가?

⑨ 결혼의 목적은 무엇인가? 조건에 따른 든든한 삶을 유지하기 위한 수단이나 권태로운 삶에 활력을 갖기 위해서인가? 아니면 하나님의 명령을 이루어 가기 위함이자 인간에게 마련해 준 최상의 즐거움인가?

이 질문에 대한 당신의 답은 무엇인가? 이 질문에 대하여 정직한 답을 가지고 있고, 그렇게 살고 있는가? 질문은 단지 호기심이 아니라 삶의 실제를 보여 주는 것이다. 그래서 질문이 사회를 형성하고, 문화를 만들고, 나를 규정한다.

인간에겐 다양한 삶의 과정과 모습이 있기에 그만큼 다양한 질문이 우리를 기다리고 있다. 그리고 그에 대한 답을 갖기 위해 성경의 가르침은 무엇인가 확인해야 한다. 성경의 눈으로 보는 것이 곧 우리의 삶을 결정한다. 이 질문에 대한 성경적인 답을 가지고 있는 것이 성경적 세계관의 시작이다.

그런 측면에서 성경적 세계관의 구조와 원리를 살피는 것이 중요하다. 다음 장에서 이 문제에 대하여 심도 있게 다루어 볼 것이다.

3장. 성경적 세계관의 구조

    성경적 세계관은 하나의 물줄기를 따라서 형성되어 있다. 성경적 세계관은 성경을 보는 눈을 열리게 하며, 특별히 이 시대의 문화 현상들과 가치 체계의 사상적 배경을 직시할 수 있는 바르고 귀한 인식의 뿌리가 된다. 특별히 성경적 세계관은 세상에 관한 기독교인의 삶에 대한 오도나 무지를 깨트리고, 인식은 하였으나 적용에 있어서 낭패감을 느껴 왔던 이들에게 아는 바를 실천하는 삶을 가져다줄 수 있다.

    성경적 세계관은 창조-타락-구속의 구조를 가지고 있다. 물론 독일의 신학자 칼 하임 같은 이는 「성서의 신앙세계」라는 저서에서 성경의 구조를 '창조-타락-구속-완성'[91] 이라는 패러다임으로 이야기하고 있다. 그러나 보편적으로 구속에 완성이 포함되는 것으로 인식하여 전자의 구조가 일반적으로 사용된다. 이 구조는 성경적 세계관이라는 용어를 모른다고 할지라도 예수님을 주로 고백하는 영혼이라면 누구든지 상식으로 알고 있으리라 생각한다. 그러나 이렇게 상식으로 생각하고 있던 구조에 대해 왜 다시금 성경적 세계관이라는 이름으로 문제를 제기하는 것일까? 그것은 이 상식적인 성경적 세계관의 구조가 실제로 우리 삶의 기준이 되지 못하고 있기 때문이다. 이것은 단순한 구조가 아니라 그리스도인의 실제 삶의 기반을 담고 있다. 그러면 이 세계관을 어떻게 바라보아야 하는지 우선 구조의 순서대로 살펴보자.

1. 창조 — 하나님의 영광을 나타냄

1) 말씀과 지혜로 이루어진 영광

성경적 세계관에 있어서 중요한 시작은 '창조'일 것이다. 개혁주의적 복음주의 신앙의 분위기에서 자라난 사람이라면 창조의 기사를 아무 비판 없이 받아들인다. 그래서 '창조' 그 자체에 대해서 학자마다 의견은 다를 수 있지만 일반인들은 깊은 관심을 갖지 않는다. 그렇다면 우리는 창조를 어떻게 바라볼 것인가? 창조를 바라본다는 것은 월쉬와 미들턴이 제기하였던 '나는 누구인가? 혹은 인간의 본성과 사명과 목적은 무엇인가?'라는 질문이라 할 수 있다.[92]

'창조'란 무엇인가? 단순히 '하나님이 태초에 천지를 창조하셨다.'라는 구절에서 수없이 접했던 익숙한 단어에 그칠 것인가? 창조를 이해하는 것은 매우 중요한 문제이며 우선 창조의 방법을 생각해 보아야 한다. 창조의 방법에서 우리에게 보여 주고 있는 두 가지 사실이 있다.

첫째로 '말씀'이 창조를 이뤘다는 사실이다. 창세기 1장의 모습을 자세히 살피면 창조는 하나님의 명령, 즉 선포하신 말씀에 대한 창조계의 응답이라는 구조로 되어 있음을 볼 수 있다. 이 의미는 창조가 하나님의 의지의 표현이라는 사실이다. 하나님은 창조를 명령에 순종하는 반응의 한 패턴으로 이루어지게 하였고, 이 방법을 좋게 여기셨다. 이것이 바로 창세기 1장의 창조 후에 '좋았더라'라는 표현이 나타내는 진정한 의미이다. 그러므로 창조란, 창조주의 주권적인 행위와 창조 질서의 상관작용이라 할 수 있다.[93)]

말씀으로 창조된 세계는 하나님의 법과 하나님의 명령에 의하여 운행된다.[94)] 즉, 하나님께서 그분의 주권적 선포로 창조된 세상에 질서와 구조를 주셨다. 창조가 하나님의 주권적 선포와 의지의 표현이라는 말은 세상은 선하게 창조되었으며, 선하게 창조된 세계는 일정한 목적을 향하여 발전되어 나간다는 것을 내포하고 있다.

시작에 해당하는 창조에서부터 이미 열매가 작정되어 있다. 그러므로 창조 안에 종말이 있다고 할 수 있다. 이것은 하나님의 선하심과 전지하심에 근거한다. 그리고 창조의 영역이 전 우주적이며 전 문화적이라는 관점을 기억해야 한다. 왜냐하면 창조가 전 우주적이라는 의미는 타락 역시 전 우주적이라는 사실을 함의하기 때문이다.

그리고 창조가 갖는 두 번째 의미는 하나님의 지혜의 드러냄이다. 잠언 8장 22-31절의 내용을 보면 창조는 하나님의 지혜의 작품임을 보여 준다. 하나님은 지혜를 세우시고, 탄생시키시고, 세웠다고 말씀하신다. 지혜이신 하나님께서 이렇게 말씀하신 이유가 무엇인가? 이것은 지혜로운 창조주께서 탁월한 계획을 가지고 세계를 지으셨다는 의미이다. 지혜는 단순히 추상적인 의미가 아닌 하나님께서 실제로 세상을 설계하시고 명하신 지혜로운 방식이다.[95)] 우리는 여기서 '창조가 말씀과 지혜로 되었으며, 선하게 창조되었고, 일정한 방향을 향하여 발전해 나가는 구조를 띠고 있다'는 사실을 알아야 한다. 왜냐하면 이 사실은 이어질 타락과 구속의 문제를 쉽게 이해하도록 돕기 때문이다. 그리고 세계가 일정한 방향으로 발전하도록 하나님께서 사람에게 주신 명령을 우리는 '문화 명령' 또는 '창조 명령'이라고 부른다.

창조가 보여 주는 인간의 이해로 넘어가기 전에 분명히 해야 할 문제가 있다. 그것은 세 번째로 하나님의 존재와 피조물의 특성이다. 하나님은 피조물을 말씀과 지혜로 창조하신 분이며 경배받기에 합당하신 분이시다. 하나님은 혼란한 세상 속에 질서를 주셨다. 그러므로 이 질서가 흔들릴 때 모든 피조물은 안정을 잃게 된다. 그리고 또 다른 한 가지는 창조가 본질적으로 하나님의 법에 대한 응답이라는 것이다.[96]

인간을 포함한 모든 피조물은 피조물 스스로 주도권을 가지고 존재하는 것이 아니라 하나님의 말씀이 영원히 서 있기 때문에 존재한다. 상대적 가치에 기준을 두게 되면 무질서와 혼란이 오게 된다. 그러나 절대적 가치에 중심을 두면 무질서가 생길 수가 없다.

모든 피조물은 하나님을 의존한다. 왜냐하면 하나님은 자신이 하신 말씀에 신실하시기 때문이다. 이것이 창조의 기본 관계이다. 우리는 아침에 떠오르는 해와 저녁이면 어김없이 나타나는 별을 보며 단 한 번도 변함없이 반복되는 이러한 현상을 어떻게 설명할 수 있는가? 이 모든 것은 창조가 하나님의 언약을 보여 주고 있는 것으로, 자연과 언약을 신실하게 지키시는 하나님을 통하여 우리와 맺은 언약 또한 신실하게 이행될 수 있음을 발견해야 한다.

모든 피조 세계는 하나님 안에 언약으로 결속되어 있으며, 그것은 본질적으로 하나님의 법에 대한 응답으로 존재한다. 전 우주는 그 존재를 하나님께 의존하고 있으며, 하나님은 그의 피조물을 통하여 경배와 찬송을 받으신다.[97]

2) 하나님의 형상으로서의 인간

우리는 인간의 가치를 상실한 시대를 살고 있다. 이것은 부정하고 싶은 일이나 부정할 수 없는 사실이다. 인간이 돈으로 환산되고, 아파트 크기로 대우받고 있다. 가치를 상실한 인간이 기댈 수 있는 것이 무엇일까? 자살률 1위라는 끔찍한 현실이 가치를 잃어버린 인간의 현주소는 아닐까? 우리 시대는 이렇게 참혹한 현실 속에 점점 어두워져 가고 있다. 인간됨의 본질이 회복되지 않는 한 우리 시대는 점점 끔찍하여 질 것이다.

그러므로 무엇보다도 인간의 가치와 존엄성을 회복하는 일이 시급하다. 인간의 가치 즉, 존재 의미를 바르게 세우는 것은 삶을 건강하게 한다. 뿐만 아니라 삶의 모든 활동에 의미와 가치, 그리고 활력을 준다. 많은 사람이 인간의 시작을 자연적 진화의 산물이라고 한다. 어떤 종교도 인간의 근원과 존재 목적을 분명히 밝히지 못하고 있다. 그래서 환생, 최면을 통한 과거 여행 같은 허황된 시도를 통해서라도 자신의 존재를 알려고 한다. 그러나 결과는 공허만이 남을 뿐이다.

현대과학의 세계에서 인간의 존엄성이란 존재하지 않는다. 사회생물학에서 말하는 것처럼 원숭이와 인간의 차이란 단순히 DNA 구조 차이일 뿐이기 때문이다. 그러니 낙태를 합법화해야 한다는 소리가 우위를 점하는 것이다. 아직도 일부 나라에선 인간의 우열을 나누며 장애인이 아이 갖는 것을 원천봉쇄하고 있다. 자살은 미화되고 인간의 존엄성 파괴 속에 신뢰는 사라지고 처절한 사투의 현장만이 존재할 뿐이다. 문제는 이런 인간 존엄성 회복의 근거가 이 땅의 가치관에는 없다는 사실이다. 하지만 성경은 인간의 존엄성, 인간의 인간다움의 가치가 바로 하나님의 형상으로 창조되었다는 사실에 있다고 천명한다. 바로 이 사실이 사람의 가치를 인정하고 이 시대를 바르게 치유할 수 있는 길이다.

인간됨의 의미

성경이 말하는 인간됨을 아는 것은 매우 중요하다. 그렇다면 하나님의 형상으로서의 창조적 인간이 가지고 있는 인간됨의 의미는 무엇인가?

첫째로 인간은 하나님의 독창적인 형상이다. 하나님의 창조의 과정에서 인간을 만들고 말씀하시기를 '심히 좋았다'고 하신 의미는 바로 인간이 독창적인 하나님의 형상이기 때문이다. 그러므로 하나님은 인간에게 창조 세계를 다스리고 정복할 수 있는 특권을 주신 것이다. 이 땅에 하나님의 대리 통치자로서 인간의 모습을 통하여 하나님의 형상이 드러난다. 그리고 여기에 하나님의 형상으로서의 창조적 인간의 의미가 갖는 두 번째 의미가 드러난다.

둘째로 인간은 하나님의 모습을 반사하는 인격체이다. 창조의 세계가 하나님의 살아 계심과 전능하심을 선포한다면 하나님의 형상으로서의 인간은 하나님의 특별한 반사체이다. 인간은 인격적인 자유인으로 지음 받았다. 이것이 말하고 있는 것은 하나님은 인격적 존재라는 사실이다.

비인격에서 인격이 나올 수가 없다. 인격체는 반드시 인격체에서 나온다. 비록 타락으로 인하여 인간의 인격이 비정상이 되었지만, 여전히 인간의 존재가 가치 있는 것은 바로 인간이 가지고 있는 하나님의 형상으로서의 인격성 때문이다. 이 인격성이 하나님 나라를 이루어 가는 것이다.

셋째로 인간은 하나님을 사랑하는 존재로 지음을 받았다. 웨스트민스터 소요리문답의 첫 질문은 이렇게 시작한다. 사람의 제일 되는 목적은 "하나님을 영화롭게 하며 영원토록 그를 즐거워하는 것이다." 바로 여기에 하나님의 형상으로서의 인간됨의 목적이 잘 드러나고 있다. 즐거워할 수 있는 것은 사랑할 때 가능하다. 그러므로 영원토록 즐거워하는 것은 영원히 사랑하는 것이다. 이렇게 우리는 그를 사랑하되 변함없이 사랑하도록 부름받았다. 그러므로 그를 사랑하는 자리에서 떠나면 언제나 죄의 자리에 서게 된다.

넷째, 인간은 영혼을 소유한 존재다. 이것이 사람의 진수이다. 사람이 사람 되게 하는 것, 바로 영혼을 소유한 것이다.[98] 사람과 동물의 본질적인 차이가 바로 여기에 있다. 영혼의 소유는 하나님의 형상인 사람이 사람됨의 절정인 것이다. 이것을 상실하는 순간 우리는 원숭이와 동질이 된다.

3) 사회적 가치로서의 인간

하나님의 형상으로서 창조적 인간이 가진 사회적 가치는 무엇인가? 사회 속에서 인간의 위치와 의미는 어디에 있는가? 이 질문에 두 가지로 답할 수 있다.

우선 인간은 존엄성을 가진 존재이다. 인간은 동물이 아니다. DNA 구조를 가진 단순한 생물체는 더더욱 아니다. 인간은 그 자체로 존귀한 자이다. 이 사실은 내가 존귀한 하나님의 형상이듯 나의 이웃도 동일한 하나님의 존귀한 형상이라는 사실을 말한다. 오늘날 인간 사회의 부조리와 이기심 그리고 인권의 상실과 인명 경시는 바로 이 사실을 잃은 데에 기초한다. 우리 주님도 마태복음 18장 12-14절에서 소자 하나라도 잃어버리는 것이 하나님의 뜻이 아님을 말씀하시면서 인간의 존귀성을 드러내었다. 인권이 경시되고, 생명을 우습게 여기는 것은 바로 이러한 하나님의 존귀성에 대한 반역이다. 그러므로 이것은 큰 죄이다.

다음으로 사람은 인격체이다. 사람은 상품이 아니다. 그러나 타락한 인류의 역사는 인간을 소모품으로 여겼다. 스티븐 스필버그 감독의 두 작품 「쉰들러 리스트」와 「아미스타드」는 인간이 얼마나 가치 없이 팔렸고 죽었는지를 사실적으로 보여 준다. 이것은 결코 옛일이 아니다. 미인 경연 대회를 치르는 여자들의 모습과 온갖 성인 영화의 의도 그리고 광고 모델에 동원된 사람의 모습은 인격성을 가진 존재가 아니라 현대판 아미스타드호를 탄 것과 다름이 없다. 자동차 모델이 왜 수영복을 입어야 하며, 신발 광고에 등장하는 비키니 입은 모델은 신발과 무슨 상관이 있는가? 이미 상품화된 인간은 인격은 간데 없고 소모품처럼 사용되고 있다. 그러므로 무엇보다 인간의 존엄성을 회복하지 않는 한 돈을 위하여 자식을 사창가에 팔아넘기고 죽이는 일들은 그치지 않을 것이다. 인간의 상품화는 더욱 심화되어 가고 결국 시장에 널려 있는 고깃덩어리와 별반 차이가 없게 된다. 하지만 성경은 이러한 세상을 향하여 매우 뚜렷하게 선언하였다.

"사람은 하나님의 형상으로 지음받은 존재이다."(창 1:26-28)

4) 문화명령을 성취할 존재

인간 존재의 근원, 존엄성의 뿌리는 인간이 하나님의 형상으로 창조되었다는 것에 있다. 그리고 그러한 인간의 존재는 문화 명령과 깊은 관련이 있다. 즉 '하나님의 형상과 문화 명령'은 그 상관성에 있어서 인간 존재의 목적이 무엇인가를 보여 주고 있다. 성경은 인간이 '하나님의 형상'으로 창조되었다는 것과 창조된 인간에게 주어진 소명으로서의 '창조 명령(문화 명령)'을 연관 지어 기록하고 있다. 바로 여기에 사람의 존재 가치를 회복할 수 있는 두 번째 길이 있다. 하나님께서는 인간을 창조하시고, 그에게 만물을 맡기셨다.

> "생육하고 번성하여 땅에 충만하라, 땅을 정복하라. 바다의 고기와 공중의 새와 땅에 움직이는 모든 생물을 다스리라 하시니라"(창 1:28) "여호와 하나님이 그 사람을 이끌어 에덴동산에 두사 그것을 다스리며 지키게 하시고"(창 2:15)

아담은 하나님의 형상대로 창조된 존재로서 모든 것을 다스리는 존재로 임명되었다. 그러나 이 '다스림'은 소비와 파괴와 그 결과로서 문명의 발전만을 이루는 것만이 아닌 '본성을 연구하여 그 생물들을 활용하는 것'을 뜻한다. 즉 창세기 2장 15절과 같이 "그것을 다스리며 지키게 하는 일, 경작(Cultivate)의 일을 하는 것이요, 돌보는 작업(take care of)"이다. 이 사실을 좀 더 살펴본다면 다음과 같다.

첫째로 "다스린다"는 것은 '경작(cultivation)'이란 뜻으로 하나님의 창조물을 다듬는 것, 개발하는 것을 말한다. 인간을 비롯한 모든 만물이 이미 성장한 존재로 태어나는 것이 아니라 자라나야 할 존재로 태어난다. 성장이 필요하다는 것은 모든 만물이 하나님의 기뻐하시는 뜻대로 다듬(개발)어져야 한다는 것을 암시한다. 이것이 바로 문화의 본질을 설명한다. 여기에 문화 활동의 중심이 있다. 다듬음(개발)의 역사는 새 하늘과 새 땅이 이루어질 새로운 도시인 새 예루살렘 성에서 멈추게 될 것이다. 오늘날 문화의 왜곡은 바로 이 다듬음(바른 의미의 개발)의 실패에 있다.

화이트는 그의 저서 「생태학적 위기의 역사적 뿌리」에서 인간의 자연에 대한 오류는 기독교적 세계관에서 비롯되었다고 비판하였다. 기독교적 창조 신학은 인간 중심의 세계관으로 형성된다. 하나님께서 창조하신 피조물 가운데 인간은 창조의 완성이며 창조의 중심이다. 하나님이 인간 창조 이전에 창조하신 피조물은 인간을 위하여 창조하신 것들이다. 더구나 인간에게는 하나님의 형상을 주셔서 만물의 영장으로 창조하셨기 때문에 세상에 대한 소유권과 지배권이 있다고 보았다. 세계에 대한 지배권을 받은 인간은 세계의 중심이며 세계는 인간을 위한 하나님의 선물이다. 이러한 창조 신학의 세계관은 자연에 대한 절대 의존의 세계관을 극복하는 이상으로 자연을 정복하며 인간의 과학과 산업의 발달에 크게 기여한 것은 사실이나 과학과 산업의 발달은 결국 환경 파괴라는 새로운 문제를 야기하게 되었다. 이런 의미에서 기독교 창조 신학은 생태계 위기의 주범이 되었고 인간과 세계의 대립이라는 이원론적 세계관을 발달시켰다. 그러나 탈근대화와 더불어 새로운 변화의 시대가 도래함으로써 이러한 자연 정복의 세계관은 자연과의 조화의 세계관으로 탈바꿈하게 되었다.[99]

화이트는 지나온 역사 속에 나타난 기독교의 오류를 잘 지적하고 있다. 지난 시절의 기독교가 개발 위주로 진행되어 온 것은 사실이다. 그러나 그것이 바로 성경의 세계관이라고 본 것은 매우 잘못 이해한 것이다. 창세기의 창조 신학은 이원론적이고 개발 위주인 신학이아니다. 개발의 의미가 왜곡되었을 뿐이다. 그러한 오류는 다음의 사실에서 분명하게 증명된다.

둘째로 '지키라'(take care of)는 보존하다, 보호하다의 의미를 가지고 있다. 하나님은 창조하신 것들을 다듬고 개발하는 것만이 하나님의 뜻이 아니라 창조하신 세계를 잘 보존하고 보호하는 것까지 명령하셨다. 그러므로 우리에게 주어진 큰 명령 중 하나는 바로 하나님의 창조 세계를 지켜야 하는 사명이다. 그런데 오늘날 세계의 모습은 어떠한가? 인간이 가진 시기와 질투 그리고 욕심이 전쟁을 일으켜 사람을 죽이는 일을 하였고, 성의 타락은 성폭력과 성추행이라는 수치스러움과 낙태라는 부끄러움을 만들었다. 그리고 동성애가 자연스럽다고 여겨지고 있다. 또한 돈을 위해서 난자를 비롯한 장기가 매매되고 있으며, 부정과 부패를 통하여 부를 축적하는 일들이 다반사다. 또한 자연 세계에는 공해의 심각성 그리고 자연의 황폐화, 지구 온난화, 오존층 파괴, 무질서한 개발로 인한 자연재해 등, 말할 수 없이 참담한 이 모든 일들이 우리가 지켜야 할 사명을 감당하지 못한 결과들이다.

여기서 알 수 있듯이 자연과의 조화와 보존의 세계관은 탈근대화와 더불어 생긴 것이 아니라 이미 성경에 기록된 사실이다. 인간의 부패함과 타락이 성경의 가르침을 왜곡하였고, 오랜 시간 동안 진행되었기 때문에 자연 파괴의 근본을 기독교에 있는 것처럼 지적하고 자연 회복의 가르침을 근대의 사상으로 말하지만 분명한 사실은 근대 이전에 성경은 우리에게 이 창조의 세계를 하나님이 기뻐하실 만한 모습으로 개발시키고, 보존시켜야 할 사명이 있다고 확실히 말하고 있음이다.

이상이 바로 하나님의 창조 행위를 모방하는 모든 인간의 활동이자, "생육하고 번성하여 땅에 충만하라, 땅을 정복하라"(창 1:28, 9:7, 시 8편, 히 2장), "여호와 하나님이 사람을 이끌어 에덴동산에 두사 그것을 다스리며 지키게"(창 2:15, 히 6:7, 약 3:3, 7, 12, 5:7) 하라는 명령을 수행하는 것이다. 하나님은 이 명령을 죄짓기 이전의 첫 인간인 아담에게 부여하셨다. 이것을 '문화 명령' 또는 '창조 명령'이라고 부른다.

하나님께서는 이렇게 창조된 세상을 탐구하여 자연 상태에서 문화 상태로 발전하게 작정하셨다. 즉 인류의 생활은 자연적 상태에서 시작되어 도시 생활로 확장되어 가는 것이다. 요한계시록은 땅의 왕들이 자신들의 영광을 가지고 그 도시로 들어올 것이라고 명시함으로써 이 사실을 증거하고 있다(계 21:24).

창세기 1장 26-28절에 주어진 하나님의 문화 명령은 인간 문화의 기원이 되었다. 시편 24편 1절의 표현은 더욱 실제적이다. "땅과 거기 충만한 것과 세계와 그 중에 거하는 자가 다 여호와의 것이로다." 땅에 "충만한 것" 또는 "가득한 것"은 하나님께 속한 것이다. 하나님은 천지를 창조하시고 인간에게 사명을 주셨다. "충만하라"는 명령은 단순하게 많은 자녀를 가지라는 것은 아니다. 이것은 더욱 광범위하게 자연과의 상호 작용에 있어서 그리고 보다 광범위한 방식에 있어서의 '충만'이다.

또한 에덴동산에 질서가 주어졌을 때, 에덴동산을 "정복하라"는 명령은 길들여지지 않은 자연을 사회적 환경으로 변형시키는 일을 의미한다. 하나님께서 그의 지혜와 권능의 현시인 문화의 충만을 위해 인간을 그의 피조물 가운데 놓아 두었다. 하나님께서 최초로 창조하실 때는 전원적 장소를 만드셨다. 그러나 새로운 천국에 이르러서 하나님의 변혁시키는 사역의 산물은 첫 낙원으로 되돌아가는 것이 아니고 거룩한 도성에 이르는 것이다(계 21:1-3).

거룩한 도성에는 '에덴동산' 더하기 '충만한 것'의 중요한 의미가 있다. 새로운 성 예루살렘에는 구속받은 새 인류만이 모이는 것이 아니고 역사의 모든 문화 업적들이 수용되는 곳이다. 그러므로 충만한 도시이다. 비록 왜곡된 역사이지만 종말에 하나님께서 그것을 되찾으실 것이며, 그렇게 함에 있어 창조 시에 의도했던 "충만한" 것으로 변혁시킬 것이다. 그러므로 모든 문화적 업적들은 파괴되는 것이 아니라 변혁 즉, 정화되고 완성된다. 비록 이 문화가 범죄한 인류의 활동에 의하여 이루어졌어도, 하나님의 명령이 성취된 열매들로서 하나님 나라에 편입되는 것이다. 인간의 문화는 창조주 하나님의 지혜와 권능의 위대함을 보여 준다.[100]

이렇듯 인간에게 주어진 '문화 명령'은 창조를 탐구하여 자연 상태에서 문화 상태로 옮아 가게 한다. 즉, 낙원에서 출발했지만 도시의 삶으로 전이된다. 인류는 역사의 종국에 이르러 첫 낙원으로 돌아가는 것이 아니고 도시인 새 예루살렘에 이르는 것이다.

문화 명령은 세계관의 질문인 '나는 누구인가'에 대하여 올바른 이해를 가져다준다. 인간의 존재 목적은 하나님의 말씀과 지혜의 현시인 창조 세계를 다스리며, 지킴으로써 이 세상을 하나님의 계획이 완성되는 새 하늘과 새 땅까지 진행케 하는 데 있다. 이 일을 위해 인간이 하나님의 형상으로 지음받았고, 창조 세계를 다스릴 권한을 위임받았다. 여기에 우리 삶의 모든 이유가 있다. 문화 명령은 타락 이전에 주어졌으므로 타락으로 인하여 창조세계가 왜곡되었다 할지라도 포기할 수 있는 것이 아니다. 오늘날 우리들에게 여전히 유효하다. 우리의 살맛 나는 삶의 근거가 바로 문화 명령의 중심에 있다.

5) 하나님의 영광을 위한 인간

문화 명령이 구체화된 삶의 모습은 일상생활 속에서 드러나야 한다. 하나님의 소명을 이루기 위한 일상생활 속의 삶은 분명하다.

첫째로 우리 자신이 피조물들 속에서 일하도록 부르심을 받았다. 하나님이 우리에게 주신 소명은 이 땅에서 나에게 주어진 모든 삶이다. 바울은 그의 서신에서 이 사실을 증거하고 있다.

"또 무엇을 하든지 말에나 일에나 다 주 예수의 이름으로 하고 그를 힘입어 하나님 아버지께 감사하라"(골 3:17)
"그런즉 너희가 먹든지 마시든지 무엇을 하든지 다 하나님의 영광을 위하여 하라"(고전 10:31)

바울이 말하는 궁극적인 의미는 '우리의 모든 삶이 다 하나님의 영광을 위하여 존재해야 한다는 당위성'이다. 그것이 가족을 위하여 맛있는 음식을 만들고 청소하는 주부의 일이든, 자신의 직업에 충실하는 일이든, 또한 학업에 최선을 다하는 것이든, 그것이 무엇이든 관계없이 죄짓는 것을 제외한 이 땅 위에서 나에게 주어진 모든 삶이 하나님의 영광을 위한 소명이다.

오늘날 많은 그리스도인이 오해하고 있는 것은 하나님이 주시는 소명을 오직 교회 안에서 행하는 일로 인식한다는 것이다. 예배, 기도, 찬송, 봉사, 전도 등을 감당할 때 소명에 충실했다고 만족해한다. 이러한 오해가 오늘날 교회의 무서운 전염병인 이원론적 신앙을 낳았으며 결국 경건의 모양만 있고 경건의 능력은 상실한 매우 빈약한 교회와 그리스도인이 되게 하였다. 그러나 주님이 아담에게 주셨던 명령은 매우 일상적인 것이다. 일상적인 삶에서의 충실이 하나님이 주신 소명을 이루는 길이다. 그러므로 능력이 있는 그리스도인으로서 회복의 첫 단추는 바로 피조물을 통하여 일하도록 부름을 받았다는 이 사실을 기억하는 것이다.

둘째로 우리가 생각해야 할 것은 이 땅의 모든 것이 하나님의 영광을 위하여 존재하지만 한 가지 제한이 있다. 그것은 죄의 문제이다. 즉 죄를 제외하고는 모든 것이 다른 사람들을 섬김을 통해 하나님을 사랑하는 일로 수행될 수 있다. 그런 의미에서 죄를 짓는 것을 제외하고는 모든 것이 영적이라는 말은 매우 실감 나는 이야기이다(고전 6:12-18).[101] 디모데전서 4장 4절에서 바울은 디모데에게 말하기를 "하나님의 지으신 모든 것이 선하매 감사함으로 받으면 버릴 것이 없나니"라고 하였다. 이 땅의 모든 것이 하나님의 영광을 위하여 존재하며 주어진 것이기에 하나도 버릴 것이 없다.

이 사실의 강조는 죄를 제외하고는 모든 것이 하나님의 소명을 이루어 가는 현장이라는 의미이다. 특별히 우리에게 주어진 소명은 다른 사람의 섬김을 통하여 하나님의 일을 이루어 간다. 그것이 설교하는 일이든 가르치는 일이든, 음식을 만들고, 아이를 기르고, 기계를 만지고, 운전을 하며 장사를 하고, 자신의 주어진 학업에 열심을 내는 일이든 이 모든 것이 하나님의 나라를 위하여 섬기는 일이 된다면 그 어떤 것이든 우리에게 주어진 하나님의 소명을 이루어 나가는 것이다. 이것이 바로 아담에게 주었던 문화 명령을 우리의 것으로 수행하는 것이다. 그러나 이러한 거룩한 하나님의 형상인 인간의 모습과 우리 가운데 펼쳐져 있는 사회의 모습을 본다면 앞선 창조의 아름다움에 질문이 생긴다. 무엇이 거룩하고 아름다운 창조의 선물을 이렇게 비참하게 만들었는가? 여기에 다음의 문제가 있다.

2. 타락 ─ 거대한 붕괴와 회복을 위한 울부짖음

1) 거대한 붕괴와 두려움

우리는 앞에서 창조란 "창조주의 주관적인 행위와 창조 질서의 상호작용"이라고 정의하였으며 '창조의 영역이 전 우주적인 것이요 전 문화적인 것'이라 하였다. 이제 우리는 사람이 타락하여 범죄한 사실과 그 타락이 하나님께서 사람을 위해 본래 선하게 지으신 창조계에 미친 결과들을 알아볼 것이다. 그 이후에 피조 세계가 사탄이 왕 노릇 하는 상태에서 하나님 은혜로 그리스도가 왕 노릇 하는 상태로 회복됨을 의미하는 구속의 축복을 살필 것이다.

우선 살펴볼 수 있는 것은 타락으로 말미암아 창조주의 주권적인 행위와 창조 질서인 이 우주적인 창조 세계에 어떤 일이 일어났는가 하는 문제이다. 이 말은 '무엇이 잘못되었는가?' 즉, 하나님의 선한 창조 세계는 무엇이 문제인가? 라는 질문이다. 이것은 하나님께 대한 인간의 불순종이라는 견지에서 그 해답을 제공할 수 있다. 하나님께서 선악과를 두고 아담과 언약을 맺으신 것은 하나님의 말씀에 순종함이 피조물의 할 일이고, 불순종은 하나님이 제정하신 언약을 파괴하는 악이며, 그 결과는 죽음임을 의미하였다. 그리고 아담의 타락은 언약 대표자의 타락이므로 그에게서 나온 온 인류의 범죄를 초래하였다(롬 5:12). 성경은 세상에 존재하는 모든 악과 타락이 궁극적으로 인간의 타락, 즉 하나님의 창조의 선한 법에 따라 살기를 거부한 결과라고 가르친다.

어거스틴은 인간의 본성을 '종교적 집중'이라고 하였다. 그러므로 우리가 할 수 있는 일이란 하나님을 주로 섬기느냐 그 외의 다른 것을 주로 섬기느냐 하는 결정이다. 파스칼은 '모든 사람의 마음속에 있는 공허는 하나님에 의해서만 채워질 수 있다'고 했다. 그런데 인간은 하나님의 자리를 불순종의 아비에게 내어 주었으며, 피조된 우상들로 가득 채웠다. 하나님이 있어야 할 자리에 하나님이 없다. 하나님이 우상으로 바뀌자 사람들의 삶도 변해 버렸다. 결국 불순종으로 하나님의 자리를 대신한 우상 숭배는 하나님의 형상으로서의 인간의 삶을 잊어버리게 하였다. 그리고 인간은 하나님을 피해 숨어야 하는 두려움에 가득 찬 존재가 되었다. 결국 죄로 인하여 창조계에는 거대한 붕괴와 두려움이 있게 되었다. 그리고 그 두려움은 울부짖는 인생을 만들었다.

하지만 타락은 단순히 인간에게만 미치는 것이 아닌 전 우주적인 피조 세계에 미치게 되었다(창 3:17). 물론 타락한 창조계는 천상의 창조계가 아닌 지상의 창조계를 의미한다는 사실에 주목해야 한다(롬 8:22). 즉, 죄에 대하여 완전히 오염된 것은 바로 지상의 창조계이다. 비록 하늘에서 반란이 일어났지만 하늘이 오염되었다고 말하지 않는다. 죄에 의해 오염이 일어난 것은 바로 지상적 영역의 창조계이다.

2) 관계의 단절로 인한 울부짖음

타락이 가져온 결과는 매우 심각했다. 우리가 인식하지 못하는 영역에까지 엄청난 영향이 미친 것이다. 기생충이 몸 속에 들어오면 온갖 문제를 안겨다 준다. 그런데 몸 속에 들어온 기생충은 고통을 주지 않으면서 사람을 죽인다. 몰래 침투하여 들키지 않게 죽이는 것, 이것이 기생충의 역할이다. 그런데 온 인류에게 영향을 주고 있는 영혼의 기생충이 바로 타락으로 주어진 '죄'다. 예레미야 17장 9절은 이 사실을 이렇게 선언하였다. "만물보다 거짓되고 심히 부패한 것은 마음이라 누가 능히 알리요?" 보이지 않게 시작된 타락은 인간의 영혼을 부패시켰으며, 창조의 모든 영역을 신음하게 만들었다. 또한 부패한 인간은 철저하게 하나님 앞에서 죄책감을 가지고 살아가야 했다. 아담과 하와는 죄를 지은 후에 자기의 수치를 알고 치마를 만들어 입었다. 죄에 대한 두려움과 죄책감이 자신을 방어하게 한 것이다. 이러한 타락의 현상은 인간과 자연 모두에게 미쳤다. 땅은 아담으로 인하여 저주를 받고 가시와 엉겅퀴를 내게 된 것이다. 즉 자연의 세계에 돌연변이 현상이 생겼으며 기타의 변종들이 생겨난 것이다.[102] 이 세계는 비정상적이 되었다. 그러나 타락을 통하여 주시할 모습은 바로 분리 현상이다. 타락은 인간사의 모든 것에 분리를 가져왔다.

첫째, 하나님과 인간과의 분리가 나타났다.[103] 이것은 모든 분리의 기초이다. 인간이 그들을 지으신 창조주 하나님과 분리된다는 것은 곧 죽음을 의미한다. 이 죽음은 인간이 인간으로서의 삶의 목적을 상실한 죽음이다. 하나님을 위하여 살아야 할 인간이 자기 자신을 믿고자 하는 순간에 그에게 공급되던 무한한 힘이 없어졌다. 이것은 곧 인간이 죽었음을 말한다. 비록 지금은 살아 있는 듯하나 실상은 죽어가고 있는 것이다. 그런 의미에서 하나님과 분리된 인간은 이미 죽은 것이다.

둘째, 자신 안에서 자기의 분리가 일어났다. 이 분리로 인해 자신을 정직하게 보는 능력을 훼손하였다. 그 결과 스스로 자신을 속이는 존재가 되었다. 이렇게 자기 자신에게 거짓되자 참된 지식을 얻을 능력이 상실되었다. 그의 모든 지식은 엉망진창이 되었다. 물론 인간이 자기의 모든 지식을 잃어버린 것은 아니다. 다만 참된 지식을 잃은 것이다.[104] 이러한 결과 인간은 자아분열, 우울증과 같은 심리적, 신경성 질병에 시달리게 되었다. 그리고 선물로 주신 성을 왜곡하고 무질서한 성적 타락을 즐기고 있다. 타락으로 인한 자신과의 분리는 성생활을 사람 대 사람의 의사소통의 한 매개행위라는 본연의 높은 차원의 목적으로부터 이탈시켰다. 그리하여 성관계는 남자와 여자 피차간에 이용하고 이용당하는 사물로 다뤄지고 있을 뿐이다.[105] 이 모두가 바로 죄의 결과인 자신과의 분리에서 나온 분열이다. 이로 인하여 인간은 참된 자아가 상실되었다. 현대인이 가지고 있는 온갖 심리적 질병들의 원초적 바이러스가 이러한 분리에 있다. 경제와 문화 그리고 과학의 발전이 고도로 발달되고 더없이 화려한 문명 세계를 가져왔지만 그 화려함 뒤로 정신적인 질병도 많아지고 있다. 인생의 비관자들이 더욱 많아지고 있다. 그러나 세상 어느 곳, 누구 하나 병증의 진정한 치유를 감당하지 못하고 있다. 왜 그런가? 그것은 이 세상이 질병의 정확한 원인을 모르기 때문이다. 이 모든 것은 바로 죄로 인한 분리의 결과들이다.

셋째, 인간에게서 인간을 분리시키는 사회적 분리가 생겨났다. 우리가 항상 이상히 여기는 사실들이 있다. 왜 인간사는 끊임없는 전쟁의 연속이었는가? 전쟁이 없는 역사는 이 땅 위의 어디에도 존재하지 않는다. 전쟁이 끝이지 않는 이유는 무엇인가? 본질적인 원인은 죄로 인한 사회적 분리가 가져온 결과이다. 타락이 가져온 죄의 본질은 하나님께 대한 인간의 불순종이자 하나님과 관계를 갖지 않는 것이다. 이것은 자기를 주장하려는 인간의 의지이다. 인간은 창조주 하나님을 향하여 독립을 선언하였다. 인간은 온 우주를 창조하신 하나님으로부터 무한한 자원을 공급받아 살 수 있는 존재였다. 그러나 일방적으로 이러한 활로를 끊고 스스로를 닫아 버린 것이다. 그 결과 인간이 자기 속에 내재해 있는 극도의 제한된 자원에 갇히게 되었다.[106] 이러한 인간의 자기주장의 의지 그리고 하나님같이 되고자 하는 인간의 극악한 교만은 인간 스스로 소외되고 불행한 존재가 될 뿐 아니라 극도의 사회적 혼란을 가져오게 되었다. 스스로가 하나님같이 될 수 있다는 사단의 꾐에 빠져 하나님에 대해 자기를 주장함으로써 그로부터 소외되고, 사단의 종으로서 자기의 제한된 자원에 갇히게 되었다. 결국 인간은 자신의 빈곤을 본능적으로 감지하고 자신의 자원을 늘릴 수 있는 한 가지 길을 추구하게 되었다. 그것은 곧 남의 자원을 빼앗는 일이다.[107] 이것은 좁게는 인간 사회를 치열한 경쟁 사회로 만들었고 넓게는 국가 간에 죽고 죽이는 전쟁을 불러오게 된 것이다.

또한 성경은 역사에서 죄로 인해 언어의 분리가 일어났으며, 이방인과 유대인의 분리로 나타났음을 보여 준다. 이것은 민족 간, 국가 간의 끊임없는 긴장 상태가 있음을 보여 준다. 이렇듯 죄의 결과로 인한 사회의 분리는 인간 사회의 더없이 처절한 아픔을 맛보게 하였다. 오늘날 인간 사회의 슬픔은 남을 죽이지 않고서는 살 수 없는 정글의 법칙만이 남아 있다는 사실이다. 이웃이야 어찌 되었든 나의 삶에 피해만 없다면 죽어가는 이웃을 보면서 먹고 마시며 춤을 추는 시대가 되었다. 이 모든 것이 바로 죄가 가져온 사회의 실재이다.

넷째는 인간과 자연의 분리 그리고 자연과 자연의 분리이다. 이것은 자연에 대한 사람의 온전한 통치권을 상실하고 있다는 사실을 보여 준다.[108] 온전한 하나님의 명령 수행에 혼선이 온 것이다. 개발과 보존의 명령이 죄로 인하여 분리되고 오직 개발을 위한 개발을 하게 되었다.

개발이 목적이 되어 버린 자연의 피해는 오늘날 고스란히 인간에게 되돌아오고 있다. 아름다움을 주었던 자연이 인간 삶에 심각한 피해를 주고 있다. 일례로 엘니뇨 현상은 자연이 인간에게 무서운 세력으로 다가오고 있음을 보여 준다. 첫 창조의 자연은 심은 대로 나는 자연이었다. 그러나 죄로 인한 타락과 그에 계속된 배교의 행위는 자연에 대해 곡해된 세계관을 갖게 하였다.

이것의 절정은 근대에서 시작된 자연에 대한 개발 만능의 우상이다. 이것은 자연은 철저하게 인간을 위하여 개발되어야 한다는 자연 기술주의의 사고로 자연과 인간의 분리를 심화시켰고 자연으로부터 자연을 분리시켰다.[109] 결국 인간과 자연의 분리는 하나님이 주신 창조의 아름다움을 황무하게 만들었다. 그러자 인간도 삭막해지고 여유가 사라졌다. 검은색으로 변해 버린 지구는 인간의 얼굴이다.

3) 구속과 회복을 위한 신음 소리

결국 피조 세계는 타락하여 구속을 바라며 신음하는 세계가 되어 버렸다. 우리는 신음하는 소리를 얼마든지 들을 수 있다. 하나님이 맺어 주신 것은 사람이 나눌 수 없다는 신성한 결혼 제도가 무수히 깨지면서 결혼율과 이혼율이 비슷해져 가고, 모든 대중 매체를 이용하여 선전하는 과학 만능주의와 물질주의 그리고 상대주의 유령과 더욱 심각하게 대두되고 있는 환경 오염 문제 등 인간성과 자연 세계가 죽어가고 있는 소리들을 들을 수 있다. 이것은 대중문화의 영역에서도 동일하게 나타났다. 우리의 피부 가까이에 와 있는 대중 매체에 나타난 성적 쾌락과 폭력성과 맘몬주의는 고삐 풀린 망아지처럼 정신없이 달려가고 있다. 이렇듯 인간의 타락으로 말미암아 정치, 경제, 모든 문화 전반에 걸쳐 신음하고 있다. 창조의 선한 질서에 왜곡된 질서가 기생충처럼 참여하여 전혀 새로운 차원으로 들어가게 되었다. 하나였던 세계에서 죄의 침입으로 인해 '두 왕국의 충돌'이 격렬하게 일어난 것이다.[110)]

그렇다면 타락한 세상에 대한 그리스도인의 구체적인 대응 방법은 무엇일까? 월터스가 제안한 '구조와 방향'의 모습에서 그 실마리를 찾아볼 수 있다. 월터스는 구조는 '창조의 질서', 즉 어떤 사물의 불변적 창조 구조, 혹은 그것으로 하여금 그 사물, 그 실체가 되게 하는 것을 지시한다고 하였으며, 창조의 법, 달리 말하자면 다양한 창조물의 본질로 구성하는 하나님의 창조 명령에 그 근거를 두고 있다는 것이다. 그리고 방향은 죄와 구속의 질서, 즉 한편으로는 타락으로 인한 창조의 왜곡 혹은 본질을, 그리고 다른 한편으로는 그리스도 안에서의 창조와 구속과 회복을 지칭한다.[111)] 이것은 선한 창조계가 오염되었을지라도 구조는 하나님께서 그 어떤 위력 앞에서도 보존하시며 변하지 않는다는 것이다. 그러므로 모든 피조계가 타락하여 신음한다 할지라도 하나님의 선한 창조 그 자체는 말살되지 않는다. 이것은 인간이 타락했어도 여전히 인간의 가치는 지니고 있다는 것과 동일하다.

요약한다면, 타락은 일부가 아닌 창조의 전 영역에 영향을 끼치고, 그 결과 역시 전 창조계에 미치고 있다. 죄는 하나님의 창조계를 허무는 기생충이다. 기생충이 전 영역에 영향을 미치는 한, 죄는 모든 사물을 더럽게 만들어 '세상적인', '세속적인', '땅의 것'으로 만든다. 따라서 창조계의 모든 영역은 만물이 회복되는 구원과 하나님 왕국의 도래를 위하여 울부짖는 것이다.

3. 구속 — 훼손된 창조 계획의 회복과 하나님 나라

1) 상실된 창조 계획의 회복

성경에서 말하는 창조의 개념이 얼마나 넓은 의미로 파악되어야 하며, 또한 타락이 창조의 구석구석에 어떻게 영향을 미쳤는지 살펴보았다. 그리고 타락은 온 세상이 구원과 하나님 나라의 도래를 바라보며 울부짖는 것임을 보았다. 이렇게 창조와 타락이 전 우주적이었다면 구속 역시 전 우주적이라는 사실을 짐작할 수 있다. 여기에 대하여 월터스는 두 가지 사실이 함축되어 있다고 말한다. "첫째는 구속이 회복 즉, 단순히 창조를 넘어선 그 어떤 것의 첨가가 아니라 손상되지 않은 창조계의 선한 상태로 돌아가며, 둘째는 창조계의 제한된 영역에 국한되는 것이 아니라 창조계의 삶 전체에 영향을 미친다"는 것이다.[112]

기억해야 할 것은 하나님의 나라가 타락으로 깨졌고, 사탄이 지배하는 나라가 되었으므로 이제 이 세계는 쓸모없으며 의미 없다고 여겨질지 모르지만, 우리의 생각과는 전혀 다르게 하나님은 포기하지 않으셨다. 하나님은 죄로 인하여 상실된 만물을 위한 회복의 계획을 차질 없이 진행하셨다.

하나님은 아담이 타락한 후부터 그에게 약속을 주셨다(창 3:15). 그의 후손 가운데 한 사람을 택하여 한 민족을 이루게 하셨고 궁극적으로 예수 그리스도의 십자가 사건의 놀라운 역사를 통하여 믿는 자들에게 하나님의 자녀가 되는 은혜를 주사 죄로 인하여 분리된 관계들을 다시 회복하여 주셨다. 그리하여 그의 나라를 위한 원래의 계획과 약속을 실행하셨다. 이것을 재창조(recreation)라고 부른다. 이 말은 하나님께서 첫 창조계를 폐기하시고 그리스도 안에서 새로운 것을 지으셨다는 의미가 아니다. 그보다는 하나님께서 타락한 원래의 창조계를 포기하시지 않으시고 붙들고 계셨다가 다시 건져내셨다는 의미다.[113] 즉 우리 몸에 몰래 들어와 있는 기생충을 박멸하고 건강한 몸을 회복하여 원래 주어졌던 몸의 기능과 목적을 이루는 것이다. 이렇듯 하나님의 구속의 은혜는 분리로 인하여 울부짖은 창조계가 회복되게 함으로 기쁨과 웃음을 되찾았다.

하나님의 구속은 원 창조 계획이 실패하지 않았음을 보여 준다. 하나님의 구속의 은혜로 창조의 계획은 차질 없이 진행되고 있다. 특별히 예수 그리스도의 구속의 은혜는 무너진 모든 관계를 회복한다. 하나님과의 분리, 사람과의 분리, 자아와의 분리, 자연과의 분리가 그리스도의 십자가 안에서 다 회복된다. 그러므로 누구든지 그리스도 예수의 십자가를 믿고 회심의 기쁨을 맛보는 자에게는 회복의 역사가 나타난다. 하나님은 회복된 하나님의 사람을 통하여 남은 계획을 이루고 계시며, 이 계획은 여전히 진행 중이다.

2) 하나님 나라의 도래

창조 계획의 회복을 의미하는 구속은 하나님 나라의 도래를 말한다. 성경 전체 복음의 핵심이 바로 하나님 나라에 있다. 그러므로 하나님 나라를 이해하는 것은 매우 중요하다. 이 부분에 대하여 자세하

게 살펴볼 것이다.[114]

하나님 나라에 대한 이해 없이는 성경적 세계관의 온전한 이해에 이르지 못한다. 그렇다면 하나님 나라는 무엇인가? 하나님 나라는 헬라어로 '바실레이아'이다. 이 말은 장소적인 의미보다 주권적이고, 통치적인 의미를 말한다.[115] 그러므로 하나님 나라의 도래는 하나님의 통치와 주권이 행사되는 곳을 의미한다. 즉, 사탄에 굴복되었던 그의 모든 세계가 예수 그리스도를 통하여 하나님의 지배와 통치 아래로 들어오게 되는 것이다. 이것이 바로 회복이고, 구속이고, 하나님 나라의 도래이다.

그렇다면 우리는 이런 생각이 들 것이다. '예수 그리스도를 통한 구속이 왔으니 타락한 세계는 완전히 회복되었으며, 완성된 것이 아닌가?' 유대인들과 구약 선지자들은 메시아의 강력한 능력만을 바라보았기에 완성된다고 믿고 있었다. 그러나 신약성경은 그렇게 말하지 않고 '아직' 완성되지 않았다고 말한다. 더구나 예수 그리스도는 하나님 나라를 유기적인 점진의 관계로 이야기하였다. 즉 천국은 '이미' 와 있지만(마 12:28) 그러나 '아직' 완성되지는 않았다.

그러므로 주님의 기도에서 "나라이 임하옵시고"라고 하였으며, 사도행전 1장 8절에서 누가는 "땅끝까지 이르러"라는 미래의 의미로 하나님 나라의 완성을 이해하였다. 하나님 나라의 진정한 완성은 주님이 이 땅에 재림하실 때 이루어진다. 물론 이 말이 초림으로 인한 하나님 나라가 미완성이라는 의미가 아니다. 주님의 오심으로 이뤄진 하나님 나라는 완벽하다. 다만 충만한 상태를 기다린다는 의미다.

그럼 예수 그리스도 안에서 회복을 이루어 간다는 의미는 무엇인가? 이것은 예수 그리스도 안에서의 구원을 창조의 넓은 의미에서 이해하는 것이다. 비록 역사적 발전이 왜곡과 악에 빠지긴 했으나 도시화, 산업화 등을 향한 우리의 노력과 열심 그리고 일반적 삶의 진보를 반대한 이유가 없다. 오히려 하나님 나라의 도래는 이런 발전이 개혁되고 창조 구조에 순응하며 창조주의 규례에 복종하기를 요구한다.[116] 그러므로 성경적 신앙은 역사적으로 진보이지 반동이 아니다.

하나님 나라는 창조계의 모든 것에 대해 권리 주장을 하는데, 모든 영역뿐 아니라 발전의 모든 단계에 대해서도 그러하다.[117] 이렇듯 구속은 죄의 무효화를 통해 그리고 모든 곳에 미친 죄의 영향력을 점진적으로 제거하려는 노력을 통해 창조계의 신앙을 회복한다.[118]

그렇다면 이러한 질문을 던질 수 있다. 오늘의 현실에서 우리는 무엇을 해야 하며, 또한 이 시기는 어떠한 과정에 있는 기간으로 보아야 하는가? 이 질문에 대하여 성경의 답변은 매우 명확하다. 성경은 이 기간은 은혜의 기간이요, 구원의 기간 즉, 하나님 나라가 성장하는 기간이라 말하고 있다. 따라서 우리는 우리의 모습을 날마다 뒤돌아보며 준비하면서 하나님 나라가 확장되도록 힘써야 할 것이다. 하나님의 놀라운 창조계의 회복 계획은 우리에게 주어졌으며 우리의 사명이 바로 이 창조계 회복 즉, 하나님 나라를 이루는 일에 동참하는 것이다.

3) 하나님 나라의 확장을 위한 소명

하나님 나라의 확장과 창조계의 회복이 우리에게 주어진 소명이라면, 구체적으로 이 소명은 어떻게 그리고 누가 이루어야 할 것인가? 이 질문 앞에 우리가 분명하게 인지하고 기억해야 할 한 가지 기준이 있다. 그것은 바로 하나님 나라의 확장은 교회로부터 시작된다는 사실이다. 예수님께서는 이러한 막중한 일을 교회를 통하여 이루어 나가시며, 교회에게 천국의 열쇠를 주시겠다고 말씀하셨다(마 16:16-18). 또한, 사도 바울은 그의 서신 여러 곳에서 (고전 4:19-21, 골 4:11) 교회의 능력과 교회의 사명을 이야기한다. 특히 에베소 교회에 보낸 서신에서는 그리스도가 교회의 머리라고 하였으며(엡 1:23) 또한 만물이 그 발 아래 복종케 하시며, 그를 만물 위의 머리로 주셨다고(엡 1:22) 하였다.

하나님 나라의 확장은 예수 그리스도가 머리 되신 교회를 중심으로 이루어진다. 그러나 많은 이들이 선교단체와 여타 공동체에 들어가 교회에서 채우지 못하는 충족감을 대신 얻고 있다. 이것은 본의 아니게 교회를 향한 침묵의 시위라고 할 수 있다. 교회가 교회다운 모습을 갖추지 못했다는 소리이다. 그러나 성경에서 강조하고 있는 공동체는 오직 교회 공동체뿐이다. 이것은 무엇을 의미하는 것일까? 성경의 강조는 교회 공동체인데 오늘날 공동체와 선교단체가 성장하면서 이를 통하여 많은 사역자들이 배출되며 영적인 안식과 치유가 일어나고 있다. 이는 결국 교회가 교회다운 역할을 하고 있지 않다는 사실을 증명하고 있는 것이 아닐까? 교회가 사명을 감당하지 못하니까 하나님께서 교회를 깨우기 위해서 공동체와 선교단체를 성장시킨 것이라 볼 수 있다. 그러므로 지교회는 이 사실을 받아들일 뿐 아니라 속히 교회의 사명을 각성하여 바로 세워야 할 것이다. 그리고 패러처치(para-church)로서의 공동체와 선교단체는 더욱 지교회와의 협력을 긴밀하게 유지해야 한다. 이것이 진정으로 몸 된 교회를 세워나가는 것이자 하나님이 명령하신 하나님 나라의 확장을 이루는 일이다. 이렇듯 하나님께서는 창조 세계의 타락에도 불구하고 그 창조 세계를 사랑하시며, 구속하시며, 교회를 통하여 완성시켜 나가고 계신다.

우리는 성경적 세계관의 구조를 창조, 타락, 구속, 완성의 모습으로 보았다. 특별히 이 장에서는 창조와 타락, 구속의 부분을 좀 더 세밀하게 보았고, 완성은 제3강 '하나님 나라는 왜?'와 제4강 '동산에서 도시로'에서 자세히 살펴보게 될 것이다.

4장. 성경적 세계관의 종말론적 의미

우리는 위에서 성경적 세계관의 기본 구조와 이 시대를 이해하는 틀이 무엇인지 보았다. 이 세상은 하나님의 선한 창조로 시작되었으나, 타락으로 인하여 왜곡되었고, 예수 그리스도를 통하여 구속이 이미 이루어졌으나, 아직 완성되지 않은 상태에 있다. 그리고 온전한 나라를 바라보며 준비하고 있다.

그렇다면 이러한 성경적 세계관이 오늘이라는 시대적 상황에서 어떤 의미가 있는 것일까? 이 문제에 대하여 잠시 살펴보고자 한다. 우리가 살아가고 있는 지금 세상을 어떻게 표현하는 것이 적절할까? 한마디로 말한다면 '혼돈의 시대'라 부를 수 있다. '혼돈'은 무질서를 의미하며, 갈 길을 알지 못하는 것을 의미한다. 주변을 정직하게 본다면 정말 혼란스러운 세상이다. 정치의 세계도, 사회 문화도, 인간관계도 혼란스럽다. 특별히 교육은 더더욱 혼미한 것을 볼 수 있다. 목적이 모호한 가르침을 받고 있는 현실을 보면서 많은 사람들이 학교를 떠나고 스스로 대안을 찾으려는 움직임을 자주 보게 된다.

우리 시대의 대중적 관심은 물질적 성공 외에는 없다. 모두들 이 일을 위하여 몸 바쳐 살고 있는 광신적 세상이다. 말 그대로 돈의 신화를 만들고 있다. 돈만 된다면 누드 촬영도 쉽게 하는 세상이 되었다. 그러나 성경은 "돈을 사랑함이 일만 악의 뿌리니라"(딤전 6:10)라고 말하면서 돈을 사랑하는 자는 반드시 믿음의 자리에서 서지 못하게 될 것이라고 경고하고 있다. 그런데 두려운 것은 신앙의 목적도 돈을 사랑함에 있다는 것이다. 예수 믿음이 부자 되기 위함임을 숨기지 않는 목사와 성도를 본다. 교회도 맘몬의 지배를 받고 있다. 너무나 우울한 현실이다. 이뿐 아니라 온갖 사상들이 우리들의 죽을 육체의 왕 노릇 하고 있는 것을 본다. 성인경 목사는 우리의 시대의 괴물을 '다원주의', '상대주의', '탈현대주의'로 말하고 있다. 특별히 '상대주의'는 우리 시대 불행의 본질이라고 밝히고 있다. 앞서 이미 밝혔듯이 절대적 진리는 무시하고 오직 다양성과 상대적 절대주의에 빠져 있는 것이 우리 시대의 현실이다. 특별히 모든 것을 해체하고 절대적 기준이 없는 혼합을 만들고 이것을 창조의 미학이라고 부르는 탈현대주의 시대에 우리가 살고 있다는 사실을 바로 알고 있어야 한다.

그러므로 그리스도인은 이러한 시대 가운데 분명한 기준을 가지고 있어야 하며 그리스도인의 가치를 드러내야 한다. 그것은 진리의 깃발을 높이 들고 흔드는 투쟁이다. 혼돈 속에서 허우적대고 신음하고 있는 이들에게 자유의 기쁨을 알리고 나누는 일이다. "진리를 알지니 진리가 너희를 자유케 하리라"(요 8:32) 자유는 혼돈에서의 해방이다. 그런데 이 자유는 오직 진리를 아는 자에게서 나온다. 진리를 아는 자는 분명하게 선포해야 한다(시 60:4). 정신적 혼돈과 가치의 혼돈 그리고 배움의 혼돈 속에 빠져 있는 이들에게 모든 진리가 하나님의 진리임을 보여 주어야 한다. 이것이 분명하려면 진리에 대한 분명한 고백이 있어야 한다. 즉 올바른 성경적 세계관에 사로잡혀 있어야 하는 뜻이다.

그리스도인은 분명히 기억해야 한다. 모든 것이 하나님 안에 있을 때 참된 의미를 가질 수 있다. 그리고 그 사실을 정직하고 확고하게 소유하고 있으면 쉴 새 없이 다가오는 삶의 풍랑에서 결코 좌초하지 않는다. 사상의 시장에서 죽음을 당하지 않을 것이다. 이 진리의 자유가 우리의 전 인격 가운데 사무쳐야 한다. 입술의 모든 말과 마음의 묵상이 거룩한 주의 영광을 위하여 쓰여야 한다. 허공에 대고 이야기하는 것이 아니라 내 영혼을 향하여 분명하게 말하고 하나님 아버지에게 맡겨야 한다. 모든 진리가 하나님의 진리라고 말해야 할 때는 바로 지금이다. 모든 것이 혼재하고 특별히 성경의 진리를 왜곡하는 세계관의 전쟁터에서 당당하게 맞서 이겨야 한다. 바울과 같은 고백이 정말로 필요한 시대이다.

"그러나 무엇이든지 내게 유익하던 것을 내가 그리스도를 위하여 다 해로 여길뿐더러 또한 모든 것을 해로 여김은 내 주 그리스도 예수를 아는 지식이 가장 고상함을 인함이라 내가 그를 위하여 모든 것을 잃어버리고 배설물로 여김은 그리스도를 얻고"(빌 3:7-8)

5장. 성경적 세계관과 이웃 사상

　　성경적 세계관의 구조를 통하여 이웃 사상을 이해할 수 있다. 앞서서 성경적 세계관의 필요성과 일반적 질문에 대한 성경적 세계관의 구조를 통하여 그 답을 살펴보았다. 이제 성경적 세계관이 어떻게 적용되는 가를 통하여 좀 더 실제적으로 다가가고자 한다. 이에 세 개의 세계관과의 비교를 통하여 어떻게 성경적 세계관이 적용되는지 살펴볼 것이다.

　　성경적 세계관의 구조에 따라 적용할 세계관은 사회주의, 범신론, 인본주의이다. 피어시는 마르크스주의가 세계관의 세 범주에 잘 들어맞는다고 보았다. 그래서 마르크스주의는 종교적 이단이라고 불러왔다는 것이다. 마르크스는 물질 그 자체를 창조의 힘으로 보았다.[119]

　　결국 마르크스는 물질을 하나님으로 만든 셈이다.[120] 그렇다면 마르크스주의와 범신론이 보여 주고 있는 창조, 타락, 구속의 틀은 무엇일까? 낸시 피어시는 다음과 같이 그 모습을 밝히고 있다. 그리고 여기에 인본주의 선언을 통하여 본 인본주의자들의 세계관을 더불어 살펴보려고 한다. 이 모든 것이 성경적 세계관의 틀로서 설명될 수 있음을 알 수 있다.

성경적 세계관의 기본적인 틀인 창조, 타락, 구속은 동시대에 함께 살고 있는 이웃 사상들을 이해하는 데 매우 적절하다. 이러한 구분을 통하여 성경적 세계관을 더욱 분명하게 이해 할 수 있다.

1. 마르크스주의 세계관[121]

창조: 마르크스주의에서의 창조, 곧 만물의 궁극적 기원에 해당하는 것은 무엇인가?

답변: 스스로 창조하고 발생하는 물질이다.

타락: 마르크스주의에서의 타락, 곧 고통과 억압의 근원에 해당하는 것은 무엇인가?

답변: 사유재산의 발생이다.

구속: 마르크스주의는 어떻게 세상을 다시 바로잡을 수 있다고 주장하는가?

답변: 혁명! 압제자를 정복하고 본래의 원시 공산주의 낙원을 재창조함으로써 이루어진다.

2. 범신론과 뉴에이지 세계관[122]

창조: 뉴에이지 범신론에서 궁극적 실재, 만물의 기원은 무엇인가?

답변: 만물을 관통하는 통일된 정신, 보편적인 영적 본질, 초월자이다. 이것은 인격이 없는 영적 본질이다.

타락: 뉴에이지 범신론에서는 악과 고통의 근원이 무엇인가?

답변: 우리의 개별성에 대한 인식 즉, 우리가 신의 일부라는 것을 모른다. [힌두교는 우리의 개별성 인식을 마야, 환영이라고 한다.]

구속: 뉴에이지 범신론에서 악과 고통의 문제를 어떻게 해결할 수 있다고 보는가?

답변: 우리 모두의 근원인 보편적인 영적 본질과 재결합함으로 이루어진다.

3. 인본주의 세계관

창조: 만물의 근원인 궁극적 실제인 자연의 기원은 무엇인가?

답변: 자연은 스스로 존재한다.

타락: 오늘날 사회의 문제의 근원은 무엇인가?

답변: 인간의 능력이 온전히 발휘되지 못한 것이다.

구속: 우리의 문제를 해결할 수 있는 것은 무엇인가?

답변: 자신의 영광을 구현함으로 회복한다.[123]

낸시 피어시는 창조, 타락, 구속의 틀이 세계관들을 비교하고 대조하는 데 간단하고도 효과적인 도구를 제공함을 보여 주었다. 그리고 창조에 관한 성경의 가르침이 왜 그처럼 끊임없이 공격을 받고 있는지도 잘 설명해 주고 있다.[124]

마크르스주의 세계관은 시대의 변화에 따라 고전적 마르크스주의, 신마르크스주의 그리고 사회민주주의에 이르는 많은 변형이 있다. 하지만 그 핵심적 세계관은 변하지 않았다.

그리고 범신론과 뉴에이지 세계관은 종교 다원주의 사회의 모습을 잘 대변하고 있다. 특별히 산업화와 과학주의로 물든 세상에서 영향을 미치고 있다. 요가와 명상 그리고 뇌 수련 등을 통하여 우리의 현실에 깊게 침투하여 들어와 있다.

인본주의 세계관은 1960년도에 일어난 인본주의 선언으로 시작되었다고 할 수 있다. 인본주의 선언은 교육을 통해 우리의 생활에 중대한 영향을 미치고 있다. 실용주의 교육은 인본주의 세계관이 가장 깊숙이 들어와 있는 영역이다.

특별히 경쟁과 학벌 위주의 세계관은 철저한 인본주의 세계관의 열매이다. 인본주의가 무서운 것은 모든 것의 중심이 인간이기 때문이다. 살아 있는 인간이 기준이다.

이러한 인본주의 세계관이 위험한 것은 인권이라는 명목하에서 무차별적으로 우리의 삶에 침투하고 있다. 성경이 말하는 결혼, 낙태, 동성애와 다른 주장들이 힘을 얻고 있는 것은 오랫동안 인본주의 세계관을 바탕으로 한 교육이 있었기 때문이다. 이렇게 인본주의의 위협은 점점 강력하게 교회를 향하여 돌진하고 있다.

이제 성경적 세계관을 바로 세우는 것이 왜 중요한지 이해하였을 것이다. 성경적 세계관의 확립은 다원주의 세계에 살고 있는 우리들이 잘못된 세계관에 빠지지 않고 바른 분별력을 가지게 하며, 참 진리를 전하는 능력이 된다. 성경적 세계관의 확립은 정직한 질문에 정직한 답을 줄 수 있게 한다. 그렇다면 이제 중요한 것은 성경적 세계관을 정립하기 위하여 어떻게 해야 하는가이다. 물론 세계관은 전 이론적이며, 전제적이지만 그러나 세계관은 훈련을 통하여 변화될 수 있다.

6장. 성경적 세계관 정립을 위한 준비

긴 항해를 해 오고 있다. 세계관의 필요성과 중요성, 세계관의 형성과 우리 시대의 대표적인 세계관의 모습을 보았다. 그리고 이 시대 가운데 그리스도인다운 삶을 살기 위하여 성경적 세계관을 살펴보았다. 이제 좀 더 실천적인 측면에서 생각해 보려고 한다. 즉 어떻게 성경적 세계관을 정립할 수 있는가? 사실 이 질문을 던질 필요는 없다. 여기까지 왔다면 이미 시작하였기 때문이다. 이미 습관화되고 문화가 된 세계관을 바꾸고 성경적 세계관을 정립하는 것은 쉬운 것은 아니다. 그러나 변혁은 결코 불가능한 것도 아니다. 그렇다면 성경적 세계관 정립을 위하여 어떻게 하여야 하는가? 다음 세 가지는 성경적 세계관의 정립을 위한 필수 과정이다.

1. 훈련 없는 성경적 세계관 정립은 없다

20세기 복음 전도자 빌리 그래함은 로잔 회의 세미나에서 자신에게 3년이라는 사역의 시간을 준다면 자신은 2년을 훈련받고 1년 사역하겠다고 하였다. 이 말은 전 세계를 돌아다니던 20세기의 가장 뛰어난 전도자의 입을 통하여 나온 말이다. 훈련의 중요성을 아주 분명하게 말하였다. 한 베테랑 선교사가 선교사 후보생을 모아놓고 말하기를 당신에게 3년이라는 시간밖에 사역할 시간이 없다면 어떻게 하겠느냐고 물었다. 그리고 자신이 대답하기를 자신은 2년은 훈련받고 1년은 후회 없는 사역을 하겠다고 하였다.

빌리 그래함 목사와 베테랑 선교사의 말은 우리에게 무엇을 전하려고 하는지 분명하다. 훈련이 없이는 결코 성숙한 그리스도인으로 성장할 수 없다. 성숙한 그리스도인이 되지 못한다면 결국 영향력은 나타나지 않을 것이다. 훈련이 없이는 어디에서도 영향력 있는 존재가 될 수 없음은 분명하다.

이것은 세계관에 그대로 반영된다. 우리는 혼합주의 세계 속에 태어나고 살고 있다. 우리의 세계관이 훈련되지 않는다면 혼합주의 세계관을 가지고 살 수밖에 없음을 의미한다. 그러므로 견고한 세계관을 가지기 위해서는 계속되는 훈련이 필요하다. 이에 대하여 성인경 목사는 다음과 같이 제안하고 있다. 우선 세계관을 공부하는 가장 좋은 방법은 공동체 속에서 영적 아버지에게 배우는 것이다.[125] 그리고 이에 대하여 세부적인 제안으로 먼저 토론할 수 있는 모임을 찾으라, 둘째는 전공 학문에 대한 기독 지성인을 찾으라, 셋째는 예수 믿는 사람을 초빙해서 강의하게 하는 방법, 넷째는 관심 있는 주제를 논문으로 쓰는 것이다.[126]

또한 교회는 성도들이 성경적 세계관을 바로 정립할 수 있도록 지속적이고 다양한 세미나와 양육 프로그램을 제공하여야 한다. 동시에 다양한 사상과 현실의 이해에 대하여 정직한 나눔을 갖는 시간이 필요하다.

이렇게 세계관은 계속되는 학습과 훈련으로 이루어진다. 서두르지 않으면서 그리고 진지하고 정직하게 대면하면 견고한 세계관을 가질 수 있다. 견고한 세계관을 가지면 삶의 영역에 영향력을 미치는 자가 된다.

2. 성경적 세계관의 정립은 복음에 대한 분명한 인식과 고백에 있다

사실 성경적 세계관은 복음에 대한 분명한 인식이라 할 수 있다. 앞에서 세계관 운동이 나오게 된 동기를 밝힌 바 있다. 그 핵심은 바로 복음에 대한 바른 이해이다. 복음에 대한 분명한 신앙고백이 성경적인 삶을 고민하고, 질문하며 살게 한다. 나의 경우에도 딱딱한 세계관 책을 통하여 기초 지식이 형성되었지만 보다 견고하게 된 것은 위대한 영적 거인들의 책을 통해서였다. 오래전에 개혁주의설교연구원장 서창원 목사와의 대담 가운데 충격을 받은 적이 있다. 나름대로 열심히 성경적 세계관에 대하여 설명을 하였는데 그분이 하는 말씀이 바른 복음을 들으면 자연히 형성되는 것이 성경적 세계관이라는 것이다. 사실 이것은 매우 낯선 이야기였다. 그리고 청교도 작품과 특별히 로이드 존스 목사의 책을 추천받아 독서하게 되었다. 그리고 책을 읽으면서 새로운 충격에 빠졌던 적이 있다.

열심히 읽었던 세계관의 문제들이 로이드 존스 목사의 설교 안에 고스란히 들어 있는 것이다. 그렇게 청교도들의 책을 통하여 더욱 깊이 있는 기쁨을 누렸고 세계관의 길을 열어 준 쉐퍼의 세계관과 성경적으로 견고하게 하여 준 로이드 존스와의 만남을 가질 수 있었다. 놀랍게도 두 사람은 절친한 사이이며 서로에 대한 신뢰가 두터웠다. 여기에 견고한 세계관을 가질 수 있는 길이 있다. 그래서 '로이드 존스와 함께하는 성경적 세계관 학교'를 개설하기도 하였다. 특별히 로이드 존스의 「내가 자랑하는 복음」은 세계관 질문에 대한 설교의 전형이라 할 수 있다. 우리가 어디에서 왔으며, 어디에 있으며, 오늘 우리는 왜 이렇게 되었으며 어디로 갈 것인가에 대해 설교한 그의 책은 가히 세계관 교재로 사용하여도 전혀 손색이 없을 것이다. 그러므로 바른 복음이 선포되면 바른 세계관이 형성된다.

이렇게 건강한 성경적 세계관을 위하여 교회사의 위대한 거인들의 책을 탐독하는 일은 정말로 유익하다. 이것은 세계관이 딱딱한 철학이나 사상사라는 인식을 극복하게 해 준다. 성경적 세계관 운동은 복음 운동이며, 말씀 운동이다. 그리고 말씀에 대한 깊이가 있게 됨으로 더욱 견고해진 세계관을 유지할 수 있다.

3. 성경적 세계관은 지식을 넘어 실천될 때 정립된다

견고한 성경적 세계관을 확립하는 데 있어서 가장 큰 복병은 바로 지식주의이다. 세계관은 삶의 운동이지 상아탑 운동이 아니다. 삶의 현장에 부딪치도록 주어지는 운동이다. 그런데 상당수의 세계관 운동가들이 대학 청년들을 위하여 연구하고 가르치고 있다. 이러한 현상이 본의 아니게 세계관의 엘리트화를 가져왔다. 이것은 성경적 세계관 운동을 전 교회적, 전 계층적 운동으로 확장하는 데 있어서 가장 큰 장애물이 되었다.

앞에서 잠시 언급하였듯이 교회에서 주부들을 대상으로 세계관 운동을 하면서 소망을 보았다. 주부들도 동일하게 세계관 기본 도서를 읽으면서 동시에 실천에 있어서 주부가 가장 적용하기 쉬운 자녀교육과 가정 문제에 집중하였다. 그리고 놀랍게도 변화되는 것을 볼 수 있었다. 세계관은 말이 아니며, 지식이 전부가 아니다. 세계관 운동의 절정은 바로 삶의 현장에서 나타나는 변화이다. 그러므로 성경적 세계관을 확립하기 위해서는 지식주의나 엘리트주의에 머물러서는 안 된다.

오늘날 성경적 세계관 운동이 실패하였다는 소리를 듣는 이유는 성경적 세계관 이 문제가 있어서가 아니라 성경적 세계관 운동을 위한 전략과 전술에서 실패하였기 때문이다. 성경적 세계관 운동은 성도의 보편적 자세이지 엘리트의 특권이 아니다. 그런데 그 동안 청년과 대학생 그리고 학자층에 머물렀다. 이것은 세계관을 지적인 만족으로 오해하는 어리석음을 만들어 내었다. 그러나 세계관은 삶이다. 엘리트를 위한 지식의 향연이 아니다. 성경적 세계관은 남녀노소 모든 성도들이 가지고 있어야 한다.

성경적 세계관이 교회를 살리고 그리스도인을 바로 세우는 일에 쓰임을 받으려면 전략과 전술이 바뀌어야 한다. 그래야 온 교회가 건강한 성경적 세계관을 가질 수 있다. 그러기 위해서 세계관 운동은 일상의 영역으로 내려와야 한다. 상아탑이 아니라 지식의 향연에만 머물 것이 아니라 삶의 자리로 와야 한다. 일상으로 내려오면서 실제가 될 수 있도록 해야 한다. 끊임없이 자신을 살피며 나아가지 않으면 말 그대로 운동으로 끝나고 또 하나의 지식을 습득한 것으로 돌아가게 된다.

또한 세계관 운동이 지식에 멈추지 않으려면 교회 차원의 나눔이 있어야 한다. 이것은 지속적인 영향을 위하여 필요하다. 세계관은 인식의 틀이기 때문에 한순간에 형성되는 것이 아니다. 우리 자신을 감싸고 있는 온갖 종류의 혼합주의를 벗어버리는 일은 그리 쉬운 것이 아니다. 그렇다고 멈추어서는 더더욱 안 된다. 성경의 가르침이 나의 살과 피가 될 때까지 계속되어야 한다.

7장. 실제적인 현실의 삶 속에서 어떻게 살아야 할 것인가?

　　지금까지의 이야기를 정리하며, 결론을 맺어 보기로 하겠다. 이제 그 첫 번째 기착지에 다다르게 되었다. 앞서서 보았듯이 세계관을 세우는 것은 결코 쉽지 않다. 그러나 우리가 그리스도인이 되었음에도 그리스도인의 정체성을 가지지 못하는 것은 참으로 불행한 일이다. 그리스도인의 선명함은 그의 세계관을 통하여 드러난다. 그러므로 성경적 세계관이 분명한 것은 매우 중요하다. 특별히 성경적 세계관을 견고하게 하기 위하여 성경의 구조를 바로 아는 것은 정말 중요하다. 성경의 흐름을 이해하는 것이 곧 세계관의 뼈대이다. 성경적 세계관의 구조로서 창조는 우리가 일상적으로 생각하는 것보다 훨씬 광범위하고, 훨씬 포괄적이다. 그리고 타락은 창조계에 한 구석도 빠짐이 없이 영향을 끼침을 보았다. 또한 예수 그리스도 안에서의 구속은 타락만큼이나 그 범위가 넓다. 그러므로 창조의 지평은 동시에 죄의 지평이며 또한 구원의 지평이다. 이러한 성경의 가르침을 분명하게 가지고 있는 것이 정말 중요하다. 성경을 떠난 우리의 세계관은 존재하지 않는다.

　　이제 성경을 통하여 배우고 익힌 성경적 세계관을 기억하면서 현실의 실제 삶 속에서 어떻게 살아야 할 것인지 정리하고자 한다.

앞서서 세계관 운동이 다시금 살아나고 교회를 깨우고 사회를 변혁시키기 위하여 7가지를 제안하였다. 이곳에는 그 제안의 전제위에 성경적 세계관을 가지고 살아야 하는 그리스도인의 자세를 언급하고자 한다.

1. 이 시대의 전쟁은 세계관의 전쟁임을 인식하는 것이다

이 세대의 전쟁은 전제의 전쟁이요, 세계관의 전쟁이다. 프란시스 쉐퍼는 이 세대의 만남은 전제와의 만남이요 그 전제 위에서 대화가 시작된다고 하면서 그것은 곧 긴장점의 발견이라고 하였다. [127]그러므로 전제인 세계관이 없다면 언제나 혼란스럽고 무질서한 삶을 살 수밖에 없다. 모든 진리가 하나님의 진리이다. 그러나 오늘날의 신앙인의 양태는 이중 진리 속에서 살고 있는 느낌을 받고 있다. 바른 세계관이 없으면 이 시대를 바르게 분별할 수 없으며, 바른 대안을 줄 수가 없다. 상대주의 유령에 빠져 있는 현대인들에게 강력한 도전을 줄 수 있는 것은 절대적 기준을 가진 성경적 세계관의 확립이다.

특별히 무차별 폭격을 가하는 미디어 세상에서 무엇보다도 중요한 것은 바른 분별력이다. 미디어는 결코 우리의 정신과 처지를 생각하지 않는다. 미디어는 우리의 가치와 사상을 혼란의 광장으로 몰고가고 그렇게 살아야 한다고 무의식의 세계에서부터 우리를 괴롭히고 있다. 바른 기준이 서 있지 않으면 사상의 전쟁터와 같은 이 세상에서 순식간에 휩쓸려 간다. 휩쓸려 간 뒤에 탄식할 것인가? 아니면 준비하여 막을 것인가?

2. 그리스도인은 영적 전쟁의 파수꾼임을 자각하는 일이다

우리가 사는 시대는 기준을 해체하는 포스트모더니즘 시대이다. 어떠한 기준도 없는 다양한 사상이 난무하는 영적 전쟁터이다. 이런 시대에 있어서의 전쟁은 세계관의 충돌이다. 한 가지 분명한 사실은 확고한 세계관을 소유한 자만이 승리한다는 것이다. 이 세계관 싸움은 긴장점의 발견에서 시작된다. 이것은 적군의 표면상의 논리가 아니라 그 논리의 기반인 세계관(전제)이 무엇인가를 바로 살핌으로써 그것이 얼마나 잘못되었는가를 논리적으로 논하는 작업이다. 하나님이 없는 이들의 세계관(전제)은 매우 불안하다. 따라서 그들이 가지고 있는 세계관(전제)을 잘 살피는 것은 참으로 중요하다. 그러기 위해서 우리가 힘써야 될 것이 바로 우리 자신의 바른 세계관의 확립이다. 참다운 기반인 성경적 세계관의 확립만이 이 시대의 영적인 전쟁에서 승리케 하며, 상실의 시대를 올바로 이끌어 가는 시대의 파수꾼이 되게 한다. 성경은 우리를 적군의 출현을 살피고, 나팔을 울리는 파수꾼이라고 부른다. 파수꾼의 일차적 대응을 위한 사명은 분명한 판단력과 빠른 전달이다. 그러므로 이토록 중요한 사명을 완수하는 데 있어서 그리스도의 파수꾼은 누구보다도 성경적 세계관의 무장이 필요하다. 바르게 무장되면 어떠한 사상의 전쟁에도 이길 수 있다. 우리 모두 성경적 세계관을 확립함으로 영적 혼란의 시대에 바른 분별력으로 하나님의 나라를 지키는 파수꾼이 되어야 할 것이다.

3. 하나님의 형상으로서 자존감을 가져야 한다

성경적 세계관대로 산다는 것은 예수를 믿고 하나님의 나라의 백성으로서, 하나님의 주권 아래서 하나님의 통치를 받고 사는 것을 말하는 것이며, 이것은 곧 하나님 나라의 확장에 헌신함을 의미한다. 특별히 하나님의 형상으로서의 인간은 문화 명령을 이루어 가는 자이다. 그리고 문화 명령의 궁극적 목적은 하나님 나라의 완성이다. 그 완성을 위한 우리들의 삶이 바로 하나님의 형상을 회복하는 것이다. 이 사실을 잊지 않는다면 오늘 나에게 주어진 환경과 여건이 얼마나 소중하고 위대한 것인지 알 수 있다.

하나님은 자신의 나라를 이끌어 가는 데 사람을 사용하신다. 하나님의 일은 반드시 하나님의 형상으로 지음받은 인간을 통해서 이루시며 이를 위해서 인간을 하나님의 형상으로 만드셨다. 아담을 창조의 대리 통치자로 보내신 하나님은 인류의 타락을 불러 왔음에도 불구하고 그의 가치를 인정하셨고 예수 그리스도를 통하여 훼손된 세상과 인간을 회복시키셨다. 하나님의 공의와 사랑의 사건을 통하여 볼 수 있는 것은 하나님 나라의 사명은 반드시 사람을 통하여 이루어 가신다는 사실이다. 완전한 구속, 곧 하나님 나라의 완성은 바로 이러한 과정을 통하여 이루어진다는 사실을 기억해야 할 것이다. 바로 여기에 우리의 삶의 위대한 가치가 있다. 죽은 죄인이 하나님 나라의 일꾼이 되었다는 사실이다. 그리고 그 일은 이 땅에 주어진 삶의 모든 것을 통하여 이루어진다. 그러므로 삶의 한 조각이라도 매우 소중하다. 결코 나의 어려운 환경을 인하여 비관하며 목숨을 버릴 수 없는 이유가 여기에 있다. 내가 하나님의 일을 하는 것이 아니라 하나님이 나를 통하여 일하시도록 열어 놓는 것이 바로 하나님의 형상으로 지음받은 자들의 자세이다. 때가 되면 황무지가 장미꽃같이 피는 것을 볼 것이다. 이것이 바로 하나님 형상의 회복이다.

4. 성경적 세계관은 일상의 삶으로 나타내야 한다

세계관은 삶의 방식을 통해 나타난다. 나아가 개인의 삶을 넘어서 세계관으로 일반 문화를 이해할 수 있어야 한다. 예를 들자면 음악, 미술, 영화, 드라마에 대한 바른 분별력을 가져야 한다. 동시에 세계관으로 삶의 여러 영역을 해석할 수 있어야 한다. 즉 정치, 경제, 역사, 결혼, 공부, 물질적 성공 등 모든 영역의 문제를 성경적 세계관의 관점에 바르게 분별하여야 한다. 이러한 지극히 일상적인 삶의 영역에서 세계관을 통한 분별이 이루어질 때 그 영향력은 매우 크다.

성경적 세계관은 하나님의 나라를 이루어 가는 일이다. 일상적인 삶의 영역에 하나님의 다스림을 나타내는 것이 바로 성경적 세계관이 추구하는 삶이다. 삶의 방식으로 나타나지 않는 세계관은 이미 분열되었다고 할 수 있다. 프란시스 쉐퍼는 기독교 세계관을 가진 자들의 삶이 무엇인지를 보여 주었다.

'기독교적 세계관을 가진 자들의 삶은 전 생애에 있어서 다른 그 무엇뿐만 아니라 문화의 영역에 있어서도 그리스도의 통치를 매일매일 실현하는 것 … 사회적인 논쟁들과 정치적 의학적인 면과 정부에 관한 논쟁 등 보이는 현실 세계 속에서 그리스도의 통치를 확장시켜 나가야 한다.'[128]

세계관에 대한 비판은 세계관이 단순히 지적인 상태에 머물고 있기 때문이다. 이것은 역으로 세계관이 영향력을 발휘하려면 무엇보다도 일상의 삶의 방식으로 나타나야 함을 말해 준다. 성경적 세계관이 삶의 작은 부분에서 정치, 경제, 문화, 제반 사회의 큰 부분에 이르기까지 보편적 삶으로 나타날 때 개인의 삶은 물론 사회의 변화를 가져올 수 있다.

5. 성경적 세계관은 윤리적 거룩함을 위한 싸움이다

이것 역시 매우 중요하다. 성경적 세계관을 공부하고 가르치고 있는 이들의 맹점은 삶의 윤리가 없다는 데 있다. 뿐만 아니라 성경적 세계관, 즉 기독교 정신을 강조하는 책들조차 이 문제는 강조하지 않고 있다. 그래서 앎과 삶이 분리된 모습이 오히려 성경적 세계관을 공부한 이들에게 나타나고 있다는 비판을 받고 있다. 성경적 세계관 공부를 하고자 하는 이들이 오해를 받는 것은 바로 삶의 윤리적 변화가 없기 때문이다. 자칫 잘못하면 바리새적 형식주의에 빠질 위험이 있다. 그러므로 성경적 세계관의 확립은 반드시 삶의 윤리로 나타나야 한다. 교회 생활의 윤리, 가정 생활의 윤리, 직장 생활의 윤리, 사업 윤리, 친구 관계의 윤리 등 성경적 세계관을 사람의 윤리로 나타내야 한다. 성경의 사상을 알고 하나님의 영광을 아는 것과 사는 것이 다른 것은 또 다른 이원론의 모습이 된다. 그러므로 무엇보다도 기독교적 정신의 회복은 바로 삶의 회복으로 이어져야 한다.

6. 성경적 세계관에 입각한 설교의 회복이 있어야 한다

완전한 구속의 사역, 즉 하나님 나라는 반드시 교회를 통하여 나타난다는 사실을 기억하는가? 아무리 견고한 성경적 세계관을 지녔다 하더라도 엄청난 문화의 홍수 속에서 개인 혼자서 살아남는 것은 불가능하다. 특별히 영적 전쟁에 있어서는 더더욱 어렵다. 예수님도 제자들을 전도 파송 시 둘씩 짝지어 보내셨다. 사도들이 도시마다 교회를 세운 목적 중에 하나가 바로 여기에 있는 것이다. 이 사실은 오늘의 시대에도 동일하게 적용된다. 세계관의 문제는 공동체, 교회의 문제이다. 교회가 바른 성경적 세계관을 소유하고 있지 않으면 일관된 삶과 세상을 향한 대응이 나오질 않는다. 교회가 바른 세계관에 서 있지 않으면 그리스도인은 자기 멋대로의 신앙생활을 하게 되고 교회의 바른 표지는 교회 밖에서 영향력을 나타낼 수가 없다. 성경적 세계관은 사실상 복음이다. 복음의 선포는 바른 세계관을 형성하게 한다. 성경적 세계관이 형성되지 않은 모든 이들의 말은 매우 위험하다. 자기 자랑과 경험, 온갖 자기의식에 빠져 있기 때문이다. 그러므로 교회 안에서조차 엄청난 세계관의 충돌이 일어나고 있다. 오랜 신앙생활에도 불구하고 내가 누구이며, 무엇을 위하여 살아야 되는지를 모르고 있다면 이것은 교회가 공동체로서의 의미를 상실한 것이다. 교회는 한 몸과 한 생각으로 이루어졌다. 삶의 방편은 다르지만 삶의 기반은 같은 것이다. 이러므로 세계관은 교회 공동체의 사명이다. 특별히 선교단체와 교회의 불협화음은 세계관의 충돌에 기인한다. 같은 교회에서의 다른 세계관을 만나는 것은 교회 공동체의 불행이다. 이러므로 교회 공동체가 힘써야 할 일은 바로 성경적인 세계관, 즉 바른 복음의 선포와 가르침이 필요하다.

바른 설교의 회복이 없이는 온전히 통합된 세계관이 형성되지 않는다. 가르침과 선포가 다른 것은 그 자체가 세계관의 분열을 말하기 때문이다. 그러므로 교회는 성경적 설교의 회복이 함께 일어나야 한다. 성도 역시 이러한 설교를 들을 수 있는 바른 믿음을 소유하여야 한다. 체험적 신비주의와 개인적 부의 복음이 아닌 하나님의 말씀인 성경의 소리를 들을 수 있어야 한다. 이러한 설교와 훈련은 우리를 건강한 그리스도인으로 만들어 준다.

7. 모든 영역에 예수 그리스도의 흔적을 드러내는 것이다

하나님께서 우리를 통하여 받으시고자 하는 것은 바로 삶의 모든 영역에서의 하나님의 영광을 높이는 일이다. 하나님이 받으실 영광은 바로 하나님의 주권이 온전하게 선포되는 것이다.

바울의 여러 서신 중 많은 문제로 혼란스러운 고린도 교회에 보낸 편지를 통하여 오늘 우리들에게 들려 주시는 것이 무엇인가? 바울은 자신의 사명이 무엇인지 아주 일관성 있게 전하였다. 바울은 자신이 예수 그리스도를 전하는 것이 사명임을 고백하고 문제 많은 교회에 예수 그리스도만을 전하였다. 바울은 말하기를 "망하는 자들에게는 십자가가 미련한 것이지만 부르심을 받은 자들에게는 십자가는 하나님의 능력이 된다"고 하였다. 그리고 "내가 너희 중에서 예수 그리스도와 그의 십자가에 못 박히신 것 외에는 아무것도 알지 아니하기로 작정하였음이라"(고전 2:2)라고 선언하였다.

바울의 이 고백은 오늘날 좀처럼 들을 수 없는 고백이다. 예수 그리스도만을 위하여 믿음의 길에 있는 것이 아니라 예수 그리스도를 통하여 무엇인가를 얻고자 하기 때문이다. 결국 예수가 중심이 아니라 자신의 영광이 중심이다. 그러나 바울은 아주 분명하게 말한다.

"누가 주의 마음을 알아서 주를 가르치겠느냐 그러나 우리가 그리스도의 마음을 가졌느니라"(고전 2:16)

그리스도가 삶의 중심이다. 바울의 심장은 그리스도의 피로 가득 채워져 있다. 자신은 죽었고 그리스도가 살아 있다.

하나님의 영광은 그리스도의 마음을 가지고 그리스도 안에서 자랑하는 삶이다. 자신은 사라지고 오직 그리스도만을 드러낸다. 바울은 자신에게는 예수의 흔적이 있다고 자랑한다. 예수의 흔적이 바울을 바울 되게 하였다. 공동체 안에 점점 예수의 흔적은 사라지고 맘몬주의나 영웅주의, 문벌주의의 흔적만이 난무하는 우리 시대에 참으로 필요한 것은 예수의 흔적을 자랑하는 이들이다.

세상에 하나님의 주권을 선포하는 자가 되려면 예수의 흔적이 있어야 한다. 어디에서 무엇을 하든 예수의 흔적이 있는 삶이 바로 능력이며, 생명이다. 하나님이 우리를 부르신 부르심은 세상으로 하여금 하나님의 권위 아래 복종하게 하심이다. 모든 것이 하나님의 진리이기에 하나님께 돌아오게 만드신다. 이 일에 하나님은 우리를 부르시고 삶의 모든 영역에서 하나님의 주권을 선포하게 하신다.

그런 의미에서 우리 자신의 모습을 보아야 한다. 정직하게 나의 신앙을 살필 때 하나님의 쓰임받는 도구가 될 수 있다. 우리의 사역의 현장은 삶의 모든 곳이다. 우리 시대는 전후방의 구분이 없는 시대이다.

우리의 신앙도 전후방이 따로 없다. 그러므로 우리에게 부여된 사명은 분명하다. 삶의 모든 영역에서 하나님의 영광을 선포하는 일이다.

> "이는 만물이 주에게서 나오고 주로 말미암고 주에게로 돌아감이라 영광이 그에게 세세에 있으리로다 아멘"(롬 11:36)

8. 성령 하나님에 대한 온전한 의존이 있어야 한다

세계관의 바른 이해는 성령의 함께하심이 없으면 아무 소용이 없다. 특별히 문화적 무질서 시대에서 사상적, 영적 전쟁의 승리는 성령의 도우심이 없이는 불가능하다. 그러므로 애쓰고 수고하는 기도의 삶이 필요하다. 뿐만 아니라 말씀에 대한 확실한 믿음을 보여야 한다. 나보다 나를 더 잘 아시는 성령의 인도는 영적 전쟁에서 우리를 승리자로 만들어 줄 것이다. 이것은 세계관 공부를 하는 이들에게 있어서 매우 쉽게 간과되고 있는 사실이다. 지식에 지식을 더하시는 성령을 의존하는 것은 우리 삶을 더욱 풍성하게 만든다. 삼위 하나님의 사역은 반드시 성령 안에서 아들을 통하여 일하신다. 성령의 사역이 바로 성부와 성자의 사역이다. 우리가 하나님의 형상을 회복하고, 성자 예수님의 가르침에 복종하는 삶을 살 수 있는 힘은 성령님이 함께하시기 때문이다. 그러므로 성경적 세계관을 가진 그리스도인들의 삶은 끊임없이 성령 하나님을 의존하는 삶이다.

기독교 정신이 상실된 세상 속에서 그리스도인의 삶을 성경의 가르침을 통하여 살펴보았다. 하나님이 창조하시고 보존하시는 이 세계를 하나님의 마음에 합한 세계로 만드는 것이 바로 우리의 할 일이요 그리스도께서 우리에게 주신 구원의 선물을 향유하는 것이다. 이 일에 온 교회와 그리스도인이 함께해야 한다. 그리하여 회복된 그리스도인의 지성을 창조의 전 영역에 나타내야 한다. 모든 진리가 하나님의 진리임을 믿는다면 우리는 이 일을 게을리 하지 않아야 한다. 우리 모두에게 이렇게 분명한 의식이 회복될 때 하나님께서는 영광을 받으신다.

3강 │ 하나님 나라는 왜?

우리는 하늘의 시민권을 가지고 있지만 이 땅을 밟고 살아가고 있다. 예수님의 말씀처럼 세상에 있지만 세상에 속해 있지 않다. 하나님의 자녀로 이 땅에 살고 있다는 사실이 우리로 하여금 어떻게 살아야 하는가를 질문하게 한다. 바로 여기에 성경적 세계관이 존재한다. 보이는 현실에서 하나님 나라 백성으로 살아가기 위하여 필요한 것이 성경적 세계관이다. 그렇다면 우리는 하나님 나라에 대하여 바르게 인식하고 있어야 한다. 하나님의 나라는 에덴동산에서 시작하여 새 하늘과 새 땅에 완성되기까지 성경의 중심인 공간이다.

성경은 하나님 나라에 대한 증언이라고 할 수 있다. 이 땅 가운데 하나님 나라를 세우기 위한 하나님의 구속의 역사가 바로 성경이다. 그런 의미에서 하나님 나라에 대한 가르침은 방대하다. 20세기 이후의 신학계는 하나님 나라로 통일되었다고 할 수 있을 정도로 그 논의가 풍성하다. 그러나 세세하게 하나님 나라를 살펴보는 것은 세계관을 논의하는 이 책에 어울리지 않는다. 다만 성경에 면면히 흐르고 있는 하나님 나라의 물줄기만 살펴볼 것이다.

그렇다고 하나님 나라를 가볍게 다루지는 않을 것이다. 성경 전체에 흐르는 하나님 나라를 바르게 이해하지 않으면 성경적 세계관의 실천성을 반감하게 만드는 일이 된다. 축구선수에게 이론이 중요하지만 그 이론을 실천할 운동장이 없다면 이론은 한낱 말잔치에 끝나고 말 것이다. 그렇듯이 성경적 세계관에 관한 성경의 가르침을 보았다면 이제 그 세계관이 꽃을 피우고 열매를 나타내야 할 하나님 나라를 살펴보는 일이 중요하다. 왜냐하면 우리는 이미 시작되었지만 아직 완성되지 않은 하나님 나라에 살고 있기 때문이다. '이미'와 '아직'의 상태에 있는 우리에게 최종적 완성을 위하여 성경적 세계관은 신앙과 삶의 중심이라 할 수 있다.

　하나님 나라는 성경적 세계관을 가지고 살아가는 이들에게 왜 그렇게 살아야 하는가를 제시한다. 이제 차분하게 하나님 나라를 향하여 여정을 떠나 보기로 하겠다.

1장. 중심 메시지

성경은 예수 그리스도의 책이다. 성경은 예수 그리스도를 중심으로 해석되고 우리에게 다가온다. 그러므로 성경을 통하여 예수 그리스도를 발견하였다면 그것은 성경을 바로 알고 있는 것이다. 이것은 성령의 사역과도 연결된다. 성령의 핵심 사역은 바로 예수 그리스도를 증거하는 사역이다. 그러므로 성령으로 충만한 것은 예수 그리스도의 성품과 그의 사역에 대하여 충만히 아는 것을 의미한다.

그렇다면 성경의 중심인 예수 그리스도와 하나님 나라는 어떤 관계가 있는가? 이 둘은 예수 그리스도의 사역에서 그 연관성을 살펴볼 수 있다. 예수 그리스도가 이 땅에 오심은 바로 하나님 나라를 회복하기 위함이다. 예수 그리스도의 공생애의 첫 선언은 하나님 나라였다(막 1:14-15). 그러므로 누구든지 예수 그리스도에 대한 충만한 신앙을 가지고 있다면 그는 하나님 나라에 대한 바른 이해를 가지고 있는 자여야 한다.

우리가 고백하는 사람의 제일 되는 목적은 하나님의 영광과 그를 영원토록 즐거워하는 것이다. 그러나 일반적으로 나타나는 사실은 하나님의 영광에 대한 구체적인 이해의 빈약함이다. 성경은 하나님의 영광을 위한 삶을 분명히 가르치고 있다. 성경의 가르침은 하나님 나라를 이루는 것이 바로 하나님의 영광을 이루는 삶이라고 말한다. 하나님은 하나님 나라의 회복과 확장을 통하여 영광을 받으신다. 이 일을 위하여 예수 그리스도를 보내셨다. 이것이 성경의 가르침이고 이 가르침은 우리의 신앙과 삶의 모든 영역에 영향을 미친다. 또한 이것은 동시에 우리가 이 땅에서 살아가는 이유를 분명하게 제시하여 준다.

우리에게 주어진 사명은 하나님 나라의 회복이며 확장이다. 땅 끝까지 이르러 그리스도의 증인이 되는 것은 하나님의 나라가 땅 끝까지 이루어지게 하는 일이다. 이 사명을 피하여 갈 자가 우리 가운데는 없다. 왜냐하면 이것이 그리스도인의 본질적인 삶이기 때문이다. 그러므로 하나님 나라에 대한 바른 이해가 참으로 중요하다. 성경의 전 경륜을 따라 우리에게 말씀하신 하나님 나라에 대한 바른 이해는 우리의 삶을 견실하게 만들며, 이 땅에 우리를 보내신 하나님의 온전하신 뜻을 이루는 길이다.

이렇게 의미 있고 중요한 주제에 대하여 살펴볼 세 부분 가운데 첫째는 하나님의 나라에 대한 정의와 성경적인 가르침, 둘째는 하나님 나라의 현재성과 미래성, 그리고 셋째는 하나님 나라의 회복과 확장이다.

2장. 하나님 나라의 정의와 의미

'하나님 나라'라는 용어는 기본적으로 하나님의 다스리심(rule or reign)과 그의 주재권(主宰權)을 뜻하고, 이차적으로 그 다스리심을 받는 존재들과 그 다스리심이 미치는 사회 모든 영역을 포함하는 개념으로 정의할 수 있다.

하나님의 나라의 기본적인 의미가 하나님의 다스림이라면 이 다스림의 의미가 무엇인가를 이해하는 것이 중요하다. 다스림의 의미에 대하여 예수님의 말씀을 듣던 1세기의 유대인들에게는 이 말이 현실적으로 다가왔다. 유대인들이 소망하는 하나님의 다스림은 나라가 외세로부터 독립하는 것이며, 이 땅의 나라를 지배하는 세상적 왕권 통치를 기대했다. 즉 다윗의 시대와 같은 통일된 나라가 이루어지며, 강력한 왕의 통치가 이루어지는 나라가 바로 하나님 나라로 생각했다. 그러나 예수님이 하신 것은 결코 이러한 지역적이고 정치적인 것이 아니었다. 하나님 나라는 예수 그리스도의 은혜로 죄가 사해지고, 하나님께서 사람들에게 오시고 사람들이 하나님을 모시고 사는 신령한 나라를 뜻하는 것이다. 이는 이스라엘의 한 국가에 임하는 것이 아니라 온 세상과 모든 영역에 미치는 하나님의 통치를 말한다.[129]

이 사실은 우리 주님의 말씀을 통하여 분명하게 알 수 있다. 예수께서 귀신 들린 자를 고쳐 주시자 사람들은 메시아가 왔다고 기대감에 차 있었다. 그러나 바리새인들은 예수님이 귀신의 왕 바알세불을 통하여 일한다고 비난하였다. 이러한 상황 가운데 예수님께서는 아주 중요한 말씀을 하셨다. 그것은 귀신이 쫓겨 갔다면 하나님의 나라가 이미 임하였다는 선언이다.

"그러나 내가 하나님의 성령을 힘입어 귀신을 쫓아내는 것이면 하나님의 나라가 이미 너희에게 임하였느니라"(마 12:28)

귀신도 하나님의 통치 아래 있음을 보여 주심으로 이미 하나님 나라가 임하였음을 인정하였다. 그렇다면 이러한 다스림의 구체적인 의미는 어떻게 발전되어 왔는가? 신약 시대의 예수님의 독특한 선언인가? 아니면 구약의 가르침의 실현인가? 계속해서 구약과 신약 그리고 사도들의 글을 통하여 드러난 하나님 나라를 살펴보자.

3장. 구약에 나타난 하나님 나라

구약에는 '하나님 나라'라는 말이 나오지 않는다. 이 말은 오직 신약의 전유물이다. 신약에서 이 말이 187회 정도 사용되고 있다.[130] 그렇다면 하나님 나라는 신약에서 새롭게 시작된 것인가? 그렇지 않다. 구약에 하나님 나라라는 말은 없지만 그 의미인 다스림과 통치가 분명하게 나타나 있다. 그렇다면 구약에 나타난 하나님 나라의 모습은 어떠한 것인가?

첫째는 창조의 하나님은 통치의 하나님이다. 하나님은 천지를 창조하시고 다스리기 위하여 대리 통치자로 인간을 명하셨다. 하나님은 창조를 하시고 떠나 침묵하시는 하나님이 아니라 언제나 모든 우주를 섭리하시고 간섭하시는 분이다. 섭리하시는 하나님의 지혜가 바로 대리 통치자로 자신의 형상을 가진 인간을 만들고 그에게 창조 세계의 관리를 맡긴 것이다.

"하나님이 가라사대 우리의 형상을 따라 우리의 모양대로 우리가 사람을 만들고 그로 바다의 고기와 공중의 새와 육축과 온 땅과 땅에 기는 모든 것을 다스리게 하자 하시고 하나님이 자기 형상 곧 하나님의 형상대로 사람을 창조하시되 남자와 여자를 창조하시고 하나님이 그들에게 복을 주시며 그들에게 이르시되 생육하고 번성하여 땅에 충만하라, 땅을 정복하라, 바다의 고기와 공중의 새와 땅에 움직이는 모든 생물을 다스리라 하시니라"(창 1:26-28)

이 본문은 '문화 명령' 혹은 '창조 명령'이라 불리는 말씀이다. 인간에게 주신 하나님의 명령으로 하나님이 어떠한 분이심을 보여 주고 있다. 창조의 하나님은 통치의 하나님이다. 세계를 만드시고 떠나시는 분이 아니라 늘 개입하시고 간섭하시는 섭리의 하나님이다. 하나님의 섭리가 보여 주는 것은 하나님의 다스림이다. 물론 섭리로 인하여 인간이 가진 자유 의지의 불필요성을 말하는 것은 아니다. 하나님의 섭리는 인간의 자유 의지를 통하여 다스린다. 이것을 신적 작정 가운데 이루어진 하나님의 일하심이라 말할 수 있다. 멀리서 뒷짐 지고 바라보고 있는 하나님이 아니라 적극적으로 간섭하시고 말씀하시는 하나님이시다. 바로 에덴동산에서 사람을 세우고 말씀하신 하나님이시다.

둘째로 하나님은 온 우주의 왕으로서 다스리신다. 하나님의 통치는 에덴동산에만 미치는 것이 아니라 온 우주에 미친다. 이에 대하여 구약 성경은 여러 곳에서 분명하게 선언하고 있다.

"여호와께서 통치하시니 스스로 권위를 입으셨도다. 여호와께서 능력을 입으시며 띠셨으므로 세계도 견고히 서서 요동치 아니하도다. 주의 보좌는 예로부터 견고히 섰으며 주는 영원부터 계셨나이다."(시 93:1-2)

또한 구약의 여러 곳(시 95:3-7, 103:19, 11:4, 146:10, 겔 1:26-27, 사 6:1, 6, 렘 10:7, 11, 단 4:2-3)에서 하나님의 다스리심을 볼 수 있다. 또한 이러한 하나님의 다스리심과 연관하여 성경은 하나님을 통치하는 왕으로 묘사하고 있다.

"여호와께서는 영원무궁토록 왕이시니 열방이 주의 땅에서 멸망하였나이다"(시 10:16)

또한 구약은 우주의 왕이자 이스라엘의 왕으로서 하나님의 통치가 있음을 말하고 있다(시 29:10, 시 47:2, 시 47:6-8, 시 95:3, 시 145:1, 렘 10:7, 렘 10:10-11). 특별히 이스라엘의 왕인 다윗의 노래를 통하여 왕이신 하나님의 모습을 볼 수 있다.[131]

"우리 조상 이스라엘의 하나님 여호와여, 주는 영원히 송축을 받으시옵소서. 여호와여, 광대하심과 권능과 영광과 이김과 위엄이 다 주께 속하였사오니, 천지에 있는 것이 다 주의 것이로소이다. 여호와여 주권도 주께 속하였사오니, 주는 높으사 만유의 머리이심이니이다. 부와 귀가 주께로 말미암고, 또 주는 만유의 주재가 되사 손에 권세와 능력이 있사오니, 모든 자를 크게 하심과 강하게 하심이 주의 손에 있나이다." (대상 29:10-12)

그러나 인간은 하나님의 다스림에 합당하지 못했다. 그래서 온전한 통치가 있던 에덴동산에서 쫓겨났다. 이에 하나님은 노아를 통하여 다시금 새로운 역사를 시작하였지만 부패한 인간의 본성은 더욱 부패되어 갔다. 하나님은 아브라함을 통하여 그리스도를 준비하게 하였으며, 하나님의 구원이 어떻게 이루어질지 알려 주셨다. 그 알려 주심의 역사가 야곱과 모세와 사사와 다윗을 통하여 나타난 역사다. 그러나 이스라엘은 계속하여 하나님의 다스림에 합당하게 살지 못하였다. 결국 하나님께서 이스라엘을 심판하셨고 그의 나라가 이방 나라에 포로가 되게 하고, 하나님의 영광이 떠난 것같이 만들어 버렸다. 그리고 이 모든 일이 하나님이 하신 심판임을 말씀하셨다. 그런 후에 곧 불완전한 나라가 아닌 사랑과 공의로 다스릴 영원하며 온전한 나라가 올 것을 선지자를 통하여 말씀하셨다.

셋째는 선지자의 예언은 하나님 나라의 도래였다. 하나님은 불순종한 이스라엘을 향하여 심판의 날을 만드셨지만 하나님의 약속을 더욱 분명하게 계시하여 주셨다. 그것은 하나님의 온전한 통치가 이루어질 나라가 온다는 예언이다.

> "이 열 왕의 때에 하늘의 하나님이 한 나라를 세우시리니, 이것은 영원히 망하지도 아니할 것이요, 그 국권이 다른 백성에게로 돌아가지도 아니할 것이요, 도리어 이 모든 나라를 쳐서 멸하고 영원히 설 것이라"(단 2:44)
> "여호와께서 천하의 왕이 되시리니 그 날에는 여호와께서 홀로 하나이실 것이요, 그 이름이 홀로 하나이실 것이며 … 예루살렘을 치러 왔던 열국 중의 남은 자가 해마다 올라와서 그 왕 만군의 여호와께 경배하며 초막절을 지킬 것이라"(슥 14:9, 16)

이렇게 하나님은 선지자를 통하여 그의 나라가 온전히 임할 것임을 밝혀 주셨다. 하나님이 말씀하신 이 나라는 없어질 연약한 나라가 아니라 견고한 나라이며 영원한 나라이다. 선지자들이 말한 하나님 통치의 실현, 또는 하나님 통치의 회복이 메시아 예언과 연관된다. 메시아는 하나님 나라의 회복을 위해 보내지는 하나님의 대리자이다. 메시아 예언에 속하는 시편 22편의 한 곳에서는 다음과 같은 하나님 나라의 사상이 표현되어 있기도 하다.[132]

"땅의 모든 끝이 여호와를 기억하고 돌아오며 열방의 모든 족속이 주의 앞에 경배하리니, 나라는 여호와의 것이요, 여호와는 열방의 주재이심이로다 … 후손이 그를 봉사할 것이요 대대에 주를 전할 것이며 와서 그 공의를 장차 날 백성에게 전함이여 주께서 이를 행하셨다 할 것이로다"(시 22:27, 28, 30, 31)

이렇게 구약의 선지자들은 메시아가 다스릴 하나님 나라의 회복에 대하여 증거하였다(욥 21, 사 14:23). 이 나라는 하나님이 왕으로서 통치하실 것을 가르쳤으며 마지막 선지자가 세워질 때까지 400년이라는 긴 암흑기를 보내게 될 것이다.

4장. 1세기의 유대인들이 가진 공통 사상

400년의 암흑기를 보낸 1세기의 유대인들은 대표적으로 네 갈래로 나뉘어 존재하였다. 첫째는 랍비적 유대주의로 토라를 중심으로 형성된 경건한 율법주의자였으며, 둘째는 헬라파 유대주의로 알렉산더 대왕 이후의 헬라 철학에 영향을 받은 유대인이며, 셋째로 묵시적 유대주의로 묵시(예언)문학에 영향을 받은 신비주의 유대인이며, 마지막으로 에센파 유대주의로 구약을 메시아 시대에 대한 가르침으로 알고 메시아를 기다린 공동체 유대인이다. 이렇게 서로 다른 사상과 체제 가운데 있었지만 이들이 가지고 있는 공통 사상이 있었다.

그것은 모두 세 가지였다. 첫째는 하나님께서 모든 일을 계시하여 주신다는 사실을 인식하였다. 둘째는 메시아를 기다렸다, 셋째는 하나님의 나라를 소망하였으며 특별히 이들이 기다리는 하나님 나라는 사무엘하 7장 1-29절의 예언들 안에 근거를 둔 것이었다(눅 17:20, 행 1:6).[133] 사무엘하 7장은 다윗 언약이라고 알려진 말씀이다. 특별히 12-16절의 강력한 말씀은 유대인들의 정치적 메시아 사상의 근거였다.

"네 수한이 차서 네 조상들과 함께 잘 때에 내가 네 몸에서 날 자식을 네 뒤에 세워 그 나라를 견고케 하리라 저는 내 이름을 위하여 집을 건축할 것이요 나는 그 나라 위를 영원히 견고케 하리라 나는 그 아비가 되고 그는 내 아들이 되리니 저가 만일 죄를 범하면 내가 사람 막대기와 인생 채찍으로 징계하려니와 내가 네 앞에서 폐한 사울에게서 내 은총을 빼앗은 것같이 그에게서는 빼앗지 아니하리라 네 집과 네 나라가 내 앞에서 영원히 보전되고 네 위가 영원히 견고하리라 하셨다 하라"

다윗의 나라가 영원히 보전되고 왕권이 영원히 견고하리라는 이 약속은 이스라엘을 견고하게 묶어주었다. 이스라엘은 다윗과 같은 메시아의 출현을 기다린 것이다.

이러한 소망과 구약에 대한 인식 가운데 세례 요한과 예수님을 통하여 하나님 나라가 선포된 것이다. 물론 이들이 가지고 있는 하나님 나라에 대한 이해는 앞에서 살펴보았듯이 온전하지 않았으며 정치적인 독립과 자유에 맞추어져 있었다. 이렇게 간절한 기대감과 오해 가운데 때가 이르매 하나님의 나라가 도래하였다.

5장. 복음서에 나타난 하나님 나라

세례 요한과 예수님의 선포를 보면 하나님 나라에 대한 계시의 확장을 볼 수 있으며 가까이 온 나라가 이미 임하였음을 볼 수 있다. 우선 세례 요한의 선포다.

> "회개하라 천국이 가까왔느니라 하였으니"(마 3:2)
> "세례 요한이 이르러 광야에서 죄 사함을 받게하는 회개의 세례를 전파하니"(마 1:4)

세례 요한은 하나님 나라가 가까이 왔다고 분명하게 선포하였다. 그러나 자신이 그 나라의 왕인 메시아가 아님을 분명하게 말함으로 이 나라는 가까이 왔으나 아직 드러나지 않았음을 증거하였다.

> "요한이 대답하되 나는 물로 세례를 주거니와 너희 가운데 너희가 알지 못하는 한 사람이 섰으니 곧 내 뒤에 오시는 그이라 나는 그의 신들메 풀기도 감당치 못하겠노라 하더라"(요 1:26-27)

이에 대하여 예수님의 증거는 세례 요한이 선포한 하나님의 나라가 이미 임하였음을 증거한다. 물론 예수님도 세례 요한과 동일하게 말씀하였지만 이어지는 말씀을 통하여 이미 임하였음을 선포하였다.

"요한이 잡힌 후 예수께서 갈릴리에 오셔서 하나님의 복음을 전파하여 가라사대 때가 찼고 하나님 나라가 가까왔으니 회개하고 복음을 믿으라 하시더라"(막 1:14-15)

예수님이 공생애를 시작하면서 선포하신 말씀이 하나님 나라였다. 하나님 나라가 가까이 왔다. 그러므로 누구든지 회개하고 복음을 믿을 것을 선포하였다. 이것은 매우 중요하다. 예수님의 첫 일성이 바로 하나님 나라였다. 그리고 이것은 세례 요한의 외침과 동일하다. 예수님이 오심이 바로 하나님 나라에 있음을 보여 준다.

예수님은 하나님 나라에 대한 선포에 이어서 하나님 나라의 모습에 대하여 적극적으로 말씀하고 있다. 하나님 나라는 보이는 것이 아니지만 그 열매로 알 수 있음을 말한다. 그리고 하나님 나라의 백성이 어떻게 되는가를 말씀하셨다.

"요한이 옥에서 그리스도의 하신 일을 듣고 제자들을 보내어 예수께 여짜오되 오실 그이가 당신이오니이까 우리가 다른 이를 기다리오리이까 예수께서 대답하여 가라사대 너희가 가서 듣고 보는 것을 요한에게 고하되 소경이 보며 앉은뱅이가 걸으며 문둥이가 깨끗함을 받으며 귀머거리가 들으며 죽은 자가 살아나며 가난한 자에게 복음이 전파된다 하라 누구든지 나를 인하여 실족하지 아니하는 자는 복이

있도다 하시니라"(마 11:2-6)

"그러나 내가 하나님의 성령을 힘입어 귀신을 쫓아내는 것이면 하나님의 나라가 이미 너희에게 임하였느니라"(마 12:28)

"세례 요한의 때부터 지금까지 천국은 침노를 당하나니 침노하는 자는 빼앗느니라(From the days of John the Baptist until now, the kingdom of heaven has been forcefully advancing and forceful men lay hold of it, NIV)"(마 11:12)

예수님은 세례 요한의 제자들의 질문에 대한 답변을 통하여 예수님 자신이 참된 메시아임을 밝힌다. 예수님은 자신이 하신 일은 오직 하나님만이 할 수 있는 일이며 그것은 하나님 나라의 환희임을 보여 준다. 특별히 귀신이 쫓겨 감을 통하여 하나님 나라가 이미 우리 가운데 실현됨을 선포하셨다. 하나님 나라는 예수님 사역의 중심이며 성경 전체의 핵심이다.

또한 천국은 침노를 당하고 침노하는 자가 빼앗는다고 말함으로 하나님 나라의 확장과 그 소유된 백성이 되는 길을 알려주셨다. 복음의 핵심이 하나님 나라라면 그 나라에 속하는 것은 인류의 가장 큰 행복이다. 예수님은 천국은 침노를 당한다는 말로써 하나님 나라의 확장을 보여 주고 있다. 여기서 '침노하다'라는 단어의 의미를 본다면 "힘 있게 나아간다. 전진한다"는 뜻으로 "세례 요한의 때부터 천국은 힘차게 전진하고 있으니"라고 번역할 수 있다.[134] 그리고 침노하는 자가 소유하게 될 것이라는 뜻은 "하나님의 나라는 그리스도께서 오셔서 주권적인 은혜를 베푸심으로 능력있게 나타나고 힘 있게 전진하는 것이지만, 귀한 것을 귀한 것으로 알고 마음을 다하여서 영접하는 자,

믿음을 가진 자만이 하나님 나라를 소유하게 되는 뜻이다."[135]

　이렇게 하나님 나라는 세례 요한과 예수님의 증거를 통하여 창조 때부터 그리고 구약의 선지자를 통해 말씀하신 하나님의 통치가 온전하게 이루어지며 임하였다. 그리고 이러한 가르침은 사도들을 통하여 이어졌다.

6장. 서신서에 나타난 하나님 나라

바울의 서신 속에는 세례 요한과 예수님의 말씀처럼 구체적인 하나님 나라가 등장하지 않는다. 구약이 구체적으로 하나님 나라를 말하지 않고 하나님의 통치를 말하고 있듯이, 바울 역시 이미 임한 하나님 나라에서 어떻게 살아가야 할 것인가를 중심으로 가르치고 있다. 물론 바울은 하나님 나라가 유대를 넘어 이방으로 가고 있음을 보았다. 이것이 하나님의 거룩한 뜻임을 알고 있었다(행 28:23-31). 그러므로 바울은 유대를 넘어 완성될 하나님 나라를 바라보면서 자신에게 주어진 사명을 감당하였다.

이렇게 하나님 나라에 대한 이해를 가지고 있는 바울은 자신의 모든 사역의 핵심을 오직 예수 그리스도를 전하는 것으로 한정하였다(고전 2:2). 예수 그리스도의 성품과 사역 그리고 그를 통한 고난과 영광을 전하며 궁극적으로 다가올 완성될 하나님 나라를 증거하였다.

바울은 예수님이 오심을 통해 새 나라가 왔음을 증거하였다.

"때가 차매 하나님이 그 아들을 보내사 여자에게서 나게 하시고 율법 아래 나게 하신 것은 율법 아래 있는 자들을 속량하시고 우리로 아들

의 명분을 얻게 하려 하심이라"(갈 4:4-5)

바울이 여기에서 말하는 "때"는 새로운 시대이며, 예수님이 말씀하신 하나님의 나라와 같은 것이다.[136] 특별히 바울은 하나님 나라에서 살아야 할 삶에 대하여 강조한다. 우리는 그리스도 안에서 새로운 피조물로서 살아야 하며(고후 5:17) 새로운 피조물의 삶은 혈과 육이 싸우는 삶이 아니라 공중의 권세 잡은 자와의 싸움이다(엡 2:2). 그러나 이 싸움에서 반드시 승리하며 궁극적으로 승리의 날이 올 것임을 말하고 있다(계 21:1-4). 그러므로 지금의 시점은 하나님의 은혜의 날이며 구원의 날이다(고후 6:2).

이상으로 우리는 구약으로 시작하여 사도들의 설교에 이르기까지 하나님의 나라가 어떻게 흘러 왔는가를 볼 수 있었다. 물론 아직 하나님의 나라가 완성된 것은 아니다. 장차 궁극적인 완성의 날이 올 것이다. 하나님의 다스림이 온전하게 이루어지는 새 하늘과 새 땅이 우리 앞에 다가올 것이다. 그렇기에 오늘 우리는 완성될 하나님 나라를 바라보면서 믿음의 길을 가야 한다.

위에서 살펴보았듯이 하나님 나라는 성경의 중심이다. 그리고 우리는 이미 왔지만 아직 완성되지 않은 긴장 상태의 하나님 나라에 살고 있다. 그러므로 바울은 우리를 향하여 두렵고 떨림으로 우리의 구원을 이루어 가라고 말한다. 그러나 영광의 날이 오면 현재의 고난과 비교할 수 없는 영광을 얻을 것이다. 이 나라를 위하여 우리는 살아가고 있다.

7장. 하나님 나라의 현재성

예수 그리스도의 오심으로 하나님의 나라가 이 땅에 임하였다. 그러나 하나님의 나라는 문자적인 나라가 아니며 동시에 기계적인 나라도 아니다. 이 나라는 유기적이며 살아 있는 나라이다. 아직 완성되지 않고 완성을 향하여 자라나고 있는 나라라는 측면에서 하나님 나라의 현재성과 성장 그리고 긴장 관계 속에 있는 하나님 나라의 모습과 다가올 완성된 하나님 나라를 살피는 것은 중요하다. 하나님 나라의 현재성은 하나님의 언약이 실현되었음을 의미한다. 이러한 사실은 구약에서 가르쳐진 말씀이 신약에서 그리고 예수 그리스도 안에서 이루어진 사실을 통하여 알 수 있다.

첫째로 구약은 하나님 나라의 현재성에 대하여 분명한 가르침을 주고 있다. 장차 올 하나님 나라에 대한 기록들 가운데 이사야 선지자의 기록은 아주 중요하다. 세례 요한과 예수님께서 그의 글을 인용하여 하나님 나라가 왔음을 증거하였기 때문이다. 다음은 이사야 선지자의 예언이다.

"너희 하나님이 가라사대 너희는 위로하라 내 백성을 위로하라 너희는 정다이 예루살렘에 말하며 그것에게 외쳐 고하라 그 복역의 때가 끝났고 그 죄악의 사함을 입었느니라 그 모든 죄를 인하여 여호와의 손에서 배나 받았느니라 할지니라 외치는 자의 소리여 가로되 너희는 광야에서 여호와의 길을 예비하라 사막에서 우리 하나님의 대로를 평탄케 하라 골짜기마다 돋우어지며 산마다 작은 산마다 낮아지며 고르지 않은 곳이 평탄케 되며 험한 곳이 평지가 될 것이요 여호와의 영광이 나타나고 모든 육체가 그것을 함께 보리라 대저 여호와의 입이 말씀하셨느니라"(사 40:1-5)

이 말씀은 일차적으로 이스라엘 백성의 회복에 대한 예언을 선포한 내용이다. 이스라엘이 온전히 회복되어 하나님의 영광이 선포될 것을 증거한다. 그러나 이 말씀은 이스라엘만 향한 것이 아니라 영적 이스라엘인 하나님 나라에 대한 말씀으로 인용된다. 세례 요한은 이사야의 말이 이루어졌음을 선언한다.

"요한이 요단강 부근 각처에 와서 죄 사함을 얻게 하는 회개의 세례를 전파하니 선지자 이사야의 책에 쓴 바 광야에 외치는 자의 소리가 있어 가로되 너희는 주의 길을 예비하라 그의 첩경을 평탄케 하라 모든 골짜기가 메워지고 모든 산과 작은 산이 낮아지고 굽은 것이 곧아지고 험한 길이 평탄하여질 것이요 모든 육체가 하나님의 구원하심을 보리라 함과 같으니라"(눅 3:3-6)

광야의 외치는 자의 소리가 바로 세례 요한임을 신약은 증거한다. 그리고 하나님께서 세례 요한을 통하여 하나님 나라가 가까이 왔음을 선언하게 하였다. 하나님의 나라는 사막이 평탄케 되며, 골짜기마다 돋우어지며 나아가 험한 곳이 평지가 된다. 즉 하나님의 평강이 이루어지는 것이다. 그리고 이 모든 것을 통하여 하나님의 영광이 드러난다. 이러한 말씀이 임하자 구약을 알고 있던 유대인들은 세례 요한을 메시아로 생각하였다. 그러나 그는 광야의 외치는 자의 소리일 뿐이다. 세례 요한은 분명하게 인식하고 있었다.

> "백성들이 바라고 기다리므로 모든 사람들이 요한을 혹 그리스도신가 심중에 의논하니 요한이 모든 사람에게 대답하여 가로되 나는 물로 너희에게 세례를 주거니와 나보다 능력이 많으신 이가 오시나니 나는 그 신들메를 풀기도 감당치 못하겠노라 그는 성령과 불로 너희에게 세례를 주실 것이요"(눅 3:15-16)

구약이 예언한 하나님 나라의 실제가 세례 요한을 통하여 가까이 왔다. 그리고 또다시 이사야의 말씀이 예수님에 의하여 선포되었다.

> "주 여호와의 신이 내게 임하였으니 이는 여호와께서 내게 기름을 부으사 가난한 자에게 아름다운 소식을 전하게 하려 하심이라 나를 보내사 마음이 상한 자를 고치며 포로된 자에게 자유를, 갇힌 자에게 놓임을 전파하며 여호와의 은혜의 해와 우리 하나님의 신원의 날을 전파하여 모든 슬픈 자를 위로하되"(사 61:1-2)

성령이 임하면 은혜와 신원의 날이 선포되어 모든 슬픈 자들이 위로받는 날이 온다는 것이다. 이날은 이스라엘 백성 모두가 기다리고 소망하는 날이다. 그런데 이 말씀에 대하여 예수님은 다음과 같이 말씀하신다.

> "예수께서 그 자라나신 곳 나사렛에 이르사 안식일에 자기 규례대로 회당에 들어가사 성경을 읽으려고 서시매 선지자 이사야의 글을 드리거늘 책을 펴서 이렇게 기록한 데를 찾으시니 곧 주의 성령이 내게 임하셨으니 이는 가난한 자에게 복음을 전하게 하시려고 내게 기름을 부으시고 나를 보내사 포로된 자에게 자유를, 눈먼 자에게 다시 보게 함을 전파하며 눌린 자를 자유케 하고 주의 은혜의 해를 전파하게 하려 하심이라 하였더라 책을 덮어 그 맡은 자에게 주시고 앉으시니 회당에 있는 자들이 다 주목하여 보더라 이에 예수께서 저희에게 말씀하시되 이 글이 오늘날 너희 귀에 응하였느니라 하시니"(눅 4:16-21)

예수님은 이 말이 오늘날 너희 귀에 응하였다고 말씀하셨다. 이 말이 지금 이루어졌다는 것이다. 하나님의 나라는 예수님이 오심으로 이루어진 것이지만 동시에 구약의 가르침이 성취되었음을 말한다. 즉 하나님 나라는 구약의 가르침이며 소망이었으며 그것이 예언과 약속으로 알려진 것이 예수님의 오심으로 실현된 것이다. 그러므로 이것을 가리켜 실현된 하나님의 나라 또는 하나님 나라의 현재성이라고 한다. 이 나라의 참된 모습은 가난한 자에게 복음이 증거되고, 포로 된 자에게 자유를 주고, 눈먼 자가 다시 보게 되고, 눌린 자가 자유롭게 되는, 은혜의 해, 즉 희년이 회복된 나라이다. 이러한 열매가 예수님의 사역을 통하여 실제화되었다. 주의 복음이 증거되자 가난한 자들이 하나님께 나왔으며, 병든 자가 나으며 포로 된 자가 자유롭게 되는 일이 일어났다.

선지자를 통하여 예언된 하나님의 나라가 이 땅에 실제화되었다. 그리고 이 나라가 오늘 우리 가운데도 동일하게 임하여 역사한다. 오늘날도 복음이 증거되면 자유와 해방의 기쁨이 나타나며, 신분의 차별 없이 예수님 안에서 한 형제가 되고, 병든 자가 낫는 역사가 있다. 이것이 바로 하나님 나라의 현재성이다. 정리하면 구약에 예언된 하나님의 나라가 예수 그리스도를 통하여 실현되었고, 실현된 하나님 나라가 오늘 우리 가운데 동일하게 임하는 것이다. 그러므로 예수님을 믿음으로 고백한 자는 예수님이 선포한 하나님 나라를 소유한 자이다.

둘째, 신약은 하나님 나라의 성장을 통한 현재성을 보여 주고 있다. 그리고 우리 가운데 임한 하나님 나라가 항상 자라고 있음을 성경은 말하고 있다. 이것이 바로 하나님 나라의 생명이다. 이에 대한 예수의 가르침은 하나님 나라는 완성되는 그 날까지 성장하는 나라임을 겨자씨와 누룩 비유 그리고 밭에 뿌린 씨를 통하여 분명하게 나타나고 있다.

"또 비유를 베풀어 가라사대 천국은 마치 사람이 자기 밭에 갖다 심은 겨자씨 한 알 같으니 이는 모든 씨보다 작은 것이로되 자란 후에는 나물보다 커서 나무가 되매 공중의 새들이 와서 그 가지에 깃들이느니라 또 비유로 말씀하시되 천국은 마치 여자가 가루 서 말 속에 갖

다 넣어 전부 부풀게 한 누룩과 같으니라"(마 13:31-33)

"또 가라사대 하나님의 나라는 사람이 씨를 땅에 뿌림과 같으니 저가 밤낮 자고 깨고 하는 중에 씨가 나서 자라되 그 어떻게 된 것을 알지 못하느니라 땅이 스스로 열매를 맺되 처음에는 싹이요 다음에는 이삭이요 그 다음에는 이삭에 충실한 곡식이라 열매가 익으면 곧 낫을 대나니 이는 추수 때가 이르렀음이니라"(눅 13:18-21, 막 4:30-32)

이 비유를 통하여 얻을 수 있는 교훈은 다음과 같다. 첫째, 하나님 나라는 처음에는 작으나 나중에는 크게 성장한다. 둘째, 하나님 나라는 미미하게 보이지만 강력한 세력으로 자라난다. 셋째, 하나님 나라는 필연적으로 강력한 변혁을 이룬다. 넷째, 이 나라는 하나님의 열심으로 이루어진다. 이 모든 것은 개인적이면서 동시에 지리적 측면으로 함께 확장된다. 그러나 세상의 방식처럼 무력으로 이루어지는 강제적인 나라가 아니다. 하지만 반드시 성장하여 영향력을 미치는 나라이다. 이에 대하여 좀 더 구체적으로 살펴보면 다음과 같다.

1) 하나님 나라는 이 세상에 속하지 않으므로 이 세상의 방식처럼 자라지 않는다. 하나님의 나라는 이 세상의 나라처럼 전쟁과 모략으로 세워지는 나라가 아니라 복음을 통하여 하나님께서 사람들에게 오시고 사람들이 하나님을 모시고 사는 신령한 나라이다. 그러므로 영원한 나라가 될 수 있는 것이다. 주님은 빌라도 앞에서 심문을 받을 때 분명하게 말씀하셨다.

"빌라도가 대답하되 내가 유대인이냐 네 나라 사람과 대제사장들이 너를 내게 넘겼으니 네가 무엇을 하였느냐 예수께서 대답하시되 내 나라는 이 세상에 속한 것이 아니라 만일 내 나라가 이 세상에 속한 것이었더면 내 종들이 싸워 나로 유대인들에게 넘기우지 않게 하였으리라 이제 내 나라는 여기에 속한 것이 아니니라"(요 18:35-36)

예수님의 말씀에서 보듯이 하나님 나라는 전쟁을 통하여 확장되지 않는다. 그것은 세상의 방식이다. 하나님의 나라는 하나님의 방법으로 자라난다. 이것이 매우 중요하다. 오늘날 교회를 세상의 방식으로 세워가고자 하는 모습이 있다. 그것은 하나님의 방법이 아니므로 허상이다. 하나님 나라는 하나님의 방법으로 만들어진다. 그래서 하나님의 방법을 알고 순종하는 일이 무엇보다도 중요하다. 하나님의 방법이 아니면 세상 나라다.

2) 하나님 나라는 십자가의 방식으로 이루어진다. 십자가는 죄의 문제를 해결하는 원천이다. 주님이 십자가를 지심으로 죄의 문제를 해결하였고 그의 나라를 이루어 가신 것이다. 그런데 십자가의 길은 결코 쉽고 가벼운 길이 아니다. 고난의 길이며, 인내의 길이며, 죽음의 길이다. 우리에게 주어진 하나님의 나라는 주님이 가신 것처럼 고난을 통하여 성장하였고 성장해 간다. 이것이 하나님 나라의 실제이다. 예수는 하나님 나라가 어떻게 이루어질 것인가를 제자들에게 분명하게 말씀하셨다.

"또 이르시되 이같이 그리스도가 고난을 받고 제 삼일에 죽은 자 가운데서 살아날 것과 또 그의 이름으로 죄 사함을 얻게 하는 회개가

예루살렘으로부터 시작하여 모든 족속에게 전파될 것이 기록되었으니"(눅 24:46-47)

예수 그리스도의 죽으심과 부활하심과 이를 믿는 이들의 회심을 통하여 이루어지는 나라가 예루살렘으로부터 시작하여 모든 족속에게 전파될 것이다. 또한 고난과 죽으심이 있은 후에 부활과 증거가 주어지는 것처럼 하나님의 나라 역시 고난과 함께 성장한다. 이것이 성경의 방법이다. 오늘날도 복음이 들어가는 곳에는 고난이 있지만 반드시 영광이 나타나고 있다.

3) 하나님 나라를 이루어 가는 그리스도인의 삶도 동일하게 고난을 수반한다. 이 고난을 통하여 하나님 나라가 확장되어 간다. 그리스도는 자신을 따르는 제자들에게 이 사실을 분명하게 가르치셨다. 아직 십자가를 지지 않으셨던 시기에 예수 그리스도는 제자들에게 하나님 나라를 위하여 누구든지 십자가를 지지 않으면 결코 들어갈 수 없음을 말씀하였다.

"가라사대 인자가 많은 고난을 받고 장로들과 대제사장들과 서기관들에게 버린 바 되어 죽임을 당하고 제 삼일에 살아나야 하리라 하시고 또 무리에게 이르시되 아무든지 나를 따라 오려거든 자기를 부인하고 날마다 제 십자가를 지고 나를 좇을 것이니라 누구든지 제 목숨을 구원코자 하면 잃을 것이요 누구든지 나를 위하여 제 목숨을 잃으면 구원하리라"(눅 9:22-24)

예수 그리스도의 말씀대로 하나님 나라는 반드시 고난의 길을 통하여야 이루어진다. 이것은 십자가 없는 면류관이 없음을 분명하게 말씀하시는 것이다. 우리가 하나님의 영광스러운 나라를 받기 위해서는 이 땅에서 고난의 잔을 마셔야 한다. 피해 갈 수 있는 잔이 아니라 반드시 마셔야 할 잔이다. 이 사실에 대하여 바울이 아주 단호하게 말하는 것을 볼 수 있다.

"자녀이면 또한 후사 곧 하나님의 후사요 그리스도와 함께한 후사니 우리가 그와 함께 영광을 받기 위하여 고난도 함께 받아야 될 것이니라 생각건대 현재의 고난은 장차 우리에게 나타날 영광과 족히 비교할 수 없도다"(롬 8:17-18)

하나님 나라는 세상의 방식처럼 이루어지는 나라가 아니다. 예수님이 직접 가르쳐 주셨고 보여 주셨던 것처럼 하나님의 나라는 고난을 통하여 성장한다. 이렇게 고난의 잔을 마셔야 하는 것은 우리의 삶이 죄와 싸워야 할 점진적 과정이기 때문이다. 이 싸움은 우리의 내부에서 시작하고 우리의 외부의 영역으로 나아간다. 바울은 이 사실을 선포한다.

"내 지체 속에서 한 다른 법이 내 마음의 법과 싸워 내 지체 속에 있는 죄의 법 아래로 나를 사로잡아 오는 것을 보는도다"(롬 7:23)
"종말로 너희가 주 안에서와 그 힘의 능력으로 강건하여지고 마귀의 궤계를 능히 대적하기 위하여 하나님의 전신 갑주를 입으라 우리의 씨름은 혈과 육에 대한 것이 아니요 정사와 권세와 이 어두움의 세상주관자들과 하늘에 있는 악의 영들에게 대함이라 그러므로 하나님의 전신 갑주를 취하라 이는 악한 날에 너희가 능히 대적하고 모든 일을 행한 후에 서기 위함이라"(엡 6:10-13)

내 안에 있는 죄의 문제와 우리를 넘어뜨리려고 유혹하는 사단과의 싸움으로 우리는 하나님 나라가 완성될 그 날까지 고난의 길을 간다(엡 6:14-18). 그러나 이 고난은 궁극적인 승리가 보장되어 있다. 사실 우리는 보장된 승리를 얻기 위하여 달려가는 중이다.

8장. 하나님 나라의 미래성

고난을 통하여 자라난 하나님의 나라는 궁극적으로 완성된다. 그리고 그 때에 모든 심판이 이루어지고 하나님의 온전한 영광이 드러날 것이다. 그런 측면에서 오늘 우리는 이미 이루어졌지만 아직 완성되지 않은 하나님 나라에 살고 있기에 우리들의 삶은 긴장 상태에 있다. 지금의 나라는 사단의 나라와 공존하고 있다. 그러나 이 긴장은 주님의 재림으로 사라진다. (이 부분은 9장에서 좀 더 자세하게 다룰 것이다)

"또 내가 새 하늘과 새 땅을 보니 처음 하늘과 처음 땅이 없어졌고 바다도 다시 있지 않더라 또 내가 보매 거룩한 성 새 예루살렘이 하나님께로부터 하늘에서 내려오니 그 예비한 것이 신부가 남편을 위하여 단장한 것 같더라 내가 들으니 보좌에서 큰 음성이 나서 가로되 보라 하나님의 장막이 사람들과 함께 있으매 하나님이 저희와 함께 거하시리니 저희는 하나님의 백성이 되고 하나님은 친히 저희와 함께 계셔서 모든 눈물을 그 눈에서 씻기시매 다시 사망이 없고 애통하는 것이나 곡하는 것이나 아픈 것이 다시 있지 아니하리니 처음 것들이 다

지나갔음이러라"(계 21:1-4)

새 하늘과 새 땅이 이루어지는 나라가 우리 가운데 온전하게 임할 것이다(이 부분은 4강에서 자세하게 다뤘다). 그 나라는 더 이상 눈물과 사망이 없으며 애통과 아픈 것이 없는 나라이다. 이 땅에서 당한 모든 고난이 완벽한 기쁨과 행복으로 이루어질 나라이다. 우리가 가진 모든 것들이 이 나라에서 존귀하게 사용될 것이다.

"사람들이 만국의 영광과 존귀를 가지고 그리로 들어오겠고 무엇이든지 속된 것이나 가증한 일 또는 거짓말하는 자는 결코 그리로 들어오지 못하되 오직 어린 양의 생명책에 기록된 자들뿐이라"(계 21:26-27)

완성될 하나님의 나라에는 오직 생명책에 기록된 자들만 들어간다. 어린 양의 생명책은 고난을 통하여 믿음의 길을 지키고 하나님의 나라를 이루어 왔던 이들의 기록이다. 이 기록에 있는 자만이 하나님 나라에 들어와 온전한 하나님의 통치를 받는 영광을 누린다. 삶에 대하여 더 이상 고민하지 않는다. 하나님의 충만한 다스림이 있는 그 나라는 오직 행복만이 있는 곳, 이것이 미래에 이루어질 하나님의 나라다.[137]

9장. 하나님 나라의 회복과 확장

하나님 나라의 정의와 성경적인 근거가 무엇인지 살펴보았다. 이제 하나님의 나라가 이 땅에서 어떻게 이루어지는가를 살펴보고자 한다. 우리가 살고 있는 하나님 나라는 예수 그리스도의 초림을 통하여 이미 왔으나 아직 완성되지 않은 나라로, 여전히 죄의 세력이 활동하고 있는 긴장의 공간이다. 공중 권세 잡은 자 사단은 우리를 호시탐탐 죄의 노리개로 만들려 하고 있다. 그러므로 성경은 깨어 있어 하나님의 뜻이 무엇인지 분별하라고 말한다. 분별할 수 있는 자만이 죄에 예속되지 않고 오히려 죄를 다스릴 수 있다. 죄가 다스려지고 하나님의 의가 선포되는 것 바로 이것이 하나님 나라의 완성이 이루어질 때까지 우리에게 맡겨진 일이다.

그리고 예수 그리스도를 선포함으로 깨어진 하나님 나라를 회복하는 것이 교회와 성도의 사명이다. 이 일을 위하여 하나님은 교회를 세우시고 주의 증인들을 땅끝까지 보내 하나님의 나라를 회복하라고 말씀하셨다.

하나님 나라의 회복과 확장은 첫째 예수그리스도의 구속과 다스리심을 통하여 이루어진다.

하나님 나라의 백성이 되는 것은 오직 예수 그리스도의 구속을 통하여 이루어진다. 구약의 전 역사는 바로 예수 그리스도의 구속을 위한 준비였다. 그리고 신약에서 보여 주는 사역이 있다면 바로 예수 그리스도의 십자가이다. 십자가는 바로 우리의 구속이다. 그리고 이 구속이 완성되는 그 날에 우리는 함께 영원토록 왕 노릇 할 것이다(계 22:5). 예수 그리스도의 구속함이 우리 가운데 이루어지는 것이 바로 구원이다. 구원은 의로 인침을 받고 믿음으로 고백할 때 주어진다. 이 것을 온전한 회심이라 말할 수 있다. 결국 예수 그리스도의 구속의 사건이 우리 가운데 이루어지고 각자의 회심을 통하여 하나님 나라의 백성이 된다. 이것은 교회만 다니면 모두가 하나님 나라의 백성이 되는 것이 아니라 분명한 구속의 열매가 있어야 한다. 그래야 비로소 하나님 나라의 백성이 된다. 그리고 그 나라가 회복된다.

그렇다면 하나님 나라의 통치는 어떻게 이루어지는 것인가? 구약에서는 하나님이 직접 개입하셔서 그의 나라를 이끌어 가셨다. 그러나 구속 이후에는 예수 그리스도가 다스리는 나라가 하나님의 나라다.[138] 그러므로 하나님 나라는 삶의 모든 영역이 예수님의 주권 안에 있는 나라이다. 이것을 우리는 로드십(Lordship), 주재권이라고 한다.

성령의 사역도 바로 예수 그리스도에 맞추어져 있다. 그러나 하나님 나라가 교회만을 의미하는 것이 아니라는 사실을 기억해야 한다. 예수 그리스도께서 자신의 피 값으로 모든 것을 사셨기 때문에 모든 영역이 다 예수 그리스도의 소유이다. 그러므로 우리는 삶의 모든 영역을 온전히 구별하여 예수 그리스도께 드리는 책임을 가지고 있다. 이상에서 보았듯이 하나님 나라의 회복과 확장은 예수 그리스도의 구속을 통한 하나님의 백성이 되는 것이며, 구속받은 백성으로서 삶의 모든 영역에 하나님의 통치를 선포함으로 이루어진다.

둘째, 하나님 나라의 회복과 확장은 예수 그리스도의 복음이 온전하게 선포됨으로 이루어진다.

하나님 나라의 회복을 언급하는 것은 하나님 나라에 왜곡이 있었음을 의미한다. 성경을 통하여 우리는 창조 시에 주어진 하나님 나라의 완벽함을 볼 수 있다. 하나님은 창조 후에 심히 만족하셨다. 모든 것에 하나님의 거룩함이 깃든 경이로운 창조였다. 모든 피조물은 온전히 하나님의 다스림을 받았다. 그런데 죄가 들어와서 이 모든 경이로움에 흠집을 내었다. 이것이 하나님 나라의 왜곡됨의 시작이다. 하나님은 다시 이 나라를 엎으시고 만들 수 있는 전능하신 분이지만 창조에 근본적인 문제가 있는 것이 아니기 때문에 죄의 문제를 해결하시고 하나님의 나라를 회복하시기로 하셨다. 그러나 그 방법 역시 하나님이 정하신 방법으로 하셨다. 바로 독생자 예수 그리스도의 죽으심을 통하여 이루심이다. 이 일을 위하여 하나님은 노아를 부르시고, 아브라함과 모세 그리고 다윗을 통하여 말씀하시고 선지자를 통하여 예언하셨다. 이렇게 오랜 준비를 통하여 예수 그리스도를 고대하게 하셨으며 때가 차니 하나님의 아들이 성육신하신 것이다.

역사의 오랜 시간과 수많은 사람들을 통해 이끄신 회복은 우리가 가지고 있는 죄의 심각성이 얼마나 대단한지를 보여 준다. 이 죄를 소멸하시고자 하나님께서 성육신하사 예수 그리스도로 오셨고, 십자가에 친히 달려 죽으사 우리 죄의 대가를 치르셨다. 그리고 예수께서 십자가에서 흘린 보혈이 하나님과 화해케 하였고 우리를 죄에서 구속하였다. 이러한 화해와 구속이 하나님 나라의 회복을 가져왔다.

그러므로 하나님 나라가 회복되는 길은 하나님과의 화해와 인류의 구속을 가져온 예수 그리스도의 복음이 온전하게 선포됨이다. 바로 이것이 창조 시에 주신 명령의 성취다(창 1:26-28). 땅에 충만하여 땅을 다스리며 지켜야 할 것을 이루는 것이다. 예수 그리스도를 올바르게 알고 그를 섬기고 그의 가르침이 삶의 모든 영역에 온전하게 이루어지게 함이 바로 하나님 나라의 회복이다.

결국 하나님 나라의 회복은 죄로 말미암아 왜곡된 모든 영역에 다시금 예수 그리스도의 주권을 선포하는 일이다. 즉, 죄 짓는 것을 제외하고는 모든 것이 하나님의 일이며 하나님의 영광을 위하여 개발되어야 한다.

그런 의미에서 집에서 설거지하는 것도 하나님의 주권을 실현하는 일이다. 공부와 직장 그리고 우리의 교회와 삶의 모든 현장에서 왜곡된 것들을 바로 세우고 예수 그리스도의 주되심을 고백하는 것, 모든 것이 주의 것이므로 주에게로 돌아감이 마땅함을 선포하며 실천하는 것이 바로 하나님 나라의 회복이며 확장이다.

"이는 만물이 주에게서 나오고 주로 말미암고 주에게로 돌아감이라 영광이 그에게 세세에 있으리로다 아멘"(롬 11:36)

10장. 하나님 나라와 교회의 사명

하나님의 나라가 예수 그리스도의 구속으로 말미암아 이루어졌음을 살펴보았다. 그리고 하나님 나라의 백성이 되는 것은 오직 예수 그리스도의 구속 사건을 통해 회심한 자들로 이루어짐도 보았다. 이렇듯 하나님의 나라는 오직 예수 그리스도의 구속을 통하여 이루어진다. 나라를 무력으로 점령한다고 이루어지는 것이 아니다. 이러한 오해가 중세의 국가 교회와 근대의 식민지 정책이라는 불행을 가져왔다. 하나님의 나라는 다른 무엇이 아닌 예수 그리스도의 십자가의 복음이 증거될 때, 예수그리스도의 방법으로 이뤄지고 확장된다.

복음이 선포되면 믿는 자들이 생기고 그들을 통하여 하나님의 나라는 이루어진다. 이것이 나사렛에서 시작한 복음이 전 세계를 점령한 방법이다. 전쟁이 아니며 침략도 아니다. 복음의 씨앗이 뿌려지면 반드시 자라난다. 여기에는 순교자의 피가 거름이 되었다. 하나님은 순교자의 피를 헛되게 하지 않으셨다. 그들의 피로 하나님 나라를 이루어 가셨다. 이것은 나라와 민족뿐 아니라 나의 일상의 삶의 모든 영역에 해당된다. 오직 복음이 하나님 나라를 확장하게 한다. 그렇다면 교회는 하나님 나라 확장을 위하여 무엇을 준비해야 하는가? 이것이 우리에게 매우 중요한 과제이다. 이에 대한 성경의 가르침을 살펴보려고 한다.

첫째, 교회는 역사적 신앙고백을 분명히 가르쳐야 한다.

하나님 나라는 사람을 통하여 이루어지며 복음 증거를 통하여 확장되어 간다.[139] 그러므로 이 복음을 전하는 것에 관심을 가질 수밖에 없다. 하나님의 나라의 확장은 사람을 통하여서 이루어졌다. 이것은 창조부터 지금까지 동일한 방법이다. 이미 하나님 나라의 회복의 역사를 살펴보면서 사람을 통하여 어떻게 하나님의 나라가 이루어졌는가를 보았다.

하나님은 사람을 부르시고 그들과 언약을 맺으셨다. 그리고 하나님 나라의 삶이 어떠해야 하는지를 끊임없이 알려 주셨다. 그리고 이 놀라운 복음을 온전하게 회복하고 알려준 것이 종교개혁이었다. 교회는 이 회복된 복음을 전해야 한다. 예수 그리스도는 교회가 이 복음을 가지고 땅끝까지 전하기를 원하신다. 복음 증거는 하나님의 명령이다.

"예수께서 나아와 일러 가라사대 하늘과 땅의 모든 권세를 내게 주셨으니 그러므로 너희는 가서 모든 족속으로 제자를 삼아 아버지와 아들과 성령의 이름으로 세례를 주고 내가 너희에게 분부한 모든 것을 가르쳐 지키게 하라 볼지어다 내가 세상 끝날까지 너희와 항상 함께 있으리라 하시니라"(마 28:18-20)

"오직 성령이 너희에게 임하시면 너희가 권능을 받고 예루살렘과 온 유대와 사마리아 땅 끝까지 이르러 내 증인이 되리라 하시니라"(행 1:8)

"하나님 앞과 산 자와 죽은 자를 심판하실 그리스도 예수 앞에서 그의 나타나실 것과 그의 나라를 두고 엄히 명하노니 너는 말씀을 전파하라 때를 얻든지 못 얻든지 항상 힘쓰라 범사에 오래 참음과 가르침으로 경책하며 경계하며 권하라"(딤후 4:1-2)

구약에서 시작한 하나님 나라는 예수님을 통하여 이 땅에 이루어졌고 이제 완성될 하나님 나라를 바라보면서 자라난다. 여기에 하나님은 사람을 부르신다. 그리고 그들에게 가라고 명령하신다. 이때에 우리가 할 수 있는 말은 이사야 선지자의 고백이다.

"내가 또 주의 목소리를 들은 즉 이르시되 내가 누구를 보내며 누가 우리를 위하여 갈꼬 그 때에 내가 가로되 내가 여기 있나이다 나를 보내소서"(사 6:8)

이렇듯 하나님 나라의 확장은 복음 증거를 통하여 이뤄진다. 교회는 이 일을 위하여 세워졌다. 그러므로 무엇보다도 온 힘을 다하여 복음을 증거하는 일에 최선을 다해야 한다.

둘째, 하나님 나라의 확장은 교회의 본질적 사명이다.
교회는 사람을 세우는 일에 매진하여야 한다. 하나님 나라는 사람을 통하여 확장된다. 그러기에 사람을 세우는 일이 가장 중요하다. 거듭난 사람들의 본질적인 소명은 교회를 세우고 하나님 나라를 확장하는 일이다. 그러므로 교회는 이 일을 위하여 인재를 발굴하고 바르게 가르치고 훈련시키며 삶의 모든 영역으로 파송해야 한다. 이 일을 위하여 교회가 존재한다. 교회가 하나님 나라를 위하여 존재하지 않는다면 교회는 이미 그 힘을 상실한 것이며 존재의 가치가 없다.

교회는 단순히 친교의 장소나 배움의 터만이 아니다. 하나님 나라를 위하여 세워진 기관이다. 그러므로 교회는 이 일을 위하여 최선을 다해야 한다. 교회를 통하여 하나님의 영광이 선포된다. 무엇보다도 바른 복음을 선포하고 잘 가르쳐야 한다. 더더욱 인재를 양성하는 일에 열심을 내어야 한다. 그렇다고 엘리트 양성을 통하여 높은 위치에 올려보내서 하나님을 증거해야 한다는 고지론을 이야기하는 것이 아니다. 인재를 양성한다는 것이 고지론을 위한 투자가 된다면 그것은 교회가 바른 길로 가고 있는 것이 아니다. 교회가 가르치는 것은 하나님의 영광을 위한 최선의 삶이다.

하나님 앞에서는 모든 직업에 차별이 없다. 세상에는 계급이 있고 차별이 있지만 하나님 나라는 결코 계급과 차별이 없다. 그러므로 인재를 양성한다는 것이 차별적인 존재를 만드는 것이면 그것은 결코 성경의 가르침이라 말할 수 없다. 오히려 교회는 선한 싸움을 싸우는 영향력 있는 인재를 키우는 곳이 되어야 한다.

"아들 디모데야 내가 네게 이 경계로써 명하노니 전에 너를 지도한 예언을 따라 그것으로 선한 싸움을 싸우며 믿음과 착한 양심을 가지라 어떤 이들이 이 양심을 버렸고 그 믿음에 관하여는 파선하였느니라"(딤전 1:18-19)

"오직 너희는 택하신 족속이요 왕 같은 제사장들이요 거룩한 나라요 그의 소유된 백성이니 이는 너희를 어두운 데서 불러내어 그의 기이한 빛에 들어가게 하신 자의 아름다운 덕을 선전하게 하려 하심이라"(벧전 2:9)

왕 같은 제사장으로 하나님의 아름다운 덕을 선전하는 삶을 살기 위하여 초대 교회는 최선을 다하였다. 초대 교회의 아름다운 모습이 있다면 하나님 나라를 위하여 하나님의 가르침에 온전하게 순종함이다. 초대 교회는 선포하고, 가르치고, 기도하고 교제하였다. 그리고 이 일들을 통하여 사람들에게 영향력을 미치자 하나님께서 구원받는 자들을 더하여 주셨다. 이것이 교회의 아름다움이다. 그리고 복음을 유대를 넘어 이방 지역으로 증거하였다. 초대교회는 하나님 나라의 본질을 바로 이해하고 실천하였다.

> "저희가 사도의 가르침을 받아 서로 교제하며 떡을 떼며 기도하기를 전혀 힘쓰니라 사람마다 두려워하는데 사도들로 인하여 기사와 표적이 많이 나타나니 믿는 사람이 다 함께 있어 모든 물건을 서로 통용하고 또 재산과 소유를 팔아 각 사람의 필요를 따라 나눠주고 날마다 마음을 같이 하여 성전에 모이기를 힘쓰고 집에서 떡을 떼며 기쁨과 순전한 마음으로 음식을 먹고 하나님을 찬미하며 또 온 백성에게 칭송을 받으니 주께서 구원받는 사람을 날마다 더하게 하시니라"(행 2:42-47)

이 사명은 오늘 이 땅에 세워진 모든 교회의 사명이다. 교회는 변했는지 몰라도 이 사명은 한 번도 변한 적이 없다. 우리가 전할 이 복음은 어제나 오늘이나 영원토록 동일한 복음이다.

> "그러므로 모든 육체는 풀과 같고 그 모든 영광이 풀의 꽃과 같으니 풀은 마르고 꽃은 떨어지되 오직 주의 말씀은 세세토록 있도다 하였으니 너희에게 전한 복음이 곧 이 말씀이니라"(벧전 1:24-25)

11장. 하나님 나라를 이루는 그리스도인의 자세

우리는 하나님 나라에 대한 성경의 가르침을 보았다. 그리고 하나님 나라를 이루는 것이 교회의 사명임을 알았다. 이제 우리에게 남은 과제는 하나님 나라를 이루어 가는 성도들의 실천적인 삶이다. 그리스도인은 하나님의 나라를 위한 향기요 편지이다. 토마스 왓슨 목사는 '성도는 걸어 다니는 하나님의 초상화'라고 하였다. 즉 우리는 걸어 다니는 작은 예수이며, 하나님 나라의 홍보맨이다.

"항상 우리를 그리스도 안에서 이기게 하시고 우리로 말미암아 각처에서 그리스도를 아는 냄새를 나타내시는 하나님께 감사하노라 우리는 구원 얻는 자들에게나 망하는 자들에게나 하나님 앞에서 그리스도의 향기니 이 사람에게는 사망으로 좇아 사망에 이르는 냄새요 저 사람에게는 생명으로 좇아 생명에 이르는 냄새라 누가 이것을 감당하리요 우리는 수다한 사람과 같이 하나님의 말씀을 혼잡하게 하지 아니하고 곧 순전함으로 하나님께 받은 것같이 하나님 앞에서와 그리스도 안에서 말하노라"(고후 2:14-17)
"너희는 우리로 말미암아 나타난 그리스도의 편지니 이는 먹으로 쓴 것이 아니요 오직 살아 계신 하나님의 영으로 한 것이며 또 돌비에 쓴 것이 아니요 오직 육의 심비에 한 것이라"(고후 3:3)

그리스도의 편지와 향기로 사는 것은 일차적으로 복음의 통로로 사는 것이다. 하나님 나라의 백성에게 요구되는 모습은 바로 복음의 통로로서의 삶이다.

또한 우리의 지체를 의의 병기로 하나님께 드리기를 힘쓰는 삶이다. 바울은 이 사실에 대하여 아주 분명하게 말씀하고 있다.

> "그러므로 너희는 죄로 너희 죽을 몸에 왕 노릇 하지 못하게 하여 몸의 사욕을 순종치 말고 또한 너희 지체를 불의의 병기로 죄에게 드리지 말고 오직 너희 자신을 죽은 자 가운데서 다시 산 자같이 하나님께 드리며 너의 지체를 의의 병기로 하나님께 드리라"(롬 6:12-13)

죄의 종노릇 하지 않고 의의 병기로 하나님을 위하여 사는 것이 하나님 나라 백성의 삶이다. 그러나 이러한 삶은 저절로 되는 것이 아니라 성령의 지배를 받아야 가능하다. 성령으로 충만할 때 그리스도의 향기와 편지로 살 수 있다. 성령의 지배를 받는 것은 그리스도의 말씀으로 지배를 받음이다. 이것이 하나님 나라 백성의 삶으로서 모든 영역에 하나님의 영광을 드러내는 실천이다. 이스라엘은 말씀을 받았지만 순종하지 않으므로 멸망하였다. 말씀에 대한 순종이 하나님 나라 백성이 사는 길이다.

그러므로 하나님 나라를 이루는 그리스도인들이 반드시 기억해야 하는 것은 하나님 나라의 확장은 복음 증거로 이뤄진다는 사실이다. 복음이 증거 되는 곳에 성령이 역사하셔서 나라를 세워 간다. 그런데 그 일은 복음에 순종하는 주의 자녀들의 증거로 이뤄진다. 이렇듯 성령에 사로잡힌 자로서 복음을 들고 삶의 현장에서 그리스도의 향기와 편지로 사는 것이 그리스도인의 본질이다.

4강 | 동산에서 도시로?

성경적 세계관을 말하고 하나님 나라를 고백하고 문화에 대한 고민을 가진 사람에게 늘 따라오는 질문이 바로 모든 문화의 종말에 대한 이해이다. 좀 더 선명하게 말하자면 새 하늘과 새 땅에 지금의 문화는 어떻게 존재할 것인가에 대한 질문이자 하나님 나라의 완성에 대한 질문이기도 하다. 그러므로 이 문제를 바르게 아는 것은 성경적 세계관의 삶을 이 땅에서 어떻게 실천해야 하는지에 대한 답을 얻는 것이 된다. 그런 의미에서 요한계시록에 나타난 새 하늘과 새 땅에 대하여 살펴보는 것은 매우 중요하다.

성경적 세계관의 관점으로 볼 때 이 땅에서 우리 삶은 궁극적으로 회복되고 완성된다. 모든 더러운 것과 추한 것이 거룩한 불로써 정화되고 정결한 모든 것이 하나님 나라로 편입될 것이며 하나님 앞에서 만물이 영광을 드러낼 것이다. 하나님이 계획하신 만물의 충만함을 볼 것이다. 그러므로 장차 임할 새 하늘과 새 땅은 오늘 우리의 삶에 지대한 영향을 준다. 성경은 그 자체가 창조에서 종말을 말하고, 종말이 창조의 의미를 알려주기 때문이다.

요한계시록의 백미는 20장의 천년왕국에 있는 것이 아니라 21-22장에 나타난 하나님 나라의 완성에 있다. 20장에 나타나 있는 천년왕국의 완성인 "새 하늘과 새 땅의 도래"는 그 사실을 증명하고 있다. 천년왕국의 완성은 오스카 쿨만(Oscar Cullman)이 표현한 두 시대, 즉 이미(already)와 아직(not yet)의 긴장 상태의 최종 완결 지점이다.[140] 이러한 면에서 카이어트(Kyat)는 이 부분을 계시록 전체에서 가장 중요한 부분이며, 이 말씀을 요한의 예언적 확실성에 관한 참된 출처로 보았다.[141] 특별히 사도 요한이 천국을 아주 화려한 모습으로 묘사하고 있는 것을 본다.

요한은 계시록에 구약 성경의 경탄할 만한 이미지들과 복음서의 독특한 요소들을 함께 엮어서 믿을 수 없을 만큼 화려한 모습을 보여 준다. 신약성경의 어떤 기록자도 우리가 그리스도 안에서 소유한 부유함을 이토록 생생하게 재창조하여 보여 준 적이 없다.[142]

성경의 마지막을 장식하며, 하나님의 언약이 완성되고, 미래의 삶을 살필 수 있는 요한계시록은 매우 중요하다. 그 가운데 요한계시록 21장 1-4절의 해석은 우리에게 새 하늘과 새 땅의 모습을 분명하게 보여 주고 있다. 장차 이루어질 하나님 나라의 완성을 자세하게 살펴보는 것은 그 자체가 행복한 일이다. 완성될 하나님 나라로 들어가려 하니 벌써부터 흥분이 몰려온다.

1장. 새 하늘과 새 땅[143]

성경은 믿는 자들이 죽은 후에 하늘 나라에 간다고 가르친다. 물론 영생은 예수 믿음으로 이 땅에서부터 시작하지만, 누구든지 그리스도 안에서 죽은 자는 육체의 부활과 동시에 하나님이 자기의 구원 사역의 결정체로서 창조하실 새 땅과 새 하늘을 바라보게 된다. 이사야서 마지막 장에서 하나님은 그 앞에 세세토록 있을(사 66:22) "새 하늘과 새 땅"(사 65:17)을 약속하셨다. 이 약속의 성취가 새롭게 된 땅 위에 자리 잡기 위하여 하늘에서 내려오는 새 예루살렘에 관한 요한의 환상에서 열리기 시작한다. 그 환상의 시작이 요한계시록 21장 1절에 나타난다.[144]

"또 내가 하늘과 새 땅을 보니 처음 땅이 없어졌고 바다도 다시 있지 않더라."(계 21:1)

하늘의 의미는 이중적이다. 첫째로 하늘은 위에 있는 궁창과 그 너머의 우주를 의미한다. 이것은 우리가 살고 있는 이 물질 세계를 위해서 없어서는 안 될 뚜껑을 뜻한다(창 1:1, 사 65:17, 계 21:1). 그리고 둘째는 하나님이 거하시는 "저 밖(out there)"의 장소를 의미한다(사 66:1).[145] 물론 요한이 사용한 의미는 전자의 의미라고 본다. 이에 대하여 G. E. 래드는 헬라적 사고에 따르면 우주는 두 가지 영역 즉, 지상적이고 일시적인 세계와 영원하고 영적인 세계로 양분되어 있으며, 구원은 일시적이고 덧없는 영역으로부터 영원한 실재의 영역으로 영혼이 도피하는 것이라 말한다. 그러나 성경적 사고는 이원론적 사고와는 대조적이다.[146] 이렇듯 하늘의 의미는 저 밖의 개념이 아니다.

그렇다면 새 하늘과 새 땅의 모습은 무엇인가? 처음 하늘과 처음 땅이 없고 새 하늘과 새 땅이 존재한다고 요한은 기록하고 있다. 요한의 환상에서 나타나듯이 현세의 땅이 새 하늘과 새 땅으로 바뀌는 것은 질서의 갱신이라는 묵시적 전통에서 흔히 나타나는 개념이다(에녹일서 45:4-5, 에스드라下 7:75).[147] 베드로후서 3장 10-13절에서도 하늘이 풀어지고 땅이 불에 녹을 대변동 이후에 의가 거할 새 하늘과 새 땅이 생길 것이라는 개념을 보게 된다.[148] 모리스는 "새롭다"는 단어로 네오스(νέος)가 아니라 카이노스(καινός)가 사용되었으며 이것은 단순히 "신선하다(fresh)는 의미가 아니라 질적으로 새로운 것을 의미한다"고 하였다.[149] 즉 이 땅의 구조가 불에 타 모두 정화되었다는 뜻이다. 죄의 모든 허물과 온갖 악의 상처, 그리고 죽음의 흔적도 사라졌다. 그러므로 이 세계는 다른 세계가 아닌 "새로운 세계"다. 똑같은 하늘과 땅이지만 잡초도 없고 가시나 엉겅퀴가 없어지고 다시 영화롭고 새롭게 된다. 자연계가 원상태로 회복되며 모든 잠재적인 가능성과 잠자듯 묻혀 있는 것들이 완전하게 실현된다.[150]

그러나 단순히 '네오스'가 아닌 '카이노스'가 사용되고 있기 때문에 갱신을 말하는 것은 아니다. 이 단어들의 차이점을 모른다고 할지라도 성경 전체를 살펴보면 알 수 있다. 갱신의 증거는 로마서 8장에 나타난 바울의 주장이다. 여기에 나타난 바울의 요점은 장차 종말에 현재의 창조 세계가 전혀 새로운 다른 세계가 되는 것이 아니라 모든 부패에서 자유케 될 것이라는 점이다. 그것은 새 땅과 신자들의 부활한 육체들을 비교해서 설명해 볼 때 명백해진다. 부활한 육체는 다른 육체가 아닌 바로 현 상태의 우리이기 때문이다. 물론 부활에 이를 때의 모습은 현재의 모습과는 다르겠지만 연속성이 있다.[151]

마지막으로 만일 하나님께서 현재의 우주를 소멸시키셔야 한다면 결과적으로 사단이 승리를 쟁취하는 것이 된다. 그러므로 새 하늘과 새 땅은 소멸 후 다른 세계가 아닌 이 세계의 갱신, 정화된 세계이다.[152] 뿐만 아니라 새로운 세계의 질서를 물질적 변화로 생각해서는 안 된다. 이것은 하나님의 백성들을 위한 영광스러운 실재를 강조하는 것으로 새 하늘과 새 땅은 새롭고 영원한 상태를 위한 배경을 제공한다.[153]

처음 하늘과 처음 땅이 없어지고 새로운 땅이 된다는 사실이 중요한 이유는 무엇인가? 후크마는 이 교리의 중요성을 세 가지로 들어 이야기하고 있다. 첫째는 장차 올 생명을 바르게 이해하기 위해서 매우 중요하다. 둘째는 하나님의 구속계획의 충만한 다양성을 올바로 이해하는 데 중요하다. 세 번째는 구약의 예언과 밀접한 관계가 있기 때문이다.[154]

이러한 사실에 대해서 세대주의자들은 "어떠한 신학적 재주를 동원한다 하더라도 땅이 그리스도의 천년왕국의 영역이 된다는 수많은 구약의 언급들을 영적으로 해석하여 하늘과 동의어라느니, 영원한 상태를 의미한다느니, 심지어 무천년주의자들이 주장하듯 교회를 의미한다느니 하는 주장은 받아들여질 수 없다."고 주장한다. [155]하지만 성경 전체를 통해서나 개혁교회의 입장에서 볼 때, 세대주의자들의 논의는 받아들여질 수 없다. 오히려 종말에 있을 하나님의 새 창조인 새 하늘과 새 땅은 본질적으로 이 피조 세계의 연속선상에 있다는 것이 더욱 분명해진다. 비록 첫 창조가 죄로 오염되었다 할지라도 주님의 구속의 피는 창조 시 의도된 모습으로 회복시키실 것이다. 그러므로 새 하늘과 새 땅에의 소망은 오늘 이 땅에서의 우리 삶의 모습에 힘과 용기를 준다.

요한은 더 나아가서 새 하늘과 새 땅이 이루어질 그때는 "바다도 다시 있지 않다"라고 한다. 이것은 구속받은 세계와 옛날의 타락한 세계 사이의 날카로운 차이점을 보여 준다. 바다는 상징적 표현이라고 볼 수 있다. [156] 물론 이에 대하여 문자적으로, 혹은 상징적으로 받아들여야 할지 의견이 일치하지 않는다. [157] 이렇게 엇갈린 의견이 있지만 해석 자체에는 큰 영향은 주지 않는다. 바다의 없어짐은 옛적 타락한 세계와 새로운 구속된 세계 사이의 본질적인 연속성이 실제로 존재하지 않고, 옛 질서는 완전히 제거되고 전적으로 새롭고 다른 어떤 것으로 대체되는 것이다. [158] 바다는 사회적인 불안과 갈등을 상징하며, 짐승이 나온 곳이었으나(계 13:1) 새로워진 새 하늘과 새 땅에서는 모든 것이 평화롭게 된다. [159] 어떤 이들은 '바다'를 고대 사람들이 느꼈던 바다에 대한 두려움을 나타내는 것이라 말한다. 또한 바벨론 전설과 어떤 신학적 관계를 찾으려는 자들도 있다. 하지만 이것은 성경을 곡해하는 것이 된다. [160] 왜냐하면 새 창조의 특성을 배격하는 개념으로 결합되어 있기 때문이다. [161] 따라서 그 어떤 요소도 새 하늘과 새 땅에의 질서를 깨뜨릴 수 없다.

결국 개혁교회가 말하는 것과 같이 새 하늘과 새 땅이 정화되어 회복된 세계는 이 땅의 연속선상에 있는 것이며, 그곳에는 하나님의 평화가 있을 것이며, 거기에는 평화를 깨뜨릴 어떤 요소도 존재하지 않는다.

2장. 새 예루살렘성

"또 내가 보매 거룩한 성 예루살렘이 하나님께로부터 하늘에서 내려오니 그 예비한 것이 신부가 남편을 위하여 단장한 것 같더라."(계 21:2)

요한은 요한계시록 21장 9절에서부터 매우 상세하게 거룩한 성의 모습을 묘사하고 여기에서는 단지 거룩한 성의 강림만을 언급하고 있다.[162] 계시록에서 예루살렘이라는 명칭은 히브리식 이름으로 사용하고 있다. 이것은 복음서에서 옛 성을 "히에로 솔뤼마"라고 기록한 것을 볼 때 특별하게 사용된 것이다.[163] 전자는 좀 더 거룩한 의미이고, 후자는 정치적 의미로 사용되었다. 새롭고 거룩한 예루살렘이 실제적인 하나의 성인지 아니면 완전하게 된 영원한 상태에 있는 교회의 상징인지에 대해서는 여러 가지 의견이 있다.

G. E. 래드는 "이 하늘의 예루살렘은 지상을 떠난 성도들의 거주지로 묘사되어 있지만 하늘은 그들의 궁극적인 거주지가 아니라 죽음과 부활 사이의 성도들의 일시적인 거주지일 뿐이다"라고 하였다.[164] 또한 키들(Kiddle)은 그 상징의 중심이 인간의 공동체라고 기록한

다.[165] 천년왕국 시대의 수도로 보는 학자들도 있으며(Lang 등)[166] 새 예루살렘이란 영원한 세계의 생활 제도를 상징하고 있다는 견해도 있다.[167] 그러나 대부분의 개혁교회의 가르침은 이 새롭고 거룩한 예루살렘은 주 예수 그리스도의 교회를 나타내는 것이라 말한다.[168] 즉 영화롭게 된 하나님의 교회 전체를 상징한다.[169]

결국 예루살렘이란 하나님께서 그 백성 가운데 계시므로 하나님의 통치에 의해서 그 백성들에게 평강이 넘친다는 실제적인 삶의 영역인 것이다.[170] 구약에서도 교회는 하나의 성으로 상징되었다(사 26:1, 시 48편 등). 도성이라 하면 거주하는 곳, 많은 무리가 살기에 안전하고 견고하며 서로 친교를 나누는 곳이자 아름다운 곳이라는 개념이다. 이러한 도성의 속성을 볼 때 교회는 하나의 도성과도 같은 것이다.

그런데 이러한 성이 "하늘에서부터 내려왔다"는 것이다. 뱅겔은 내려온다는 의미의 실체는 "사람에 대한 하나님의 낮추심으로 이해할 수 있다"고 하였다.[171] 또한 내려온다는 것은 하나님께서 새로운 도성을 창설하여 주신다고 보기도 하며,[172] 하지만 예루살렘이란 하늘의 성전의 모형이므로, 성전 때문에 존재하는 예루살렘이 하늘에서 내려온다는 것은 하늘이라는 참 성전이 내려온다는 것과 동일한 표현이며, 결국 새 예루살렘이 내려온다는 것은 하나님의 구속 사역이 완성되었다는 것을 의미한다.[173]

이것은 현재와 앞으로 있을 이상적인 교회를 말한다.[174] 결국 영화롭게 된 교회는 저 우주 어느 하늘에 있게 될 것이 아니라 새 땅 위에서 영원히 존재할 것이라는 점이다.[175] 요한은 이 거룩한 성의 내려옴이 "신부가 남편을 위하여 단장한 것 같더라"라고 기술하고 있다.

이처럼 그리스도와 교회의 관계가 아름답게 묘사된 것은 하나님께서 자기 백성에게 오시는 그 여정의 절정이며, 그것이 바로 혼인 잔치이다.[176] 신부가 그녀의 결혼 날을 위하여 최선을 다하여 단장한다는 것은 당연하다. 이것은 그리스도의 "신부"가 될 교회에게 있어서도 마찬가지이다. 하인리히 크라프트는 "예루살렘은 항상 신부로 의인화되는데 거기에는 두 가지 화법이 있다. 첫째는 예루살렘이 종말 시에 하나님을 통해서 갱신된다는 대망이다(사 52:1 이하). 둘째는 공동체를 하나님의 신부로 보는 호세아와 관련된 상징이다." 결국 이러한 언급은 하나님에게서 오는 구원 영역으로 보는 표상이다.[177]

이러한 모습을 볼 때에 거룩한 성 새 하늘과 새 땅은 하나님께로부터 하늘에서 내려오는 가장 이상적인 교회이며, 하나님의 구속 사역의 완성이자, 바로 이 땅 위에 이루어질 하나님의 교회이다. 그리고 이렇게 흠도, 티도 없는 교회는 마치 남편을 기다리는 신부처럼 장차 어린양과 혼인하기 위하여 기다리고 있다.

3장. 새 예루살렘성 강림의 의미

"내가 들으니 보좌에서 큰 음성이 나서 가로되 보라 하나님의 장막이 사람들과 함께 있으매 하나님이 저희와 함께 거하시리니 저희는 하나님의 백성이 되고 하나님은 친히 저희와 함께 계셔서"(계 21:3)

새 예루살렘 강림의 의미가 이제 진술되고 있다. 골즈워디는 이 한 구절에 성경 전체의 메시지가 간추려져 있으며 언약과 구원 전체가 바로 여기 선포된 이 영광스러운 말씀 속에 함축되어 있다고 하였다.[178] 보좌에 앉으신 분 즉, 그리스도 안의 하나님에게서(계 4:2, 22:1) 음성을 듣는다. 이 큰 음성은 하늘의 음성에서 시작되는 계시다. 그리고 이 보좌로부터의 큰 음성이 구약 전체에 흐르는 기본적인 주제의 성취를 선언한다.[179]

이 음성의 내용은 "하나님의 장막이 사람들과 함께 있다"는 의미이다. 장막의 헬라어 "스케네"는 히브리어 "쉐키나(임재)"와 밀접하게 연관되어 있다. 이 단어는 하나님의 영광과 임재를 가리키는 데 쓰였다. 특별히 이 단어는 요한복음 1장 14절(에스케노센)과 이곳에서만 사용하였다.[180] 이 낱말의 배경은 레위기 26장 11-12절, 에스겔

37장 27절, 스가랴 2장 10-11절에서 볼 수 있다.

> "내가 내 장막을 너희 중에 세우리니 내 마음이 너희를 싫어하지 아니할 것이며 나는 너희 중에 행하여 너희 하나님이 되고 너희는 나의 백성이 될 것이니라"(레 26:11-12)
> "내 처소가 그들의 가운데 있을 것이며 나는 그들의 하나님이 되고 그들은 내 백성이 되리라"(겔 37:27)
> "여호와의 말씀에 시온의 딸아 노래하고 기뻐하라 이는 내가 임하여 네 가운데 거할 것임이니라 그 날에 많은 나라가 여호와께 속하여 내 백성이 될 것이요 나는 네 가운데 거하리라 네가 만군의 여호와께서 나를 네게 보내신 줄 알리라"(슥 2:10-12)

이 단어를 가장 잘 반영하는 것은 이스라엘 광야 생활에서의 "회막"이다. 회막은 하나님이 이스라엘 백성을 만나는 곳이다. 하나님이 같이 계셔서 저희 하나님이 되시고 저희가 하나님의 백성이 되는 것은 이스라엘의 이상이며 구약 예언의 요점이었다.[181]

이것이 성전으로 자리를 옮겨 하나님의 임재가 성막의 영광에 의해 나타나게 되었다. 하인리히 크라프트는 "장막은 하나님의 거처이지만 여기서는 하나님 자신을 위한 것이 아니다"라고 하였다. 그는 이렇게 이해할 때 요한계시록 21장 22절과의 모순이 제거된다고 보았다.[182] 결국 하나님의 장막이 사람들과 함께 있다고 요한이 기록했을 때에 그것은 하나님께서 그의 영광스러운 임재로써 인간과 함께 거하셨다는 말이 된다. 그러나 이 비유는 일시적인 체류를 암시하지 않는다. 하나님께서는 이 시점으로부터 영원토록 그의 백성과 함께 거하신다.[183] 하나님은 저희와 함께 거하시며 저희는 하나님의 백성이 되고 하나님은 친히 저희와 함께 계신다고 한다. G. E. 래드는 이것은 "우리가 상상할 수 없는 실제이다. 하지만 하나님과 그의 백성 사이에 직접적이고 밀접한 교제는 모든 구속의 목적이다. 이것이 '구약 성경의 방향'"이라고 하였다.[184] 즉 은혜 언약의 골자를 이루는 핵심 약속이다(창 17:7, 출 19:5-6, 렘 31:33, 겔 34:30, 고후 6:16, 히 8:10, 전 2:9-10).[185]

그리고 하나님과 사람들의 언약의 모든 약속들은 마침내 완전히 실현된다. 요한은 전통적인 개념을 수정하여 구속함을 받은 인간이란 뜻으로 "백성"이라는 단수형을 쓰지 않고 "백성들"로 복수형을 쓰고 있다. 이것은 요한의 우주론적 구원 대망의 암시이다.[186]

벵겔은 "요한이 도성이 하늘에서 내려오는 것을 보았다. 땅으로라는 말을 덧붙이지 않는다"고 하면서 하나님의 거하실 처소는 땅으로부터 멀리 떨어져 있다는 뉘앙스를 풍기게 한다고 하였다.[187]그러나 후크마 교수는 "하나님이 거하실 처소는 바로 여기다. 하나님이 거하시는 그곳이 바로 하늘이기에, 장차 올 영원한 삶의 영역에는 하늘과 땅이 구분되어 있는 상태가 아니며 둘이 하나가 될 것이다"라고 하였다.[188]

이상과 같이 미래 세대의 본질적인 특징은 바로 하나님의 임재와 그 하나님과의 사랑이라는 로버트 마운즈의 의견에 동의한다.[189]그리고 오직 그 새 땅에서 하나님께서는 은혜 언약이 약속했던 모든 풍성한 풍요를 그의 백성에게 허락하실 것이다.[190] 바로 이 땅에서 우리는 첫 열매를 받고 있으나 하나님의 구속사역을 완성하는 것으로 그 땅에서 우리는 풍성한 수확을 거두게 될 것이다.

4장. 새 하늘의 평화와 안식

"모든 눈물을 그 눈에서 씻기시매 다시 사망이 없고 애통하는 것이나 곡하는 것이나 아픈 것이 다시 있지 아니하리니 처음 것들이 다 지나 갔음이러라."(계 21:4)

요한은 하나님께서 그들 가운데 영원한 처소를 택하실 때에 백성에게 주어지는 유익에 대하여 기록한다. 이 구절에 보면 죄의 피상적 결과들이 영원히 사라지는 것을 보게 된다. 슬픔, 사망, 애통 등은 이제 모두 지나가 버린 첫째 것들의 일부이다. 그것들은 지나간 역사가 되어 버린 과거의 질서에 속한다.

"모든 눈물을 그 눈에서 씻기시매" 눈물은 모든 인간의 슬픔, 비극, 악을 상징한다.[191] 그러나 이 눈물은 실패로 인하여 흘리는 가책의 눈물이 아니라 그리스도께 대한 순종으로 인하여 세상에서 흘린 고난의 눈물이다.[192] 이러한 단어는 이사야 25장 8절, 35장 10절, 65장 19절 등에서도 동일하게 사용된 것을 볼 수 있다. 특별히 이사야 25장 8절 "주 여호와께서 모든 얼굴에서 눈물을 씻기시며"라고 한 것에서 볼 수 있다.[193] 이것은 이사야의 종말 개념이 비로소 성취되었음을 나타낸다. 더 이상 고통과 고난이 없다.

그리고 "사망이 없다"라는 것을 G. E. 래드는 "사망의 제거는 사망을 하데스, 즉 불못으로 던졌을 때 이미 묘사되었다(계 20:14). 그러나 사망에 대한 승리는 종말 그 자체가 아니다. 그것은 하나님과의 교제로부터 유래하는 축복이다"라 하였고,[194] 모리스는 "사망의 승리는 창세기 3장의 저주가 역전됨을 보여 준다(고전 15:54 참조)"고 하였다.[195]

뿐만 아니라 "애통하는 것이나 아픈 것이 다시 있지 아니하나니 처음 것들이 다 지나갔다"라는 말씀은 "새로운 세계에서는 인간의 존재를 압박시키고 저주케 한 모든 악은 하나님으로부터 멀어질 것이다.[196] 죄로 인하여 파괴된 옛 질서와 및 그와 함께한 비통이 영원한 축복이라는 새롭고 완전한 질서에 의하여 무너진다."[197] 는 것을 말하고 있다.

새 땅에서 우리는 하나님과 우리가 사랑하고 잠시 잃어버려야 했던 친구들과 모든 하나님의 백성들과 영원히 깨어지지 않는 교제를 나눈다.[198] 결국 새 하늘과 새 땅은 기쁨이 충만하게 넘치는 세계이다. 그리고 그 세계는 저 하늘이 아닌 새로워진 이 세계라는 것을 알 수 있다. 이러한 하늘의 기쁨에는 그리스도에 대한 순종으로 인한 눈물이 있어야 한다. 눈물을 흘리며 씨를 뿌리는 자는 반드시 기쁨으로 단을 거둘 것이다(시 126:6).

5장. 새 하늘과 새 땅을 향한 전진

    요한계시록 21장 1절-4절을 통하여서 이원론적이고, 내세적이고, 반문화적인 생각이 얼마나 성경에 위배되는가를 볼 수 있다. 또한 성경의 구속사에 대한 올바른 이해와 가르침이 이 땅에서의 삶을 어떻게 살아야 하는가에 대한 큰 교훈을 얻을 수 있다. 특별히 한국 교회의 고질병인 이원론, 반문화적 성경 해석학으로 인한 문제점이 바르게 성경을 해석함으로써 종말을 살아가는 성도들에게 기독교적인 문화가 정립되어야 할 것이다. 그리스도께서 요한에게 보여 주었던 그 환상의 계시가 오늘 우리들에게도 환히 비추어지기를 기대한다. 새 하늘과 새 땅은 우리들의 세계 속에서 준비될 것이며, 하나님의 임재를 기다린다. 이것이 성경의 가르침이다.

    그렇기에 오늘 우리의 삶이 매우 소중하고 중요하다. 우리의 창조적인 삶이 하나님 나라를 풍성하게 만든다. 완성될 하나님의 나라는 창조 시에 주어졌던 문화명령이 완성되는 나라이다. 모든 문화가 자신들의 모습으로 하나님을 경배하는 영광을 새 하늘과 새 땅에서 보게 될 것이다. 그러므로 지금 나의 삶의 현장에서 정직하고 정결하게 최선을 다하여 우리 각자에게 맡겨진 소명을 풍성하게 드러내야 한다. 얼마나 기쁜가? 나의 작은 것이 하나님 나라를 완성하는 데 쓰임받는다는 사실이 너무나도 행복하다. 하나님 나라에서는 누구 하나 무시당하지 않는다. 자신이 받은 모든 것이 하나님을 위하여 멋지게 쓰인다.

2부

세상을 이해하고 살아가다

5강 │ 우리는 어디에 있는가?

"우리는 지금 어디에 서 있는가?",

"우리 시대의 모습은 무엇인가?"

이 질문은 우리의 삶의 근원적인 문제인 동시에 분명한 좌표를 세우는 질문이다. 내가 어디에 있는가를 아는 것은 어디로 갈 것인가를 결정하는 중요한 거점이 된다. 또한 이것은 자신의 삶을 행동으로 옮기는 출발점이 된다. 우리의 행동은 바로 아는 것에서 시작하기 때문이다. 앎이 없는 행동은 결코 있을 수 없다. 만약 있다면 그것은 정신 분열을 앓고 있는 환자일 것이다.

이제 우리의 자리를 찾아보아야 한다. 우리는 지금 어디에 있는가? 이제부터 오늘날의 지배적 흐름인 서양 사상과 문화의 흐름 속에 서 있는 우리의 자리를 살펴보자. 사상과 문화를 살펴보는 이유는 우리의 삶과 가장 밀착되어 있기 때문이다. 사상은 행동의 뿌리이며, 문화는 이러한 사상을 실어 나르는 도구가 된다.

1장. 현대 사상과 문화의 가깝고도 먼 여행[199)

현대 사상과 문화의 역사를 살펴보는 것은 간단한 일이 아니다. 차례대로 살펴보는 것 역시 전문적인 작업이 필요하다. 그러나 전혀 불가능한 작업도 아니다. 이것은 역사의 핵심을 통하여 흐름을 보는 분석이다. 그런 의미에서 본 장에서는 역사 속에 나타난 사상을 중심으로 살펴보려고 한다.

우리 시대는 포스트모던(postmodern) 시대이다. 포스트모던은 말 그대로 모던 이후이다. 그렇다면 근대의 모습은 어떠하였는지 아는 것은 근대 이후인 우리 시대를 아는 데 큰 힘이 된다. 오늘은 어제로부터 시작되어 내일로 가기 때문이다. 대부분 포스트모던은 2차 세계전쟁 이후에 태어난 세대로부터 시작한다. 그런데 이들이 적극적으로 자신의 생각을 펼친 것은 60년대이다. 그런 의미에서 근대는 1960년 전까지로 한정해 볼 수 있다. 다양한 입장이 있을 수 있겠지만 현대 사상과 문화의 이야기는 르네상스에서 1960년대까지 한정하여 살펴볼 것이다.

첫째로 현대의 시작점은 르네상스를 통한 계몽주의에 있다. 현대 사상의 흐름에 있어서 그 시작점은 매우 다양하게 볼 수 있다. 이것을 서양 사상의 문제로 제한하여 보면 일부에서는 그리스 로마 시대라고 대답한다. 또한 우리가 전통적으로 알고 있듯이 헬레니즘과 헤브라이즘이라고도 한다. 이 말이 틀렸다고 볼 수는 없으나 좀 더 근저에서 현대인을 탄생시킨 근거를 살펴본다면 르네상스를 통한 계몽주의 시대가 현대의 시작점이라 볼 수 있다. 물론 르네상스가 다시 고전으로 돌아가 인간의 인간다움을 찾자는 운동이었기에 인간 본위라는 점에서 본다면 현대 사상과 현대인의 기원을 고대인 그리스 로마 시대로 볼 수 있지 않느냐고 말할 수 있을지 모르나 인간, 휴머니즘의 재발견은 결코 과거로 돌아갈 수 없는 새로운 인간상을 만들어 냈다고 보는 것이 좀 더 바람직하다고 생각한다. 그리고 그 중심에 바로 르네상스 계몽주의 사상이 놓여 있다.

중세의 억압된 사상은 지금 살펴볼 르네상스와 종교개혁의 두 가지 흐름으로 물꼬를 터트렸다. 르네상스와 종교개혁은 중세의 어두운 터널을 벗어나 인간의 모습을 새롭게 발견하려는 동일한 문제에서 개화하였지만 전혀 다른 결과를 낳았다. 종교개혁의 참다운 인간의 발견은 바로 성경을 통하여 이루어졌다. 반면, 르네상스는 참다운 인간을 이성주의에서 발견하였다. 그리고 이어진 흐름인 계몽주의에서 꽃을 피웠다. 이성, 본성, 행복, 진보, 그리고 자유를 모토로 한 계몽주의자들의 사상은 근대 과학의 발흥과 함께 무섭게 밀려들었고 인간의 위대성이 점점 부각되기 시작하였다. 합리주의 시대에 모든 인간은 철저히 인간의 이성을 신으로 섬기며 초자연적인 현상을 인정하지 않게 되었다. 거침없이 뻗어 나간 이 흐름은 미술과 음악 그리고 대중문화에 이르기까지 하나가 되었다. 이들은 하나 된 목소리에 취해 새로운 꿈을 꾸기 시작하였다. 인간의 이성을 통하여 만들어진 과학과 과학적 사고는 새로운 시대-유토피아를 열 것이라는 꿈에 젖어 있었다.

그러나 이들이 추구한 꿈의 새 시대는 오지 않았고 오히려 인간은 우연과 시간의 산물로 남고 말았다. 그들의 중심에는 인간과 그 역사를 향한 계획을 가진 하나님은 존재하지 않았다. 이제 인간은 찰스 다윈의 논리대로 우연의 산물이며, 적자생존의 전쟁터에서 살아남아야 하는 존재가 되었다. 히틀러는 이러한 사고를 충실히 이행하는 도구가 되었고 결국 이러한 인간 지상주의는 바로 세계대전이라는 새로운 국면을 맞이하게 되었다.

둘째는 전후 세대의 반문화 운동이다. 현대인을 낳은 좀 더 근접한 모습은 전쟁을 겪고 난 전후 시대이다. 인간 이성의 지상주의를 꿈꾸던 사람들은 유토피아를 건설하기 위하여 발명된 과학적 산물들이 결국 자신의 세상을 파멸시키는 도구로 사용됨을 목도하며 깊은 회의에 빠지게 된다. 이렇게 1, 2차 세계대전은 인간 존재에 대한 관점에 큰 변화를 주었다. 특히 히틀러의 적자생존 논리로 무장된 유대인 학살은 과학적으로 정당하다는 생각 속에서 실행되었으며, 공산주의의 발흥은 그러한 인간들이 새 세상을 얻는 것에 힘을 실어 주었다. 그러나 전쟁은 참혹했고 그들이 꿈꾸던 유토피아는 결코 존재하지 않았다. 참혹했던 전쟁은 사람들에게 삶에 대하여 허무감을 갖게 하였고 인간 존재에 대한 깊은 회의감을 경험하게 하였다.

이러한 현상은 전후 세대들에게 그대로 나타났다. 또한 모든 것이 허무한 가운데서 인간의 고결함, 존엄성을 이야기해 오던 기독교적 가치 역시 힘을 잃어 갔다. 그리고 현대인들은 허무를 극복할 수 있는 선택으로 말초적인 두 가치, 개인의 평안과 풍요에 인생을 걸기 시작하였다. 쉐퍼는 이것을 이렇게 지적하였다.

"개인적인 풍요는 단지 혼자 있는 것을 뜻한다. 즉, 세계를 돌아다니거나 도시를 배회하더라도 타인에 대한 염려로 자기가 방해받지 않게 되는 것을 의미한다. … 개인적인 평안은 내 자식이나 손자들의 인생에 있어서는 어떤 결과가 미칠지라도 내 인생에 있어서는 나의 개인적 생활양식이 방해받지 않기를 원한다는 것을 뜻한다. 또한 풍요함이란 계속 증가되는 물질의 양으로 판단되는 성공을 의미한다."[200]

이것이 전쟁을 경험한 세대가 추구하는 유일한 가치가 되었다. 노동과 교육은 개인적인 만족과 부를 이루는 수단이지 결코 인류를 위한 봉사요, 하나님의 나라를 위한 일은 더더욱 아니었다. 이것이 바로 60년대 초기의 현실이었다. 지식과 삶이 철저하게 분열되었다. 그 가운데 1964년부터 대학을 중심으로 인생의 의미를 되짚어 보는 새로운 현상이 나타나기 시작하였다. 이미 무의미한 인생관을 배운 이들에게 있어서 의미를 찾게 하는 새로운 인생관이 있다면 오직 하나, 기독교이다. 그런데 이들은 기독교로 돌아오지 않았다. 오히려 거리로 뛰쳐나갔다. 그리고 비이성의 영역으로의 여행을 시작하였다.

이들의 여정은 마약과 자연으로 돌아가서 인간의 본질을 찾자는 히피 운동으로 진행되었다. 마약을 통해서 현실을 망각하고 히피 운동을 통해서는 이성에서 도피하고자 하였다. 그러나 이 운동은 그들이 추구하였던 가치를 찾지 못하였고 오히려 정치적으로 반문화 운동으로 이용되어 반전 운동과 신좌파 운동으로 나아가게 되었다. 그리고 그 중심에는 언제나 마약이 있었다.

셋째는 실존주의 사상이다. 마약이 이들의 행동을 조종한 것은 아니었다. 마약 문화는 그 배후가 있었다. 바로 실존주의자들의 사상이다. 60년대 지성인들의 머리에는 실존주의자들의 생각이 자리를 잡고 있었다. 실존주의의 대표라고 할 수 있는 사르트르는 이렇게 말하였다.

"이성의 영역에 있어서는 모든 것이 불합리하다. 그럼에도 불구하고 인간은 의지의 행동으로 자신을 확증할 수 있다. 그러므로 모든 사람은 방관자로서의 자세를 버리고 목적이 없는 세상 속에서 행동해야 한다."[201]

결국 사르트르, 야스퍼스, 카뮈, 하이데거 등의 실존주의자들은 '이성의 영역에서는 부조리하나 행동하는 나는 정당하다'는 주장인 '실존은 본질에 앞선다'는 사상을 가르친 것이다. 이러한 가르침으로 헉슬리는 마약 숭배 철학자로서 영향을 미쳤고, 이들은 이성의 부조리함을 탈피하기 위하여 마약을 통한 비이성의 영역으로 걸어 들어갔다. 이제 진리는 이성의 영역에서 사라져 버렸고 오직 비이성의 영역만 남게 되었다. 이러한 사상은 음악에도 적용되어 수많은 로큰롤 가수들에게 영향을 주었다. 이들의 음악은 빈약한 가치에 기초하여 살고 있었던 전후 세대에게 선지자와 같았으며, 그들은 전후 세대의 젊은이들을 이끄는 기수들이었다. 이들은 사회 비판적이면서 동시에 마약을 통한 그리고 사이키델릭을 통한 비이성의 영역에서 생활하였다.

그러나 이러한 생활은 쉐퍼의 지적대로 마약 문화의 절정인 우드스톡 로큰롤 축제로 말미암아 서서히 식어가게 되었다. 젊은이들은 부모 세대의 개인적인 풍요와 평안이라는 빈약한 가치에 대항하여 싸우며 신좌파와 반문화 운동에 이끌려 약물을 통해 기존의 가치

기반에 도전하며 희망을 꿈꾸었지만 그 꿈이 사라지고 새로운 대안을 찾을 수 없게 되자 이들에게 남겨진 것은 오직 무관심뿐이었다. 서로에게 관심을 두지 않는 무관심은 정치적인 현상에서 더욱 극명하게 나타났다. 그리고 더욱 철저한 이기적 개인주의가 세상을 지배하게 되었다.

넷째, 동양의 신비주의다. 무관심이 지배하는 이 시기에 서구 사회에 새로운 물줄기가 흘러들어 왔다. 그것은 바로 동양 종교의 신비였다. 힌두교의 구루인 명상가들은 폭력과 허무, 마약과 광란의 춤이 아닌 마음을 가라앉히는 명상을 통해서 인간의 의미를 찾아준다고 하였다. 구루들의 속삭임은 지칠 대로 지쳐 있는 젊은 세대들의 마음을 움직였고 수많은 젊은이들이 이 운동에 가담하기 시작하였다. 더 이상 마약이 아닌 동양 종교의 신비가 이들을 비이성의 영역으로 인도하였다.

다섯째, 전문가 숭배다. 동양의 신비주의가 젊은 세대에 영향을 줄 때 기성세대를 비롯한 주류 사회에서는 엘리트 운동이 힘을 얻게 되었다. 사람들은 전문가들의 이야기를 추종하였고 소수의 엘리트인 전문가들은 매체를 통하여 사회를 조종하게 되었다. 이제 현대인들은 소수의 절대적인 엘리트들에게 자신의 권리를 양보하고 그들의 의견에 동조의 손을 드는 거수기가 되었다. 생물사회학에서 인간은 오직 기계적인 존재일 뿐이다. 원숭이와 사람은 DNA의 차이이지 거기에 인격과 자유는 없다. 철저하게 기독교적 기반은 무너졌다.

이러한 움직임은 새로운 사상으로 흘러가고 있었다. 그것은 모든 것에 새로운 질서를 가지자는 운동으로 철학, 문학, 대중 예술, 건축 등 모든 방면에서 나타나는 포스트모던 사상이다. 이 사상이 르네상스 계몽주의에서 출발하여 지금 우리 시대를 휘감고 있다.

2장. 우리가 서 있는 이 땅의 모습

이제 포스트모던의 울타리 안에 있는 우리 시대를 살펴볼 것이다. 우리는 문화의 전 영역에서 포스트모던 사상이 지배하고 있는 현실 속에 살고 있다. 멜로디가 중요한 시대가 아니라 가사가 중요하고, 사운드가 중요한 시대에 살고 있다. 음악의 멜로디가 아닌 힙합과 랩이 자연스러운 시대이다. 동성결혼이 합법화되고, 동성애자 성직자가 세워지고 있다. 근대의 관점에서 보면 파격적인 일들이 날마다 일어나고 있다. 그런데 우리는 편안하게 살고 있다. 우리 역시 포스트모던 시대에 젖어 있다는 사실이다.

우리가 살고 있는 이 시대에 대한 다양한 정의가 있을 수 있다. 그러나 여기서는 세 가지 면에서 살펴보고자 한다. 첫째, 모든 것을 해체하려는 포스트모더니즘이다. 둘째, 상실의 시대이다. 셋째, 새로운 선지자인 대중문화이다. 이것이 우리 시대를 꿰뚫고 있는 흐름이다. 그렇다면 지금 시대를 설명하는 보편적인 세 가지 표현이 의미하는 것이 무엇인지 알아봄으로써 우리가 서 있는 이 땅의 모습을 이해하고자 한다.

1. 포스트모더니즘 시대[202)

　최근 철학, 문학뿐 아니라 문화의 모든 영역에서 많이 논의되는 포스트모더니즘은 이 시대의 정신을 규명하는 지시어로서 자리를 잡아가고 있다. 이 말은 대개 아놀드 토인비가 그의 대표작인 「역사의 연구」에서 처음 쓴 것으로 알려져 있다. 그러나 포스트모더니즘이란 말을 하나의 철학적-문화적 용어로 만들어 보편화시킨 것은 미국의 학계이다. 이 말은 미국의 예술 비평가인 이합 하산이 1970년대 중반에 현대 예술에 관한 논문에서 많이 썼다. 그는 저술을 통하여 전후 예술을 가리키는 용어로 "포스트모던"이라는 용어를 만들어 냈다.[203) 최근 정일권은 포스트모더니즘의 창시자는 니체이고 그의 사상을 이어간 자는 하이데거라고 강조하면서 특별히 프랑스의 포스트모던 철학이 처음 미국에 영향을 준 것은 1966년 르네 지라르의 주도 아래 존스홉킨스대학에서 열린 컨퍼런스 '비평언어와 인간과학'이라고 말한다. 그런 후에 프랑스의 68혁명을 통하여 유행하기 시작하였다는 것이다.[204) 이렇게 볼 때 유럽의 포스트모더니즘을 미국에 소개하고 대중화 시키는 길을 연 것은 르네 지라르의 영향이라 할 수 있다.

　이렇게 시작된 포스트모더니즘의 의미는 매우 다양하다. 이것을 근대주의의 일부로 분류하기도 하고, 근대와는 전혀 다른 새로운 것으로 주장하기도 한다. 어떤 이는 이 말을 매우 편협한 의미에서 17세기 이후 근대의 철학과 문화에 대한 극단적 비판 운동을 지칭하는 데 국한시킨다. 협의로 이 말을 쓸 때에는 주로 프랑스의 극단적 비판주의인 데리다의 철학 종말론, '해체주의'나 미셸 푸코의 "인간과 주체" 비판 등을 지시한다. 그러나 또 다른 이들은 매우 넓은 의미에서 20세기 중반 이래 구체화되어 가는 서구 문화 전반의 변화 추세에 대한 막연한 지시어로 이 단어를 쓰기도 한다. 또 그 영향의 범위에 대해서도 어떤 이는 건축이나 예술, 그리고 문학 비평에 국한된 방법적 유행으로 보기도 하고 어떤 이는 문화의 새로운 형태로 보기도 한다.[205] 또한 리오타르는 포스트모더니즘은 신의 장례식이라고 하였다.[206]

포스트모더니즘이란 과학기술과 계몽 사상에 기초한 근대주의 이후(post-modern)의 사상을 뜻한다. 그러므로 포스트모더니즘의 이해에는 모더니즘(modernism)에 대한 이해가 선행되어야 한다. 물론 모더니즘이란 근대의 정신을 말한다. 서양의 모더니즘의 발단은 르네상스와 종교개혁을 통한 중세의 해체에서 비롯되었다. 특히 16세기 이후 과학의 발전과 계몽 사상의 대두로 고무된 세속화 과정은 자율적 이성을 문화의 토대로 삼는 인본주의로 기울어졌다. 즉 근대 문화는 이성적 철학과 과학의 기초 위에 서 있었다. 포스트모더니즘은 바로 이러한 과학-기술 문화에 대한 비판을 구심점으로 하는 새로운 문화 운동이라 할 수 있다.[207] 이에 대하여 독일의 철학자 하버마스는 그의 「포스트모던 문화」에서 말하기를 포스트모더니즘은 "모더니즘의 열매들을 간직하면서도 모더니즘의 근원은 거부하는 사상"이라고 하였다.[208]

포스트모던적 세계관의 특징은 이성주의 비판으로, 근대적 통일성 이상에 대해 다양성을 중시하고, 절대적 진리 추구보다 상대성, 역사성을 주목한다. 결국 그 문화적 시각이 다원주의를 지향한다. 쌀밥과 햄버거를 함께 먹는 것을 말하며, 그리스 양식의 기둥과 로마 양식의 아치 그리고 현대식의 거울 벽을 갖춘 건물을 관찰하는 것이다.[209]

포스트모더니즘의 극단적 비판에 의하면 이 시대에는 신도 죽었고, 신 없는 근대인에게 신을 대신했던 이성도 죽었으며(No God, No God's Double) 그 결과 인간도 죽은 시대가 되었다. 그것이 신적 권위에 의한 것이든, 이성적 법칙에 의한 것이든 절대가 부정된 시대에 남는 것은 "의견"들 뿐이며, 소위 해석학자들이 구상하는 "의견의 나눔, 대화"는 쉽사리 힘의 질서, 극단적 보수주의로 전락할 수 있다. 상대주의는 쉽게 힘의 논리를 지지하는 결과를 초래하는 경향을 가진다. 절대적인 것은 신이건 이성이건 모두가 부정되는 체계에서는 힘과 관능만이 질서의 지도력을 가질 가능성이 많기 때문이다. 잘못된 과학주의의 붕괴는 환영할 만하지만 그에 수반되는 상대주의와 윤리적 무정부 상태는 더욱 경계해야 할 악이다.[210] 포스트모던 사상의 핵심을 잘 보여 주는 시 한 편을 소개한다. 페럴만의 작품이다.

> "경치는 현대적으로 변해가고
> 기차는 가는 대로 당신을 데려가고
> 다리는 물속에 있고
> 심지어 허공에 떠도는 말들도 우울한 징조를 보여 주고
> 맛있는 것이 있다면 우리는 그것을 먹는다.
> 낙엽은 떨어지고
> 사물들을 가리켜 준다.
> 그는 뭐가 뭔지를 추측한다.
> 나는 어떻게 이야기해야 할지를 배웠어! 놀랍군!
> 머리가 비정상인 사람은 울음을 터뜨리고 만다."[211]

여기에서 무엇을 얻을 수 있는가? 논리성도 없고, 보편성도 없

고 그렇다고 분명한 목적의식도 없다. 그야말로 분열이다. 이것이 포스트모더니즘의 모습이다. 그러므로 이렇게 규정된 시대는 오직 혼합만이 남는다. 그야말로 미소 띤 허무주의이다. 이것이 지금 우리 시대의 흐름이다.

2. 상실의 시대

우리가 살고 있는 이 시대의 모습에 대해 아주 근접한 표현을 빌린다면 바로 "상실의 시대"라고 부를 수 있다. 여기서 상실은 매우 포괄적인 의미다. 그래서 네 가지로 한정하여 살피고자 한다.

절대 진리의 상실

첫째, 절대 진리의 상실이다. 절대 진리, 그것은 곧 하나라는 생각을 떠오르게 한다. 그러나 우리 시대의 모습은 절대 진리 아래 하나로 존재하지 않는다. 진리는 다양하며 누가 그 진리를 선택하느냐에 따라 자신의 진리가 된다고 가르치고 있다. 이것은 논리적으로 매우 호소력이 있는 것 같으나 실상은 매우 치명적인 독소를 가지고 있다.

절대 진리의 상실이 가져온 첫 번째 혼돈은 '도덕적 가치의 혼란'이다. 무엇이 규범이냐는 질문에 대하여 침묵한다. 오직 다수의 의견이 진리이며 그 다양함들을 따를 뿐이다. 이것은 자본주의 사회의 장점이자 매우 심각한 단점이다. 로이드 존스는 도덕적 가치의 혼란을 지적하기를 "도덕적인 기준은 다수의 승인된 행동 패턴에 불과하며, 다수의 의견에 순응하는 것은 우리 모두의 일이다."[212] 라고 하였다.

이것을 또한 쉐퍼는 표현하기를 "51% 진리의 시대"라고 표현하였다. 진리란 그리고 도덕적 기준이란 "다수의 승인된 행동 패턴"이나 "51%의 승인"이다. 여기에 절대 진리가 들어갈 곳이 없다. 그러나 더 큰 문제는 이 시대의 수많은 문제에 대하여 누구 하나 책임을 지지 않는다는 사실이다. "감소된 책임 의식"이 보편화된 시대이다.[213)

쉐퍼는 이러한 시대를 향하여 "무관심의 시대"라고 말한다. 이 땅에서 일어나는 것에 대하여 그것이 정의든 불의든 상관하지 않고 절대 다수의 의견이 옳다면 시행되는 것이며, 그 결과에 대해 누구 하나 책임을 지지 않는다. 대표적인 예가 바로 낙태와 안락사 문제, 나아가 복제 인간의 문제이다. 이것도 절대 다수가 원하면 윤리적인 측면의 고려는 의미가 없다. 윤리는 다수의 승인된 행동 패턴이요, 51%의 승인이기 때문이다. 이것이 절대 진리가 상실된 시대가 가져오는 심각성이다.

절대 진리의 상실이 가져오는 두 번째 열매는 '상대주의'이다. 다수의 문제에 직면한 세계가 취한 태도는 종교적, 철학적 진리 여부에 대하여 질문에 침묵함으로써 사회적인 평화를 유지하기로 묵시적으로 결정한 것이다. 그러므로 상대주의자는 "너에게는 그게 진리인지 모르지만 나한테는 그것이 진리가 아니고 그럴 필요도 없다"라고 말한다.[214) 이들이 내거는 주장은 우리 시대가 어디로 가고 있는지를 보여 준다.

1) 모든 종교는 결국 다 같은 것이다. 2) 너에게는 진리이고 나에게는 진리가 아닐 수도 있다. 3) 모든 종교의 체계를 신실하게 따르기만 하면 같은 영적 실재로 인도한다. 4) 어떤 종교적, 지적 신념도 진리라고 주장할 수 없다. 모든 것은 수정 가능하다. 5) 모든 주장은 언어 구조 내에서 이루어진다. 그 주장들은 언어의 구조와 거기 깔려 있

는 전제들에 얼마나 들어맞는지에 따라 진리로 결정된다. 6) 신은 존재하지 않는다. 자연주의는 진리이다. 종교적 주장은 사람들이 조화롭게 살도록 도와주는 은유에 불과하다. 조화로만 인도한다면 어떤 은유든지 좋다. 우리가 바랄 수 있는 최선이 바로 그것이기 때문이다. 죽음 후에 삶이란 없다.[215]

절대적 진리의 존재가 부정될 때 남는 것은 "의견"들 뿐이다. 이때는 기득권의 힘이나 잘못된 권위의 위세를 효과적으로 견제할 수단이 보이지 않는다. 가다머나 리처드 로티처럼 "대화"를 대안으로 제시하지만 만약 대화가 결렬되거나 아예 처음부터 거부되면 무엇으로 그 난국을 풀어갈 것인가도 의문이다. 이들이 제시하는 이른바 "인류의 대화"도 자칫 힘의 질서 또는 극단적 보수주의로 전락할 수 있다.

더욱이 경계해야 할 것은 절대적이라면 신이건, 이성이건 모두 부정되는 체계에서 힘과 관능만이 질서의 지도자 역할을 할 가능성이다. 어떤 형태의 것이건 절대적 규범이 무너지는 상황 속에서 그동안 규제되던 감성, 관능, 탐욕 등의 폭발적 해방을 부추길 가능성을 특히 경계해야 한다.

권위의 상실

둘째, 권위를 상실한 시대이다. 우리 시대는 개인주의와 가정의 붕괴 그리고 권위의 상실로 어른이 없는 시대가 되었다. 마치 기둥이 없는 집과 같이 되어 버린 것이다. 이 사실에 대하여 데이비드 라이즈만은 "어른의 권위가 무너짐에 따라 젊은이들은 더욱더 서로의 포로가 되고 있다. 어른의 통제가 사라지면서 젊은이들 상호 간에 통제가 강화되고 있다"고 하였다. 그래서 어른 대신 또래가 기준이 된다. 그

리고 이 또래 집단에서 이탈되는 것이 두려워 일방적으로 또래 집단
의 노예가 된다. 이들은 아버지로 대표되는 기성 세대와 다르게 산다.
이들은 죄의식보다는 수치심을 더욱 중요하게 여긴다. 그래서 헨리
나우웬의 이야기 많은 생각을 준다.

"다가오는 세대는 죄의식의 문화에서 수치심의 문화로 전환될 것이
다. 그리고 이 전환은 엄청난 결과를 초래할 것이다."[216]

이들이 장성하였을 때 이들에게 남는 것은 바로 소망이 없는 삶
과 오직 현상 유지만을 위하여 사는 존재가 된 자신뿐이다. 이것이 어
른을 상실한 시대가 가져온 불행이다.

어른이 사라진 시대는 권위의 상실을 의미한다. 이제 가정에도
사회에도 어른이 없다. 권위의 부정은 자유를 가져오고 개성을 낳게
하는 것 같으나 실상은 무질서와 혼란을 가져오는 것이다. 권위는 가
족과 사회를 지탱하는 보이지 않는 힘이다. 그런데 이러한 권위가 무
너지고 있다. 권위의 대표 주자였던 성직자나 교사, 부모의 권위는 이
미 땅에 떨어졌다. 떨어진 권위 위에 남은 것은 자의적 행동뿐이다. 자
신들의 입맛에 맞는 것 외에는 의미가 없게 되었다. 권위가 상실되자
거룩한 충고도 함께 사라지게 되었다. 성경은 징계가 없으면 사생자
라 하였다(히 12:8). 오늘 우리들의 시대는 개성이라는 미명 아래 사
생아들로 넘쳐 나는 서식지가 되어 버렸다.

어른의 상실은 가정에서는 아버지의 부재를 의미하고, 아버지의
부재는 전통적 가정의 위기를 가져왔다. 아버지는 가정을 대표하는
존재였다. 그러나 이 시대의 아버지는 돈에 의해 권위를 획득하기도

혹은 잃기도 하면서 경제적 능력에 따라 아버지의 아버지 됨을 좌우 당하게 되었다. 돈을 못 버는 아버지는 이제 아버지가 아닌 것이다. 아버지는 산업 사회를 거쳐 정보화 사회로 가면서 철저하게 경제적 가치로 평가되어 버렸다. 경제적 가치가 없으면 가정에서 아버지는 퇴출을 당한다. 우리는 이러한 현실을 무수히 보아 왔다. 오늘날의 경제 구조가 낳은 이 시대의 아버지는 권위를 잃었다. 그리고 가정도 무너지고 말았다. 돈의 기초 위에 세워진 가정과 돈에 의하여 권위가 세워진 아버지는 돈의 상실과 함께 무너져 버리고 가정도 함께 무너져 버렸다. 철저한 개인주의가 모두를 지배하기 시작했다. 같은 집에 살아도 서로 다르게 살고 있는 현대인들은 그나마 아버지의 권위로 연결되어 있었는데 이제 그 연결고리가 풀어지자 저마다의 삶의 길을 찾기 시작한 것이다. 그러므로 결혼은 싫고, 아기는 갖고 싶어 하는 극단적 개인주의가 생겨났다. 이것은 공동체를 무너뜨리는 무서운 병이다. 또한 사랑이라는 조건 하에 너무 쉽게 이뤄지는 혼전 성관계는 그로 인해 후에 벌어질 일들에 대한 고려가 없는 개인주의의 극대화를 보여 준다.

이제 이 시대는 어느 누구 하나 신뢰하지 못한다. 그러므로 결혼 후에 서로 간의 이해관계가 다르면 쉽게 이혼하고 쉽게 재혼한다. 결혼에서 거룩함이라고는 찾을 수 없는 일상의 놀이가 되어 버렸다. 바로 권위가 상실된 시대의 자화상이다.

꿈의 상실
셋째, 꿈을 상실한 시대이다. 이것은 역으로 현실주의 시대가 되었음을 의미한다. 현실주의는 매우 유익한 사상이 될 수 있다. 현실주의는 이 시대의 삶의 현장에 뛰어들어서 함께 나누는 공동체 의식 가운데 나타난 이념이다. 여기에는 거룩한 의식이 있다. 그러나 오늘의 현실주의는 이러한 의식이 상실된 찰나적이고 비관적인 현실주의이다. 미래의 일을 위하여 사는 존재가 아니라 오늘의 만족을 위하여 사는 존재로 전락했다. 이 시대는 내일을 잃어버리고 오늘의 쾌락을 따르고 있다. 순간의 쾌락과 즐거움을 위해서라면 자신의 아름다운 성조차 의미가 없다.

요즘 초등학교 학생들까지 포함된 성적 일탈의 모습은 우리 시대의 현실주의를 잘 보여 주는 사건이다. 이들은 한결같이 돈을 좀 더 많이 그리고 자유롭게 쓰기 위한 행동이었다고 이야기한다. 그리고 이들과 성매매를 한 30대 남자는 자신은 억울하다며 양심의 가책을 전혀 느끼지 않았다. 이러한 현상의 중심에는 꿈을 잃어버린 현실주의의 그림자가 깊이 깔려 있다.

더욱 참담한 것은 이 비참한 현실이 지성사회에서 시작되었다는 사실이다. 우리의 지성사회는 초기 한국 사회를 이끄는 견인차였다. 그들의 정신은 나라와 민족을 위한 투쟁이었고 힘이었다. 그러나 오늘날 지성사회의 상징인 대학은 그러한 정신을 상실하였다. 여성들은 스스로 쾌락의 선봉장이 되었고 이것을 여성 해방이라 부르기까지 한다. 그러나 그럴듯한 구호에 속아 자기 최면에 빠져서 지성사회가 쾌락주의를 양성하는 곳이 되어 버린 것 같다. 비록 소수라 할지라도 그 모습은 지성사회의 현실을 반영하는 것이다. 한 인터뷰에서 여대생의 고백은 이 사실을 잘 보여 준다.

"인생은 즐기는 것이다. 삶도 즐기고 돈도 벌고 이러한 일석이조의 삶이 어디에 있는가? 잠시만 창피하면 된다. 그리고 곧 중독되어 창피도 사라진다."[217)

이들이 몸을 팔고 번 돈은 패션과 또 다른 쾌락을 위해 사용된다. 이러한 현상은 두말할 필요 없이 꿈을 잃어버리고, 내일을 상실한 채 살아가고 있는 시대의 현주소를 잘 보여 준다. 꿈이 없으면 내일이 없다. 내일 없는 오늘은 불행하다. 그러기에 허탄한 이야기와 돈을 사랑함에 모든 것을 바치는 것이다. 이것이 오늘 우리 시대의 불행이다.

믿음의 상실

넷째, 믿음의 상실 시대이다. 우리 시대의 모습에서 나타난 가슴 아픈 현상은 서로에 대한 '신뢰가 상실'되었다는 것이다. 이것은 전에도 존재하였으나 오늘날은 그 강도가 사뭇 다르다. 정치적인 신뢰의 포기, 지식인층의 부도덕과 침묵 그리고 인간을 높이는 변질된 종교와 도덕의 가치를 타락시키는 종교의 발흥은 인간 사회의 믿음을 상실하게 하였다. 즉 '냉소주의(니힐리즘)' 시대가 되어 버렸다. 어느 누구도 절대적으로 신뢰하지 않는다. 인간관계는 일회적이 되어 인간과 인간의 만남에 어떤 의미도 주지 않고 있다.

요즘 사람들은 자신 앞에서 성폭행이 일어나도 피해자를 도와주지 않는다고 한다. 그 이유는 간섭하면 시끄러워지기 때문이다. 이러한 사건은 오늘날 수많은 범죄의 홍수 속에서 이야깃거리도 안 된다.

지하철에서 10대 청소년들의 무질서함을 보고 주의를 주었던 40대는 말참견을 했다는 이유로 10대들에게 봉변을 당했다. 당시 지하철에는 수십 명의 승객이 있었지만 어느 누구도 간섭하지 않았다. 이후에 그 40대는 말하기를 내 남은 인생은 절대로 남을 상관하지 않겠다고 하였다. 어느 누구도 믿을 수 없다는 선언이다. 이제 우리가 피해자가 되었을 때 우리를 도와줄 사람이 없을지 모른다.

성경에 강도 만난 자의 이야기가 있다. 강도를 만나 거의 죽게 되었는데 그곳을 지나가는 당시의 지도층 인사인 제사장과 율법사가 그럴듯한 이유로 피해 간 일이 기록되어 있다. 반면 사회적 인정을 받지 못하던 사마리아인이 자신의 자비를 들여 가며 그를 도와주었다. 이 사건을 통하여 성경은 기득권층의 독선과 지식인층의 위선을 고발하고 미천하지만 선한 일을 한 사람의 이야기를 통하여 사람 사는 사회의 모습이 어떠해야 하는지를 보여 주었다. 그런데 우리 사회는 기득권층과 지식인만 남아 있고 선한 사마리아인이 사라지고 있다.

사람들은 서로를 향한 냉소를 보낼 뿐이다. 빔 리트께르크는 오늘의 시대를 '미소 띤 허무주의'라고 하였다.[218] 믿음이 상실된 시대는 냉소만이 흐를 것이다. 그리고 소망이 없는 미소 띤 허무주의만이 남을 것이다. 이런 시대에 요구되는 것은 바로 선한 사마리아인이다.

영국 출신의 세계적인 경제학자인 찰스 핸디는 그의 책 「헝그리 정신」에서 우리 시대에 참으로 요구되는 것은 "온전한 이기주의 정신을 가진 자"라고 하였다. 이 정신은 남이 없으면 자신이 없다는 인식을 가진 자로서 남을 위하는 것이 바로 자신을 위하는 것임을 말한다. 바로 사마리아인의 정신이다. 이 정신이 믿음의 상실된 시대 속에 믿음을 회복시키는 길이다. 남이 없으면 나도 없다. 그러므로 남을 위하는 일은 바로 나를 위하는 일이다. 이것이 냉소주의 시대의 대안적 가치이다.

3. 새로운 선지자, 대중문화의 시대

1998년 3월24일 아칸소주 존스보로 초등학교에서 총기사건이 발생하였다. 13살 Mitchell Johnson과 Andrew Golden이 수업도중 수업에 들어가지 않고 화재경보기를 울린 후 사람들이 놀라서 뛰쳐나올 때 미첼 존슨은 학교 밖 나무 뒤에 숨어 있다가 도망 나오는 급우들과 교사들을 향해 총을 쏘았다. 이로 인하여 여학생 4명과 교사 1명 사망, 학생 9명과 교사 1명 부상당하는 끔찍한 사건이 벌어졌다.[219]

이러한 현상의 근원적인 이유를 보게 되면 거기에 대중문화의 무서운 독이 있다. 미국 문화의 무서운 면은 바로 대중매체다. 어려서부터 총기 사용의 자유와 대중 매체를 통한 총기 난사 장면들을 반복 습득하였던 어린 초등학생들의 이성을 마비시켰다고 볼 수 있다.

이웃 나라 일본에서도 미국의 사건보다 더욱 잔인한 사건이 일어났었다. 초등학교에 다니던 학생에게 이웃의 중학생이 그저 만화책에서 본 대로 살인을 저질렀다.

이것은 단순히 일본의 문제만이 아니다. 2016년에 독일 뮌헨에서 일어난 총기 사건도 청소년들의 게임 중독이 영향을 주었다고 독일의 내무부 장관이 발표하였다.[220]

한국에도 이러한 사건은 무수히 많다. 몇 해 전 자신의 부모를 죽인 유학생 사건이 있었다. 그의 부모는 교회의 직분자였다. 그런데 미국 유학을 갔다 온 아들에게 죽임을 당하였다. 자신을 질타하는 부모에 대한 앙심이 동기가 됐지만 살인 방법은 영화를 보고 계획했다.

누구나 대중문화와 가까이하고 있다. 물론 모든 사람이 다 이와 같은 문제를 일으킨다고 볼 수는 없다. 그러나 한 사람의 예외도 없이 이러한 문제를 일으킬 요소를 가지고 있음을 부정할 수도 없다. 왜냐하면 대중문화는 결코 중립적이지 않기 때문이다. 대중문화는 무서운 힘을 가지고 있다. 메이저 리그에서 성공한 야구선수 박찬호가 한국에 와서 사인회를 할 때의 일화다. 사인회에 참석한 한 학부모가 공책에다가 밥 잘 먹고 공부 잘하라고 써 달라고 하였다. 그 이유는 아이가 엄마가 아무리 말을 해도 안 듣지만 박찬호 선수가 말하면 들을 것이라는 확신 때문이었다. 아이는 한 번도 박찬호를 본 적이 없다. 오직 대중 매체를 통해서 보았다. 그런데 이 아이는 매일 보는 부모보다 박찬호의 말을 더욱 신빙성 있게 받아들이는 것이다.

이 모든 것이 대중문화가 주는 매력이요 힘이다. 그 화려하고 치명적인 유혹에 이끌려 모두들 대중 매체에 한 번이라도 나오기를 원한다. 다음은 대중문화가 확산되기 시작하였던 20년 전의 모습이다. 그리고 지금 우리는 어떠한가?

> "최근 3~4년 동안 호황을 누려온 서울 여의도 방송가의 10여 개의 연기학원에는 이번 여름 방학 기간에 10대 수강생들이 더욱 많이 몰려들었다. 연기 학원가에서 명문으로 소문난 이 학원의 경우, 성인반. 중·고반과 유치반과 대학 진학을 준비하는 연극영화학 진학과반 등 4개 반에 180명의 수강생을 1년에 세 차례씩 모집하고 있으며 보통 천여 명 정도 수강을 희망하고 있어 간단한 전형을 통해 선발하고 있는 실정이다. 수강 희망생 90% 이상이 중고생이고 특히 중학생이 이중 60%여서, 중고생반 등은 항상 수강 인원을 초과해 1백 여 명을 받고 있다."[221]

1990년대에 시작된 연예인에 대한 환상은 식을 줄 모르고 오히려 더욱더 커지고 있다. 공영 방송은 물론 각종 케이블 매체를 통하여 오디션 프로그램이 방영되고 아이돌 스타가 되려는 10대들의 도전은 더욱 거세지고 있다. 연습생 신분으로 청소년기를 모두 보내는 것은 다반사지만 지원자들은 넘쳐난다. 시간이 흐르고 시대가 바뀌었지만 대중 매체의 힘은 더욱 강력해졌다. 더구나 초고속 인터넷과 스마트폰은 이러한 대중문화의 힘을 제어할 수 없게 만들었다.

이러한 현상은 대중문화가 지니고 있는 무서운 힘을 반영하는 것이다. 대중문화가 가지고 있는 힘은 무엇인가?

첫째, 대중문화는 우리의 삶을 바꿀 수 있는 힘이 있다. "한 보고에 의하면 15세에서 25세 사이의 호주 청소년 10만 명당 164명이 해마다 자살한다고 한다. 이것은 매일 2-3명씩, 일 년이면 500여 명의 청소년들이 목숨을 끊고 있다는 것이다. 그리고 수많은 청소년들이 죽음에 이르기 전에 도피의 수단으로 마리화나를 피우고 있는 것으로 알려졌다. 무엇이 부족하기에 이런 일이 일어나는가? 그 이유에 대해 시드니에 있는 빈센트 병원의 브렌트 워터스 원장은 자살의 원인을 미디어가 주는 악영향이라고 말하고 있다. '우리는 제법 부유한 나라지만 포화 상태의 미디어에 노출되어 있다. 미디어에 의해 생겨난 청소년 문화는 실제 사회의 다양성을 반영하지 못하고 오히려 허황된 목표를 세우게 만든다. 바로 이것이 아이들을 거칠게 만든다.'[222] 즉, 조작된 미디어에 의해 참된 가치를 상실하였고, 세우지도 못하고 있다는 것이다. 20년 전에 기사를 보고 발췌하여 발표하였던 내용이다. 당시에는 이 말에 사람들은 냉랭하였다. 아직 부유한 상태나 미디어의 폭발적 성장이 없었기 때문이다. 그러나 대비해야 한다고 강조하였다. 그리고 20년이 지난 지금 우리의 현실은 호주와 비슷하다. 빈센트 원장의 말처럼 청소년의 자살은 기하급수적으로 늘었다. 여기에 미디어가 준 영향은 없을까?

대중문화는 우리들의 삶을 바꾸어 놓은 대표적인 주범이다. 미디어는 결코 진실을 보여 주지 않는다. 미디어는 돈을 벌기 위한 하나의 수단임을 언제나 기억해야 한다. 그래서 대중 매체는 시청률이 올라가고, 광고주의 입맛에만 맞는다면 내용이 어떤 것이든 상관없이 내보낸다. 요즘 대중문화는 동성연애나 성전환 수술에 대한 내용을 자연스럽게 내보낸다. 그리고 거기에 어떤 도덕적인 결론도 내리지 않는다. 그것을 보는 이들은 불편하지만 마음속으로 받아들이고 있다. 그리스도인들조차도 이들에 동화된다. 어느새 인간의 죄성은 무시하고 궁극적으로는 인간을 잘못 만드신 하나님을 비방하는 자리에 자기도 모르게 서게 된다. 인권은 소중하지만 성경이 아니다. 그런데 미디어는 이것을 혼동하게 한다. 바로 이것이 미디어가 주는 무서운 해악이다.

둘째, 대중문화는 우리의 사고를 점령한다. 우리의 평범한 아동들은 초등학교에 입학하기까지 약 6천 시간 이상을 미디어를 대표하는 TV 앞에 있으며, 고등학교를 졸업할 때까지 약 23,000시간을 TV 앞에서 보낸다. 이 수치는 의무교육 기간에 학교에서 보내는 시간보다 훨씬 많다. 또한 아이들은 학교에 입학하기까지 TV를 통하여 접하는 광고가 매주 500편 이상이고 고등학교를 졸업하기까지 백만 편 이상의 광고를 접하게 된다. 달리 말해서 아이들이 주체적으로 생각하고 활동하기 전에 미리 TV에 세뇌당하고 있다. 즉 TV가 학교와 가정에서 가르쳐 주는 가치관을 능가하고 있다. 지금은 아이들의 손에 스마트폰이 쥐어져 있다. 이제 궁금하면 '지식인'에게 물어본다. 인격적인 지식이 아니라 대중 미디어에서 기계적 지식을 얻고 있다. 이것은 우리들의 삶과도 무관하지 않다.

이 사실은 미디어가 보급되기 시작하여 완전히 보편화된 1980년 후반 이후 출생하여 성장한 아이들을 교육하기가 점점 어려워짐에서 볼 수 있다. 대중문화가 선생의 자리와 부모의 자리를 차지하고 있다. 이제 사람들은 대중문화를 통해서 세상을 보고 가치관을 형성하는 단계에 이르렀다. 직업에는 귀천이 없다는 옛말이 무색하게 된 것은 바로 대중문화가 준 영향이다. 요즘 세대는 자기가 가진 것과는 다르게 생각하고 행동한다. 대중문화의 주인공들은 언제나 미인과 부를 차지한다. 그들은 하루를 살아도 멋있게 살아간다. 그러기에 요즘 젊은이들의 결혼상대자 기준이 바로 대중문화가 제시하여 준 가치관대로 형성되어 있음은 무리가 아니다.

이러한 대중문화는 '사상의 다양성을 상실'하게 만들었다. 그 대표적인 예가 바로 "메이커 상품"을 애용하는 모습이다. 또한 대중문화 스타들이 팔고 있는 상품을 사람들은 적극적으로 구입하고 있다. 그러므로 개성 시대라고 하는 우리 시대는 오히려 몰개성의 시대가 되어 버렸다. 어디를 가도 그 모습이 그 모습일 뿐, 개성이 없어졌다. 요즘 젊은 여성들의 부모는 강남의 성형외과 의사라는 우스운 이야기가 있다. 자연의 미가 아닌 성형으로 개성 없는 얼굴을 만들어 내고 있다. 이 상실은 사고의 영역에도 동일하게 나타난다. 모두 대중문화에 이리저리 흔들리고 있다. 나의 사고는 곧 대중문화의 사고이다. 그러나 실상은 대중문화의 사고는 편집자의 사고일 뿐 결코 진리가 될 수 없다. 그런데 우리의 일상 대화를 보면 대중문화를 통해 들은 말을 되풀이하고 있는 게 사실이다.

거기에 엘리트 지식인들과 전문가들의 역할 또한 지대한 영향을 미치고 있다. 선거 때마다 나오는 북풍 사건 역시 공산주의가 아니더라도 언론이 공산주의로 만들면 우리는 그렇게 믿는다. 신실한 목사의 말보다 언제나 신문이 더 진리이다.

대중문화의 위험성은 정권을 합리화하는 도구에서 잘 나타난다. 제2차 세계대전 때 히틀러가 수많은 유대인을 학살하였을 때 온 독일 국민이 그것을 정당하게 받아들인 것도 이런 미디어의 영향이었다. 실제로 쿠데타를 일으키는 이들이 가장 먼저 점령하는 것이 대중 매체이다. 이것이 수중에 들어오면 쿠데타는 성공할 수 있다. 즉 무지한 사람들을 조종할 수 있는 가장 강력한 무기는 대중 매체이며, 그를 통한 세뇌이다. 이렇듯 대중문화는 알게 모르게 우리의 사고방식을 점령한다. 그리고 문화 생산자의 노예가 되어 간다.

셋째, 대중문화는 도덕적 기준을 혼란시킨다. 대중문화는 일방성을 가지고 있다. 이러한 일방성은 도덕적인 삶에 지대한 혼란을 가져다준다. 한 유명한 스타가 대담을 나눈 기사를 읽은 적이 있었다. 그 내용은 결혼 전에 서로를 확인하기 위한 성관계를 가지는 것은 무방하다는 것이었다. 그는 자기의 견해를 밝혔을지 모르지만 이를 좋아하는 이들의 마음에는 무엇이 남을 것인가는 충분히 상상할 수 있다. 또한 드라마를 통하여 보여 주는 성공과 남녀의 사랑의 모습 등은 도덕적인 혼란을 가져오게 한다. 한 보고서에 의하면 10대들이 1년 동안 TV를 통하여 약 4000여 회나 성적인 내용을 본다고 한다.[223] 결국 부모와 교육을 통하여 보기 이전에 이미 TV를 통하여 무분별하게 접하는 것이다. 또한 모든 대중 매체는 자극적이어야 시청률이 높아진다고 생각한다. 그리고 특별한 면을 보여 주어야 성공할 수 있다는 생각을 가지고 있다. 바로 이것이 전통적인 가치관과 배치되는 것이요 결국 도덕적 혼란을 가지고 오는 것이다. 그러나 대중문화는 우리의 삶의 결과에 상관하지 않는다. 이것이 지금 우리가 살고 있는 이곳에서 벌어지고 있는 일이다. 더구나 스마트 기기의 보급은 대중문화의 영향을 더 증폭시켰다.

대중문화는 도덕적인 기준을 혼란하게 할 뿐 아니라 편집자의 도덕을 강요하고 있다. 우리는 알게 모르게 편집자의 노예가 되어 가고 있다. 이것이 이 시대의 선지자인 대중문화가 갖고 있는 해악성이다. 물론 대중문화에 장점이 전혀 없는 것은 아니다.[224] 그러나 대중문화의 해악이 얼마나 지대한지를 직시하는 것은 우리 시대를 살아가는 데 매우 중요하다.

3장. 시대와의 만남

지금까지 우리 시대의 흐름이 무엇인지 그리고 어디로 가고 있는지 살펴보았다. 이제 우리는 상실의 시대 그리고 대중문화가 지배하고 있는 포스트모더니티의 삶의 환경을 어떻게 맞이하여야 하는 점이다. 우리는 피할 수 없으며 모른 척할 수 없다. 그렇다면 구체적으로 어떻게 만나고 대처해야 하는가? 총론적으로 세 가지 관점을 가지고 있어야 한다.

1. 성경적 세계관

첫째는 성경적 정신 즉, 분명한 성경적 세계관을 가지고 있어야 한다. 절대적 진리가 있음을 보여 주어야 한다. 그러기에 우리의 삶의 분명한 태도가 중요하다. 어정쩡한 태도는 이 땅의 사람들을 올무에서 헤어 나올 수 없는 혼란의 수렁으로 빠지게 한다. 그러므로 먼저 된 자의 분명한 태도는 정말 소중하다. 오스 기니스는 말하기를 이 시대의 인간은 오직 두 가지인데 하나는 신비론자이며, 다른 하나는 기계론자라고 하였다.[225] 이것이 오늘 우리가 바라보고 있는 현실이다. 바로 이러한 시대에 분명하게 한 인격이신 예수 그리스도에 대하여 분명한 고백을 가지고 있어야 한다.

이에 대한 빔 리트께르크의 요점은 매우 의미심장하다. "첫째, 궁극적인 진리가 존재한다. 그러나 그것은 기원과 목적, 성격에 있어서 인격적이며 비 이데올로기적이며 신비적이다. 둘째, 이러한 진리는 인간의 정체를 일깨워 인간을 자유롭게 한다(요 8:32). 셋째, 이러한 통일성 안에 풍성한 다양성이 있다. 우리는 다원적인 사회를 믿는 것이지 다원주의적 사회를 믿는 것은 아니다."[226]

포스트모더니즘과 대화하려면 이러한 사실을 반드시 염두에 두어야 할 것이다. 절대 진리가 사라지고 상대주의와 종교다원주의가 대세를 이루는 시대를 살기 위하여 무엇보다도 성경적 세계관이 확고하여야 한다.

2. 사랑과 감동

둘째는 사랑과 감동을 주면서 만나야 한다. 기쁨의 눈물이 필요한 시기이다. 아픔의 눈물 역시 필요하다. 이것이 개인주의로 팽배한 시대를 허무는 지름길이다. 유아세례를 위한 문답 공부를 시킬 때 아이의 바른 성장에 있어서 가장 중요한 것은 '부모의 사랑'을 보고, 먹고 자라나는 것이라고 가르친다. 대가족을 이루었던 옛날의 우리 가족의 모습을 보면 모두가 한 집에 있었고 함께 자라났다. 그러므로 부모는 항상 함께 있었다. 아이들은 언제나 부모가 함께 있는 모습을 보면서 성장하였기에 경제적으로 어려운 삶을 살았다 하더라도 건강하게 자라날 수 있었다. 그런데 오늘날의 가족은 이와는 전혀 다른 상황에 접해 있다. 부모들의 의식이 커 갈수록 자기개발에 힘을 쏟는 일이 많아지면서 점점 아이와 함께하는 시간이 적어지고 있다. 자는 아이를 보고 출근한 부모가 자고 있는 아이를 보기 위해 퇴근한다. 아이들이 부모가 서로 사랑하는지도 모르고, 자신들을 사랑하고 있는지도 모른 채 자란다.

이렇게 자라난 아이들은 사춘기를 지나고 성년이 되면서 매우 강하고 독선적인 아이로 성장하기 일쑤다. 이 시대의 가정은 매우 불안하다. 3쌍 중 1쌍이 이혼하고 1년에 10만 명의 아이들이 가출을 하는 시대이다. 아이들은 길에서 자더라도 집에서는 자지 않겠다고 말한다. 가출한 자신을 찾아온 어머니를 향하여 왜 나를 찾았냐고 말하고 있다. 왜 이 모양인가? 사랑의 결핍이 주요인이다.

그러므로 우리 시대는 조그만 것에도 감동받는다. 많은 사랑이 아니라 작은 것이라도 진실한 사랑이 있으면 감동한다. 우리 주님은 언제나 이러한 모습이 있었다. 마가복음 6장 31 - 32절을 보면 예수님의 제자들을 위하는 마음을 볼 수 있다. 전도 여행을 갔다 돌아온 제자들에게 예수님은 수고하였다는 의미로 격려하며 한적한 곳에 가서 쉬라고 하시는 것을 볼 수 있다. 배고픈 제자들을 위로하시는 모습도 볼 수 있다. 분명한 카리스마가 있는 모습 뒤에 이러한 작은 사랑과 나눔이 제자들을 확고하게 만들었던 동력이 되었다.

'작은 사랑과 나눔을 실천하자. 그리고 실수할 때 미안하다고 말하자.' 이것이 진정한 사랑의 표현이다. 2000년 5월 자신의 부모를 살해한 K대생 L군의 진술은 우리에게 많은 생각을 하게 한다.

"L군은 그동안 부모에게 묵묵히 순종하다가 어머니와 언쟁을 하고 처음으로 반항을 했다. 화가 나서 그가 미리 마련해둔 어머니가 자신에게 가한 학대 내용을 들이대었다. 만일 그때 어머니가 단 한마디 말, 즉 "미안하다"라고만 말했다면 그동안 있었던 일들을 모조리 다 잊어버렸을 것이라고 L군은 나중에 경찰서에서 진술했다. 단 한마디 "미안하다는 말이 그렇게 하기가 어려웠나요" 하고 그는 이미 죽어버린 어머니에게 울부짖었다."[227]

큰 것이 아닌 작지만 진실한 것 그리고 실수를 인정하고 미안하다고 말하는 것이 비정상적이며 비인격적인 세상으로 달려가는 이 시대에 하나님의 형상인 인격적 참된 존재로서 살아가는 방법이다.

3. 그리스도의 흔적

셋째는 그리스도의 흔적을 소유하고 마주해야 한다. 이것은 영적으로나 육신적으로나 매우 중요하다. 바울은 자신을 표현하기를 나는 '그리스도의 흔적'을 가진 자라고 하였다. 그러기에 바울은 주를 위한 삶에 있어서 자신의 목숨이 결코 아깝지 않았다. 우리 시대에 진정으로 필요한 것은 목숨을 바칠 수 있는 소명이다. 하지만 우리 시대는 소명 없이 우연에 따라 살아간다. 하지만 그리스도인은 분명한 소명을 소유한 존재다. 예수 그리스도의 흔적이 있다. 이것이 세상에 살면서 세상을 변화시키는 능력이다. 그러므로 우리는 이러한 흔적을 가지고 이 시대를 살아야 한다.

논리적이지도 않고 순간적인 감정에 휩싸여 가는 이 시대의 조류 속에서도 흔들림 없이 살아감이 무엇인지를 분명하게 보여 주어야 한다. 우리의 언어생활에서 시작하여 교회와 가정과 직장 그리고 인간 관계 가운데 그리스도의 흔적이 무엇인지를 알려 주어야 한다. 이러한 흔적과 무장함이 없이는 우리 역시 이 시대의 사상에 함몰되어 살아갈 것이다. 특별히 상대주의 사회는 무엇보다도 물질의 힘이 가공할 만하다. 그러므로 그리스도의 살아 있는 흔적이 없다면 우리 역시 동일하게 세상을 즐거워하며 살 것이다. 그리고 그 결과는 파멸이다.

분열된 세계에서 흔들림 없이 사는 비결은 진리를 확고하게 붙잡는 일이다. 그리고 이것이 삶의 현장에 실제로 나타나도록 살아야 한다. 바로 바울이 언급한 '그리스도의 흔적'이다.

"그러나 내게는 우리 주 예수 그리스도의 십자가 외에 결코 자랑할 것이 없으니 그리스도로 말미암아 세상이 나를 대하여 십자가에 못 박히고 내가 또한 세상을 대하여 그러하니라. 할례나 무 할례가 아무 것도 아니로되 오직 새로 지으심을 받은 자뿐이니라 무릇이 규례를 행하는 자에게와 하나님의 이스라엘에게 평강과 긍휼이 있을지어다. 이 후로는 누구든지 나를 괴롭게 말라 내가 내 몸에 예수의 흔적을 가졌노라"(갈 6:14-17)

4장. 본질로 돌아가자

이 시대의 모습은 그 어느 시대보다도 인간 이성의 확신성 앞에서 있다. 그러나 이성의 확신에 근거가 없다. 오직 이성의 존재가 그 근거라는 전제 아래 사고할 뿐이다. 이것은 매우 불안하다. 기준이 되는 우리의 이성은 시대와 상황에 따라 변하기 때문이다. 더구나 오늘의 생물사회학은 인간의 존재를 단순히 DNA 유전자 배열에 두고 있다. 인간과 원숭이의 차이는 단순히 유전자의 차이일 뿐이어서 그 배열이 같으면 원숭이와 인간은 동질이라는 말까지 듣게 되었다. 전통적인 인간이 사라졌다. 인간은 도덕을 상실하고 꿈을 상실하고 믿음을 상실하고, 절대적 진리를 상실한 채 방황하며 미소 띤 허무주의자로서 살고 있다. 내일이 없기에 오늘에 모든 것을 탕진하고 있다. 여기에 성은 기막힌 도구가 되고 있다. 성매매를 하는 여성들이 자신의 권리를 주장하면서 성노동자의 권리 모임을 결성하고 연극을 만들어 자신들의 권리를 주장하고 있다. 이들은 자신을 '성 서비스를 제공하는 노동자'라고 주장한다. 「똑바로 나를 보라」라는 연극에서 나온 대사는 지금의 현실을 잘 보여 주고 있다. "가정 주부가 남편에게 성 노동을 하고 생활비를 받는 것과 성 노동자가 성 노동을 통해 돈을 버는 것은 상대가 한 명이냐 다수이냐 차이일 뿐, 같다."[228)

　　앞선 믿음의 선배들은 시대의 버팀목이었다. 이제 우리들이 그 역할을 하여야 한다. 그러나 빈약한 가치를 가지고서는 결단코 버팀목의 역할을 감당할 수 없다. 흔들리지 않는 가치가 필요하다. 레이첼 린지는 이 시대의 불행을 이렇게 노래하였다.

　　"이 세상의 죄악은 아이들이 멍청하게 자라는 것이다.
　　그들은 씨를 뿌리지도, 거두지도 않는다.
　　그들은 섬기지도 않으며, 그들에게는 섬길 신도 없다.
　　비극은 죽음이 아니다.
　　비극은 책임진 적도 없고, 주장한 적도 없고, 섬겨본 적도 없이 죽는 것이다."[229)

　　이 시대에 사람들이 견고하게 설 수 있는 버팀목은 변함이 없는 절대적 가치다. 그리고 이 가치는 현대 다원주의 사회가 부정하는 절대 진리이다. 이것은 헤겔이 말하는 절대 이성이 아니다. 성경이 말하는 진리이다. 이 가치가 바로 세워질 때 우리의 상실은 회복된다. 노동의 가치, 학업의 가치 그리고 인간의 가치는 이 시대의 빈약한 정신으로는 설명할 수 없다. 오직 단세포적인 답변만이 주어진다. 그러기에 절대적 가치의 필요성이 대두된다. 절대 진리만이 인간 사회를 구원하는 길로 인도한다.

　　또한 진리의 견고성을 위하여 우리 역시 지속적인 준비가 있어야 한다. 우리에게 정말로 필요한 것은 다양한 지성의 훈련과 철저한 영성 훈련이다. 그리고 문화와 세계관에 대한 훈련이 필요하다. 또한 무엇보다도 분명한 성경적인 세계관과 바른 교회관의 확립이 중요하다. 이러한 준비는 내부적인 것으로 끝나는 것이 아니라 시대를 향하여 경고의 나팔을 부는 것으로 나아가야 한다. 지금 우리는 위기의 시대인 동시에 기회의 시대에 살고 있다. 하나님의 오심이 가까워질수록 어두움의 세력은 교묘하면서도 강력하게 저항한다. 그러나 준비된 자 앞에서는 반드시 패할 것이다. 이것이 우리의 몸을 불의의 병기가 아니라 의의 병기로 드려야 하는 이유이다.

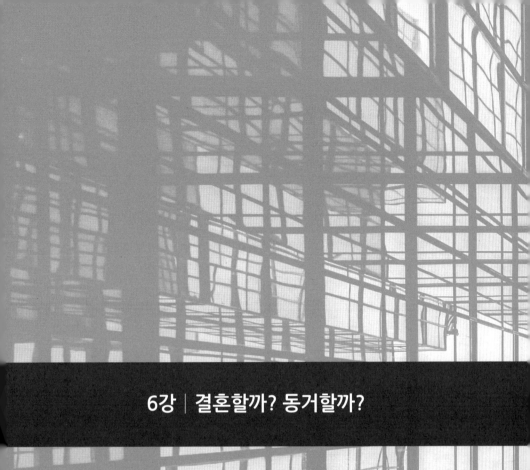

6강 │ 결혼할까? 동거할까?

1장. 결혼해서 후회하기보다 알아보고 결혼하자

동거에 대한 우리 시대의 생각은 어떠할까? 우리 가까이 와 있는 대중문화를 통하여 동거에 대한 생각은 매우 보편화되었다. 예전에 한참 인기 있었던 TV 드라마인 「옥탑방 고양이」는 이제 젊은이들의 현실이 되었다. 특별히 20-30대의 젊은 층에서 인기를 끌었는데 동거가 참 재미있다는 생각을 가지도록 의도된 내용이다. 실제로 각종 기사를 보면 대학가의 자취방은 동거하는 학생들로 만원이라고 한다.

「옥탑방 고양이」는 2000년 김유리(27) 씨가 인터넷 사이트 '마이클럽'에 연재해 큰 인기를 누렸던 동명 소설을 드라마로 재구성한 것으로 지난 3월 결혼한 남편 안동열(29) 씨와 실제 4년 동안 동거하면서 겪은 '알콩달콩' 재미있는 이야기를 연재해 네티즌들로부터 많은 사랑을 받았다. 김유리 작가의 소설의 주제는 바로 "미리 알아보고 결혼하자"다. 사실 이와 같은 모습은 심심치 않게 대중 매체를 통하여 들려졌다. 대중문화계에 큰 영향을 주고 있는 가수 박진영이 바로 한 예이다. 그는 결혼 전에 알 것은 미리 다 알고 하는 것이 좋다고 말해서 여러 가지 논쟁을 일으켰던 적이 있다.

「옥탑방 고양이」 이후 동거에 대한 이야기들이 각종 매체에 자주 등장하고 있다. 이제 동거는 이 땅에 사는 상당수의 젊은이들이 공감하고 있는 코드이다. 작가는 한 인터뷰에서 동거에 대한 자신의 견해를 아주 솔직하게 말하였다. 그는 소설에서 말하고 싶은 주제가 무엇이냐는 질문에 다음과 같이 말하였다.

"결혼해 후회하기보다 과연 두 사람이 현실에서 행복하게 살 수 있는지 잘 맞는지 미리 알아보고 결혼하자는 것이다. 즉 살아보고 결혼하자는 말이다."

또한 동거해서 실패하면 여자만 피해를 보는 걸로 생각하지 않느냐는 질문에 다음과 같이 대답하였다.

"여성이 순결을 잃었다면 중고품 혹은 헌 여자 취급하는 사회 분위기가 가장 문제다. 요즘처럼 첨단 시대에 구시대적으로 순결 운운하는 발상 자체의 전환이 필요하다. 여성의 순결에 대한 색안경을 벗고 족쇄를 풀어야 한다."

우리 시대의 성 개념이 그대로 표출된 고백이다. 혼전 순결은 이제 구시대의 유물쯤으로 여기는 시대가 되었다. 당시 이 프로에 대한 젊은 여성들의 관심도는 그야말로 대단했다. 「옥탑방 고양이」가 방영되었을 당시 TNS미디어코리아에 따르면 밤 10시대에 TV를 시청한 20대 여성 중 절반 이상인 56.6%(시청 점유율)가 「옥탑방 고양이」를 시청한 것으로 나타났다.

그렇다면 10여 년이 지난 지금은 어떠할까? 동거에 대한 대중문화의 관심은 여전하다. 또한 대학가를 중심으로 한 동거 문화는 이제 뉴스거리도 되지 않고 있다. 인기 있는 드라마였던 「금 나와라 뚝딱」에서도 동거는 친숙하게 묘사되어 화제가 되었다. 이제 동거는 우리 문화에 자연스러운 한 부분을 형성하고 있음이 분명하다. 한 잡지사의 설문조사를 보면 그 변화를 알 수 있다.

"만약 기회가 주어진다면, 연인과 동거한 뒤에 결혼하고 싶다(남 54%, 여15%)"

"솔직히 결혼 전, 동거 과정이 있으면 좋겠다. 하지만 용기가 나지 않는다 (남17%, 여31%)"[230]

　여기에 한국 갤럽에서 조사한 내용이 있다. 2013년 전국의 20세 이상 남녀 1217명을 대상으로 결혼과 혼전동거에 관한 설문조사를 진행한 결과 전체 응답자의 55%는 혼전동거를 부정적으로 생각하는 것으로 나타났다.[231] 이 통계로만 보면 아직도 한국은 동거에 대하여 부정적인 모습을 보인다고 생각할 수 있다. 그러나 실제 결혼 연령층에 대한 조사는 다르다. 연령별로 살펴보면 20대는 55%가 동거를 찬성하고 있다. 60대 이상은 18%만 찬성하였다.[232]

　10여 년 동안 사회는 엄청난 변화를 겪고 있다. 여기에 결혼 문화에 대한 격변도 한몫하고 있다. 새로운 세대는 결혼에 대한 불안감과 동거에 대하여 환상을 갖고 있다. 3쌍 중 2쌍이 이혼하는 현실에서 묻어난 두려움을 이해할 수는 있지만 인정할 수는 없다. 앞으로 동거는 점점 가속화될 것이다. 이것은 보편적 결혼의 풍속을 무너뜨릴 것이다. 그리고 동시에 성적인 문란이 자연스럽게 따라올 것이고, 미혼모와 아이들의 문제도 동반될 것이다. 여기에 동성애도 한자리할 것이다. 그러므로 동거에 대한 실제를 살펴보는 것은 매우 중요하다.

2장. 동거에 대한 관심

    이제 동거는 우리 시대의 평범한 코드가 되었다. 동거에 대한 불편한 심기들은 더 이상 존재하지 않고 오히려 즐김의 대상이 되었다. 그렇다면 동거에 대하여 젊은 사람들이 호감을 갖는 이유는 무엇인가? 우리는 동거를 어떻게 보아야 하는가? 정말로 동거는 우리 시대의 코드로서 수용하기에 정당한가? 아니면 불행의 코드인가? 정직하게 이 문제에 대한 답을 얻어야 한다.

    동거의 사전적 의미는 한 집이나 한 방에서 같이 사는 것이다. 또는 법적으로 부부가 아닌 남녀가 부부 관계를 가지며 한 집에서 사는 것이다.[233)]

    동거에 대하여 젊은 사람들이 가지고 있는 환상은 함께 사는 그 자체가 아니라 성적인 문제와 가장 깊은 관계가 있다. 오늘날 모든 문화는 성적인 것과 관련되어 있다. 드라마, 소설, 영화, 인터넷 그리고 광고에 이르기까지 성적인 코드와 연결되어 있다. 또한 수없이 많은 성형외과가 성업하는 것은 바로 성적인 매력을 더욱 높이고자 하는 열망이다. 물론 모두가 그렇다는 것은 아니다. 그러나 누군가에게 잘 보이고 그래서 그 누군가로부터 눈길을 끌고 싶다는 본능적 욕구가 성형을 꿈꾸게 만드는 것이다. 더구나 물질적 풍요가 주어지고, 여성들의 경제적 지위가 높아갈수록 더욱더 성적인 자유를 가지려고 한다.

여기에 쉽게 생각하고 쉽게 살자는 세계관이 함께하고 있다. 한 대중가요에서 "이성은 행위 앞에 노예"라고 외쳤다. 하룻밤 함께 즐기자는데 무슨 생각을 하느냐는 뜻이다. 그냥 생각 없이 즐기고 아침이 밝아 오면 각자의 길로 가면 된다. 결국 동거는 이처럼 성적인 자유에 가장 큰 근거를 두고 있다.

물론 성적 자유만이 동거에 대한 모든 문제라고 말할 수는 없다. 여기에는 산업 사회가 가져온 가정의 파괴에서 원인을 찾아볼 수 있다. 지금의 20-30대의 부모들은 바로 산업 사회의 주역들이다. 이들의 가정은 그야말로 철저한 가부장적이었다. 그리고 사랑보다는 삶이 우선이 되었던 시대였다. 그러한 가정에서 자라난 20-30대는 가부장적 가정에 대하여 적대적 관심을 가지고 있다. 특별히 현실적인 측면에서 산업 사회 가정들의 이혼율은 점점 높아지고 있다. 오늘날 이혼율은 점점 결혼율과 비슷해지고 있다. 그래서인지 결혼은 했지만 혼인 신고는 하지 않고 사는 부부들이 많이 생겨나고 있다. 나아가서 계약 결혼에 대한 이야기가 심심치 않게 들려오고 있다.

"사실혼에 대한 정확한 통계는 없지만 결혼정보업체나 가정 법률 상담소 등에 따르면 결혼식을 올린 뒤 1~2년 이내에 혼인 신고를 하지 않는 부부가 절반에 이르는 것으로 추산된다. 결혼정보업체 듀오 김상민(金相玟·28·여) 재혼 관리 팀장은 "사실혼 경력 때문에 재혼으로 분류된 사람이 올해는 평소보다 30%가량 늘어 200명에 이른다." 또 4월 이 회사가 30대 재혼 희망자 304명을 대상으로 실시한 설문조사에서 "신혼여행 직후 혼인 신고를 하겠다"고 응답한 비율은 36%(110명)에 불과했다."[234]

이러한 현실을 보며 행복한 결혼을 위해서는 알아보고 하는 것이 최상의 선택이라는 생각을 가지고 있는 것이다.

그리고 여기에 마지막으로 대중문화가 선도하고 있는 포스트모던의 횡포이다. 우리 시대의 선지자는 이제 대중문화라고 할 정도이다.

대중문화의 힘은 그야말로 엄청난 핵폭탄과 같다. 대중문화는 토론을 원하지 않는다. 일방적인 말만 강요한다. 소비자가 깨어 있지 않으면 철저하게 물들게 하는 것이 바로 대중문화의 힘이다.

이런 의미에서 동거에 대하여 지나친 환상을 주고 있다. 동거에 대한 각론은 없다. 오직 총론만 존재한다. 가요, 드라마, 영화, 소설 등 예를 든다면 성 문제와 임신의 문제 그리고 아이의 양육의 문제에 대해서 아무런 해설이 없다. 오직 즐거운 것만 보여 준다. 그리고 그것이 우리 시대의 진정한 코드라고 말하고 있다.

모든 전통적 가치를 해체하자는 논리가 이제 점점 가깝게 다가오고 있다.

3장. 동거에 대한 3가지 거품

이제 동거에 대하여 각론을 말해야 할 차례이다. 이렇게 가깝게 다가온 동거 열풍에는 거품이 없는가? 동거에 관한 거품을 제거해야만 바르게 볼 수 있다. 그리고 정직하게 우리의 이야기를 말해야 한다.

첫 번째로 걷어야 할 거품은 바로 "알아보고 결혼하면 잘 살 수 있다"는 것이다. 결혼해서 잘 살기 위해서는 알아볼 것은 모두 알아보고 하자는 논리가 과연 동거에 대한 정당한 논리인가? 정말로 동거를 하면 앞으로의 결혼 생활이 장밋빛처럼 밝아질까? 알아보고 결혼하면 잘 살 수 있다는 것은 그야말로 실체가 없는 거품이다. 알아본다는 것이 무엇인가? 서로를 알아 가는 것은 단기간에 이루어지는 것이 아니라 오랜 시간이 필요하다. 특별히 삶의 다양한 변화가 우리의 영혼에 얼마나 많은 영향을 주는지 모른다. 일정한 시간의 동거를 가지고 남은 일생을 장담하는 것은 그야말로 어리석은 일이다. 결국 알아보고 결혼하자는 것은 성적인 문제에 국한될 뿐이다. 또한 성적인 문제를 알면 결혼 후에 행복할 것이라는 생각은 참으로 어리석은 생각이다. 오히려 외도의 바람이 더욱 거셀 수 있다. 인간은 본성상 성적인 쾌락을 추구한다. 그러나 그렇게 하지 않는 것은 본성을 뛰어넘는 인격적인 관계를 개발하는 존재이기 때문이다. 그러므로 동거를 하면 행복해질 것이라는 상상은 인간에 대한 지극히 낭만적인 생각이다. 인격은 오랜 세월 온갖 풍상을 겪으면서 다듬어지고 만들어진 것이다. 그리고 지금까지 수많은 사람들이 알아보지 않고도 행복한 삶을 살았고, 인류를 형성해 왔다. 결국 알아보고 결혼하는 것은 미혹의 영의 일이라고 아니 할 수 없다. 성경은 마지막 시대에 미혹의 영들을 각별히 주의하고 바른 분별력을 가지라고 말한다. 미혹하는 영은 우리의 빈틈을 통하여 우리의 모든 것을 통째로 파괴시키려고 한다. 그러므로 견고한 성경의 세계관을 가지고 있어야 한다.

둘째로 결혼은 해도 손해, 안 해도 손해라는 생각의 거품이다. 너무나도 많이 듣는 소리이다. 온갖 종류의 대중문화는 이러한 사상을 유포하고 있다. 결혼하면 남편은 무뚝뚝해지고, 아내는 아줌마가 된다는 낭설이다. 그래서 앞집 여자를 생각하고 외도를 한다는 것이다. 이제 외도는 보편적인 현상이다. 이것을 죄로 인식하는 것은 구시대적인 착오라고 생각하는 이들도 있다. 한국 영화 중에서 히트를 쳤던 영화 「바람난 가족」은 이러한 현실을 고발하고 있다. 영화의 주장대로 우리 사회는 이렇게 썩어 가고 있는 것인가? 그래서 결혼은 해도 손해, 안 해도 손해인가? 그러나 이것은 분명히 없어져야 할 거품이다.

성경은 결혼에 대해서 아주 분명히 말하고 있다. 창조의 시작부터 가정은 하나님이 허락하신 선물이다. 아담이 독처하는 것이 외로워 보이자 하나님은 사랑하는 하와를 주셨다. 그리고 살 중의 살이요, 뼈 중의 뼈라고 하는 인류 최고의 고백을 시작으로 인류는 이어져 왔다. 결혼은 하나님의 나라를 이루어 가는 방법이다. 그러므로 해도 손해, 안 해도 손해의 관점이 아니다. 사람들이 결혼을 자신들의 만족을 위한 수단으로 삼으면서부터 결혼에 위기가 생겼다. 동산에서 시작된 하나님의 나라는 씨족 사회(노아), 부족 사회(아브라함), 민족 사회(모세), 국가(다윗)와 시민 사회로 확장되어 왔다. 오늘날 인류의 확장으로 누리는 행복은 바로 결혼 제도를 통한 하나님의 은혜이다. 그러므로 결혼은 두 사람의 차원을 넘는 우주적인 것으로 단순히 쾌락의 대상과 동거하는 것이 아니다. 결혼은 하나님이 인간에게 주신 거룩하고 존귀한 선물이다.

셋째는 "섹스에 대한 자유가 있을 때 진정한 자유를 누리는 것이다"라는 거품을 벗어야 한다. 성에서 자유로운 것이 과연 현대인의 자유의 상징일까? 요즘 대부분의 뮤직비디오는 적극적인 섹스 어필을 하고 있다. 적어도 대중문화에 있어서 섹스는 일상의 언어가 되었다. 그리고 현대인이라면 섹스에 대한 보수적 관점에서 벗어나야 한다고 몰아붙이고 있다. 모더니즘 시대가 아닌 포스트모더니즘 시대를 살려고 한다면 섹스에 대한 도덕적 강박에서 벗어나야 한다는 요구이다. 동거는 바로 이러한 선언이 뒷받침하고 있다. 그러나 이 역시 우리가 벗어야 할 거품이다.

섹스는 인본적 상업주의자들이 만들어 낸 상술이다. 인간의 거짓된 본성을 끌어내어서 돈을 얻고자 하는 수단이다. 대중문화가 이성적이고 도덕적인 기준을 버리고 점점 본능적이 되어 가고 있다. 달란트가 아닌 몸으로 돈을 벌고 있기 때문이다. 예술을 빙자한 몸 팔기에 열중하고 있다. 문화는 중립적이라고 끊임없이 외침으로 자신은 도덕적 가책에서 벗어나려고 한다. 바로 이러한 농간에 동거에 대한 환상이 있다.

섹스가 자유로울 때 이미 그 공동체는 사형선고를 받은 것과 다름없다. 자유가 아니라 멸망이 그 앞에 다가온 것이다. 우리는 섹스가 자유로웠던 소돔과 고모라 공동체의 멸망을 알고 있다. 또한 강력한 군사력을 가지고 해가 지지 않을 것이라 자신하였던 로마제국의 멸망의 이유 가운데 하나가 바로 섹스에 대한 방종에 있었다. 하나님께서 자유가 아니라 멸망을 허락하신 것은 거룩한 성(性)이 하나님의 뜻을 벗어났기 때문이다.

구약의 위대한 왕이라 불리던 다윗은 하나님이 허락하지 않은 방법으로 성을 탐닉하다가 형벌을 받았다. 다윗이 성적 순결을 상실했을 때 그는 정직한 영을 잃어버렸고, 성령을 소멸하였으며, 구원의 기쁨을 상실하였다(시 51편). 잠언 기자 역시 성의 탐닉이 가져올 멸망을 분명하게 말하였다.

"아들들아 나를 듣고 내 입의 말에 주의하라 네 마음이 음녀의 길로 치우치지 말며 그 길에 미혹지 말지어다. 대저 그가 많은 사람을 상하여 엎드러지게 하였나니 그에게 죽은 자가 허다하니라 그 집은 음부의 길이라 사망의 방으로 내려가느니라"(잠 7:24-27)

동거는 아름다운 환상이 아니라 멸망의 길을 재촉하는 지름길이다. 거품이 사라지면 슬피 울며 이를 가는 모습만 남게 된다.

4장. 분별의 영을 소유하자

우리 시대는 정직하지 못한 시대이다. 동거는 바로 정직하지 못한 세대가 보여 주는 발악이다. 혹자는 성관계 없이도 얼마든지 아름다운 동거가 가능하다고 주장한다. 그러나 이처럼 거짓된 말은 없다. 왜냐하면 동거는 그 자체로 성관계를 전제로 하기 때문이다. 그러기에 정직하다면 동거는 불가능하다. 서로에 대하여 인격적인 관계를 가지고 있다면 동거는 이루어질 수가 없다. 동거는 어두운 세대가 가져다준 불행이다. 우리는 하나님과 사람 앞에 정직한 존재가 되어야 한다.

그리고 동거는 임신에 대한 도덕적, 법적 책임을 간과하고 있다는 것을 기억해야 한다. 그 중차대한 사실에 대한 간과로 낙태나 영아 살해 같은 끔찍한 일이 자연스럽게 진행된다. 우리나라에 낙태가 점점 늘어 가는 것은 동거가 한몫을 담당하고 있다고 볼 수 있다. 또한 동거 후에 헤어진 이들의 미래가 동거 이전보다 밝다고 장담할 수 없다. 한순간의 선택이 평생을 거짓되게 살게 할 수 있다. 시대를 이끌어 갈 수 있는 현상은 상식적이고 보편타당하여야 한다. 그러나 동거는 그러한 준거 틀이 없다. 다만 사람을 미혹할 뿐이다.

그러므로 미혹의 영에 대하여 바른 분별력을 가지고 있어야 한다. 분명한 세계관이 정립되지 않으면 언제나 우리는 미혹의 영에게 넘어질 수 있다. 우리 시대는 하나님을 알되 하나님을 영화롭게 하지 않는 세대가 되어가고 있다. 그리고 그 강도가 점점 강해지고 있다. 견고한 성경적 세계관을 가지고 있지 않으면 그리스도인들 역시 우리 시대의 세계관에 무너질 것이다. 동거를 조장하는 인기 드라마 20대 작가의 세계관이 수많은 젊은이들을 흔들고 있다. 그건 단지 아직 여물지 않고 좀 더 많은 삶을 통하여 단단해져야 할 20대 작가의 이야기일 뿐이다. 우리는 결코 성경의 견고한 터에서 흔들리지 않아야 한다.

세상은 언제나 하나님의 견고한 터를 흔들려고 애쓰고 있다. 이러한 시대에 시대를 분별하고 하나님의 터를 굳게 지킬 믿음의 사람들이 필요하다. 우리는 이 세대를 바르게 분별하고 하나님의 영광을 드러내야 한다. 성경은 아주 분명하게 강조하고 있다.

"너희는 이 세대를 본받지 말고 오직 마음을 새롭게 함으로 변화를 받아 하나님의 선하시고 기뻐하시고 온전하신 뜻이 무엇인지 분별하도록 하라"(롬 12:2)

특별히 성적인 순결은 구시대의 유물이 아니라 변하지 않는 삶의 법칙임을 기억해야 한다. 혼전 순결은 물론이고, 결혼 후의 순결도 성경의 변하지 않는 법칙이다. 우리의 성은 하나님이 정하신 법칙 아래서 사용될 때 아름다워진다. 말라기 선지자는 순결과 결혼 그리고 이혼에 대하여 아주 분명하게 선언하였다.

"여호와는 영이 유여하실지라도 오직 하나를 짓지 아니하셨느냐 어찌하여 하나만 지으셨느냐 이는 경건한 자손을 얻고자 하심이니라 그러므로 네 심령을 삼가 지켜 어려서 취한 아내에게 궤사를 행치 말지니라 이스라엘의 하나님 여호와가 이르노니 나는 이혼하는 것과 학대로 옷을 가리우는 자를 미워하노라 만군의 여호와의 말이니라 그러므로 너희 심령을 삼가 지켜 궤사를 행치 말지니라"(말 2:15-16)

7강 | 영화, 보는 건가? 읽는 건가?

21세기는 문화에 있어서 영화를 빼놓고 이야기하는 것이 불가능할 정도로 영화에 대한 관심이 높은 시대이다. 각 도시마다 개최되는 영화제들과 다양한 장르의 영화제들이 열리는 것에서 영화에 대한 관심을 볼 수 있다.[235] 더구나 젊은 세대들은 영화를 통하여 이 시대의 사상과 호흡하고 있다고 할 수 있다. 영화를 보지 않으면 대화가 이어지지 않는다. 인터넷으로 영화를 볼 수 있는 시간이 많아지고 공간의 제약을 받지 않는 것도 영화가 이 시대에 많은 영향을 주고 있는지를 엿볼 수 있다.

그러나 영화의 저변 확대는 이루어졌지만 영화를 보고, 읽고 말하는 것은 아직도 미숙함을 볼 수 있다. 영화는 그 어떤 문화보다도 사상을 나르는 아주 중요한 도구이다. 그러므로 의미 없이 영화를 보는 것은 돈 가지고 강도 앞에 서 있는 것과 같다. 또한 영화는 보는 이들로 하여금 강한 세계관의 투쟁을 가져온다. 그런 의미에서 영화를 보는 행위에서 끝나면 안 되고 읽고 나누는 일이 필요하다. 특별히 세계관의 관점과 질문을 통하여 영화를 볼 때 평론가는 아니지만 영화의 독주에 제동을 걸고 여유 있게 영화를 볼 수 있다.

그런 측면에서 다음에 다룰 내용은 영화의 일반적인 의미와 영화의 영향과 세계관으로 영화 보기에 대한 제안이다.

1장. 영화란 무엇인가?

아르놀트 하우저는 「문학과 예술의 사회사」에서 20세기는 "영화의 시대"라고 단언하였다. 레닌은 혁명의 가장 유력한 선전 운동 수단으로 "모든 예술 가운데 영화가 가장 중요하다"고 하였다. 그러나 반면에 F. R. 리비스는 "영화는 실제 삶에 대한 생생한 환상을 제공함으로써 가장 값싼 감정적 호소에 굴복하게 한다"고 말하면서 영화를 대중을 타락시키는 도구로 보고 있다. 이렇듯 영화에 대한 시각은 매우 다양하다.[236] 이것은 평론가에게만 한정된 것은 아니다. 일반 대중도 동일하다. 영화에 광적인 집단들이 있는가 하면 영화에 매우 냉담한 집단들도 존재했다. 젊은 세대에 들어서면 이야기가 달라지는 것을 볼 수 있다. 이미 대중문화와 함께 성장한 세대는 영화에 대한 이해와 관심이 한결같다. 그 모습을 잘 볼 수 있는 장면이 시사회장의 모습이다. 시사회가 열릴 때마다 수많은 젊은이들로 극장이 가득 찬다.

이제 새로운 세대에게 영화는 없어서는 안 되는 기호가 되었다. 일부에서는 영화가 처음 나올 때 곧 사라질 것이라고 하였다. 그리고 TV가 나오면서 예언이 현실이 될 것이라고 하였다. 그러나 영화는 건재하였다. 또한 비디오가 일반화되면 영화 산업은 물 건너갈 것이라고 하였다.[237] 그러나 비디오는 영화 산업을 오히려 활성화시키는 징검다리가 되었다.

영화는 20세기가 지나가고 21세기가 왔어도 여전히 그 건재함을 과시하고 있다. 계속되는 변신으로 영화는 계속하여 사람들을 끌어모으고 있다. 영화는 인간의 감각 기관의 불완전함 곧 착각에 전적으로 의존하는 예술 양식이다. 영화를 움직임으로 느끼고 기억하지만 사실 관객이 보는 것은 빠른 속도로 영사되는 정지된 사진들과 그 사진들 사이사이에 끼어드는 어두움이다. 그런 의미에서 사진과 영화는 단 한 가지 점을 제외하고는 똑같다. 사진은 셔터를 누를 때마다 한 장의 이미지가 형성된다면 영화는 셔터가 눌러진 시간만큼 일정한 장수의 연속적인 이미지를 형상화할 수 있다. 영화 카메라는 1초에 24장의 연속된 이미지를 필름 위에 기록한다.

2장. 영화 역사 스케치

우리가 보고 있는 지금의 영화는 무수한 시간을 넘어왔다. 영화의 첫 시작은 1895년 12월 28일 프랑스의 발명가 뤼미에르 형제가 파리의 카퓌신가에 있는 그랑 카페에서 「기차의 도착」 등을 돈을 받고 상영한 시점이다. 이렇게 시작된 영화가 1995년이 되던 해에 완전한 디지털 영화인 「토이 스토리」까지 달려온 것이다. 그리고 이제 21세기에 들어선 지금 새로운 시대를 개척하고 있다. 즉 인터넷 영화 시대가 활발하게 움직이고 있다.

최초의 스펙터클 영화이자 SF영화의 효시라고 할 수 있는 조르주 멜리에스의 「달세계 영화」는 영화의 새로운 세계를 열었다. 그는 오늘날의 특수효과라고 불리는 것을 대부분 창안하고 영화에 응용하였다. 1903년에 상영된 미국인 에드윈 포터의 「대열차강도」는 영화에 있어서 편집이 무엇인지를 보여 주었다. 이렇게 영화는 발명되자 계속되는 발전을 거듭하면서 대중에게 다가왔다.[238] 1920년대는 러시아 영화의 전성기라고 할 수 있다. 지금도 영화의 고전이라 할 수 있는 「전함 포촘킨」에서 세르게이 예이젠시테인은 영화 미학의 새로운 장르인 몽타주 기법을 처음 사용하였다. 하지만 스탈린이 집권하자 러시아의 영화도 그 힘을 잃게 되었다.[239] 그러나 동시에 두 차례의 세계대전을 통하여 영화 산업의 호황은 바로 미국으로 옮겨갔다. 1910년대에 헐리우드로 모이기 시작한 미국의 영화 산업은 대량 생산을 시작하였다. 1927년 워너브라더스사에서 제작한 영화 「재즈 싱어」에 처음으로 사운드가 도입되면서 1930년의 미국의 영화 95%가 유성영화로 제작되는 새로운 변화를 가져왔다. 그러나 경제 공황으로 인하여 초기의 영화는 당대의 아픔을 도피하려는 오락물과 코미디물 그리고 갱스터 필름 등이 유행하였다.[240] 우리가 잘 알고 있는 찰리 채플린의 「시티 라이트」가 그 대표작이다.

그러나 30년대 후반에 들어서면서 독일의 지배를 받기 시작한 유럽의 유능한 젊은 감독들이 대거 할리우드로 오면서 할리우드의 영화는 오락과 예술이 함께 있는 작품이 나오게 된다. 그 대표 감독이 바로 장 르누아르와 알프레드 히치콕이다.

미국의 모습과는 달리 1940년대의 유럽에는 '네오리얼리즘'이라는 새로운 형식의 영화가 나타나기 시작하였다. 이 용어는 이탈리아의 비평가들이 비스콘티의 1942년 작품인 「강박관념」을 평하면서 쓰여졌다. 네오리얼리즘은 강한 사회 비판 의식과 현실 그대로의 배경, 인물 묘사를 특징으로 한다. 이것은 패전국인 이탈리아의 감독 로셀리니의 「전쟁 3부작」을 통하여 알려지기 시작하였다.

1950년대는 냉전 시대의 서막과 미국을 중심으로 TV가 보급되기 시작하였다. TV의 보급은 영화 산업의 위기를 가져왔다. 사회비판적 영화가 사라지고 스펙터클 영화나 멜로 영화가 주류를 이루게 되었다. 이것은 영화 산업의 위기를 극복하려는 방편이었으나 작가주의는 상실되었다고 볼 수 있다.

이러한 미국의 영화 사정과는 다르게 유럽의 영화는 40년대의 네오리얼리즘을 지나 프랑스의 젊은 지식인들이 직접 영화판에 뛰어들면서 새로운 감각의 현대 영화를 만들기 시작하였다. 특별히 1960년대의 프랑스의 학생 혁명을 거치면서 혁명적 영화란 무엇이며, 어떻게 만들 것인가? 라는 화두에 직접 뛰어든 누벨바그 운동은 영화의 새로운 시대를 열었다. 누벨바그는 새로운 물결이란 의미로 영화를 체제 전복의 혁명적 영화로 만들었다. 물론 이러한 운동의 영향력은 오늘날까지도 수많은 진보적 젊은이들에게 미치고 있다. 이 운동의 대표는 1960년 「네 멋대로 해라」의 감독 장 뤽 고다르이다. 누벨바그 운동은 한 편의 영화가 완성되기까지의 과정에서 영화 감독의 창조적 역할이 가장 결정적이다. 한 작가의 일련의 작품은 그가 일관되게 추구하는 주제와 스타일의 생성과 발전이라는 맥락에서 이해되어야 한다고 주장하는 '작가주의 운동'이기도 하다. [241]누벨바그와 같은 공통점이 있으면서 운동의 형태로 나타나지 않는 작가주의 영화군을 누벨이마주라고 한다. 레오스 카락스의 「나쁜 피」, 뤽 베송의 「커다란 청색」 등이다.

1960년대에 이르러 영화 산업은 TV 문화에 밀려 사라지는 듯하였다. 그런데 위기의 영화 산업에 새로운 전기를 마련한 감독이 나타났다. 그는 TV가 흉내 낼 수 없는 작품을 선보였다. 그가 바로 「죠스」와 「이티」를 만들고, 「인디아나 존스」와 「쥬라기 공원」을 만든 스티븐 스필버그이다. 현대 영화사에 스필버그의 영향력은 대단하다고 할 수 있다. 다 죽어 가는 영화를 살린 장본인이 바로 스필버그라는 평가도 있다. 엄청난 물량과 대중적인 작품을 통하여 고민하지 않고 거대함을 맛볼 수 있는 영화의 새로운 모습이 80, 90년대에 이루어지게 되었다. 그러나 진자는 좌우로 운동하듯 대중 영화 산업에 반기를 드는 저예산 독립영화 운동이 일어났다. 이들은 자본의 힘을 벗어나 영화의 고유성을 좀 더 지키려고 하였다. 이들은 대표적 영화제인 선댄스 영화제를 중심으로 일어나 지금까지 많은 마니아들을 확보하고 있다.

지금까지 영화의 짧은 스케치에서 빠져서는 안 되는 것이 있다. 그것은 80년대 들어서부터 세계 영화의 중심에 아시아 영화가 진출하기 시작하였다는 사실이다. 1989년 대만의 감독 허우샤오셴의 「비정성시」가 베네치아 국제영화제에서 그랑프리를 차지하면서 아시아 영화들이 서구 세계를 점령하기 시작하였다. 그 이후에 천카이거를 비롯한 중국의 제5세대 작가들의 계속된 세계 영화제 그랑프리 수상으로 아시아 영화가 세계 속의 영화가 되었다. 이어서 한국 영화들도 세계의 영화제에서 상을 차지함으로 세계 속에서 위상이 달라졌다.

3장. 한국 영화는 어떻게 흘러왔는가?

세계 영화의 흐름 속에서 우리나라 영화의 역사는 미약하다고 볼 수 있다. 1919년 최초의 우리나라 영화인 「의리적 투구」가 만들어졌으며, 익히 알고 있는 나운규의 「아리랑」이 첫 시대의 영화였다. 우리나라의 영화는 분단국가라는 독특한 상황에 의하여 장르의 다양성은 빈약하였다. 그러나 1950-1970년대 초반까지의 영화 산업은 대중들의 성원 속에 발전되었다. 당대의 스타들도 탄생하였고 유현목의 「오발탄」, 강대진의 「마부」 같은 나름대로의 작품도 나왔다. 그러나 1970년대 후반에 이르면서 한국 영화는 위기에 빠지게 된다. 자본의 빈약함과 소재의 빈곤 그리고 걸출한 감독의 부족이 원인이었으나 진짜 원인은 영화의 모든 것을 대신해 주는 TV의 확산에 있었다. 그러나 80년대에 외화 수입 증가와 영화 제작이 보다 자유로워지면서 걸출한 감독들이 배출되기 시작하였다. 임권택, 이장호, 배창호, 장선우, 정지영, 박광수 감독 등이 그들이다.

80년대 후반과 90년대에 독재정권이 무너지고 문민정부가 들어서면서 진보적 젊은 그룹들이 영화계로 진입하였다. 이것은 프랑스의 누벨바그 운동의 영향이었다. 이로 인하여 90년대의 한국 영화는 새로운 부흥기를 맞이하게 된다. 90년대 이후에 들어서 작가주의 감독도 생성되고 있고 배용균의 「달마가 동쪽으로 간 까닭은」, 변혁의 「인터뷰」, 우리나라만의 고유한 영화인 임권택의 「아제아제 바라아제」, 「서편제」, 「춘향뎐」은 세계의 주목을 받았다. 그리고 스펙터클 영화인 「쉬리」와 「태극기 휘날리며」의 성공은 한국 영화의 장래를 잘 보여 주고 있다. 이렇게 걸출한 감독과 거대한 자본의 유입 그리고 국가적 지원으로 한국 영화는 힘을 발휘하고 있다. 그러나 아직도 한국 영화의 갈 길은 멀고 험하다. 낙후된 촬영 현장과 편집 기술 그리고 스타 시스템에 의존하는 구조와 지나친 상업주의 영화의 양산은 한국 영화의 미래를 위하여 개선되어야 할 점이다. 하지만 수많은 젊은이들이 영화에 대한 관심을 가지고 꾸준하게 준비하고 있는 것은 영화의 발전에 매우 희망적인 신호이다.

최근에 한국 영화감독이 세계 영화제에서 수상을 하고, 해외 제작 영화의 감독을 하고 있다. 또한 다수의 해외 영화에 한국의 배우들이 출연하고 있는 것은 한국 영화의 위상이 많이 높아졌음을 보여 주고 있다. 또한 CG의 수준은 세계적으로 인정받고 있다. 이렇듯 한국 영화가 성장하고 있음은 매우 고무적이다. 그러나 여전히 영화 제작 현실은 열악한 부분이 여전하다. 배우와 스태프들, 그리고 배우와 배우들의 양극화가 심하고 밤샘을 해야 하는 힘든 노동의 모습을 가지고 있다. 또한 영화의 다양성 측면에서 부족한 부분이 너무 많다. 이 부분이 해결될 때 좀 더 희망적인 영화 산업을 보게 될 것이다.

4장. 영화는 보는 것인가? 읽는 것인가?

우리는 흔히 말하기를 영화 보러 간다고 한다. 이 말은 틀린 말이 아니다. 영화는 보여 주기 위해 만들고 있다. 그러나 이 말이 정확하게 옳다고 할 수 없다. 영화의 속성상 보는 이들에게 보게만 하지 않고 말하고 있기 때문이다.

TV는 대충 보지만 영화는 집중해서 본다는 말이 있다. 영화를 보는 동안은 정상적인 판단력을 중단함과 동시에 영화의 요소에 매우 강하게 동화된다. 영화는 단순히 화면으로만 다가오는 것이 아니고 이야기, 음향, 그리고 시각 영상의 독창적인 조합을 통해서 우리에게 다가온다. 그래서 영화를 보는 두 시간 동안 우리의 사고는 정지된다. 이렇게 우리는 어느 정도 의식의 잠재적인 차원에서 영화에 반응한다. 이것은 영화가 우리에게 말하고 있음을 나타내는 것이다. 영화의 말하기는 토론 프로와 같이 균형 잡힌 시각을 주지 않고 한쪽의 사상만 전달한다.[242]

영화는 대개 우리 양심의 감시망을 피해 몰래 숨어들어 와서는 정상적인 우리의 판단력을 유보하게 만든다. 이것은 우리의 언어와 생각 그리고 심하게는 현실의 삶에도 영향을 준다. 호주의 젊은이들이 1년에 500여 명씩 자살을 한다는 보도가 있었다. 그런데 그 자살의 근본적인 이유가 바로 영화의 메카인 할리우드 문화에 있었다는 것이 호주 중앙병원 의사의 진단이었다. 영화는 그 특성상 다른 영상 매체와는 다르게 일단 집중하게 됨으로 영화가 수용되는 중간에 의식 변동의 여지가 없다. 레닌의 선동적 영화 이론이나 누벨바그의 혁명 이론 그리고 근래의 우리나라의 진보주의자들의 영화계 입성을 웅변조로 말해 주는 것이라 할 수 있다.

그러므로 영화를 읽는 것은 매우 중요하다. 더구나 영화가 감독의 세계관을 반영한다는 측면에서 볼 때 영화를 보는 데서 끝내면 매우 무서운 결과를 가져올 수 있다. 이것은 영화의 모든 장르에 다 적용되는 것이다. 멜로나 오락 그리고 컬트에 이르기까지 영화는 보는 자리에서 읽는 자리로 나아가야 한다. 이것이 진짜 영화를 보는 것이자 잘못된 가치관과 세계관을 차단하는 것이요, 발견하고 분별하는 작업이다. 대부분의 영화는 폭력이 정당화되거나 사랑하면 성관계는 무죄라는 식의 사고가 영화 안에 만연하다. 어쩌면 이미 이런 말이 구식이 되었는지 모른다. 그러나 성경의 가르침은 분명하다. 그러기에 읽는 작업이 무엇보다도 필요하다. 영화를 읽지 않으면 영화에 예속된다. 짧은 두 시간이 삶에 무서운 변화를 줄 수도 있다.

5장. 영화를 읽자

영화를 읽으려면 먼저 영화의 기본 구조를 이해해야 한다. 영화는 그 이전의 여느 매체와 달리 복잡한 기술적 토대 위에 수많은 사람들의 참여로 제작된다. 이러한 영화 제작의 복합성 때문에 영화가 어떻게 구성되며, 어떻게 의미를 만들어 내고 전달하는지를 알 필요가 있다. 나아가서 누구에 의해, 무엇 때문에 만들어졌고, 관객은 왜 이 영화를 보는지 등의 이유도 살펴보아야 한다.[243]

우선 언어로서의 영화에 대한 이해가 필요하다. 우리가 쓰는 일상의 언어도 함축적인 의미를 가지고 쓰고 있듯이 영상도 이와 같은 의미를 가지고 있다. 특별히 영화는 카메라의 초점과 조명과 배경색 등도 사회적 의미나 정치적 의미로 사용할 수 있다. 예를 든다면 「쉬리」에서 대형 어항의 파괴는 함께 갈 수 없는 이데올로기의 모습을 말한다고 볼 수 있다. 또한 첫 부분의 정교화된 훈련 장면을 어둡게 처리함으로서 북쪽의 강렬한 이미지를 더하게 한다. 그러나 후반부의 밝은 톤은 영화 초반에 강렬함을 표현했던 이미지와 상반되게 잘 묘사하고 있다.

둘째로 미장센을 이해해야 한다. 미장센은 한 장면 속에 다양한 요소들을 배치함으로써 나타내는 그림을 의미한다. 프레임 안에서 일어나는 모든 것을 의미하는 미장센은 "카메라에 찍힐 수 있도록 그림을 짜고 움직임을 만드는 감독의 작업"을 가리킨다.[244] 그러므로 영화 읽기는 영화의 각 장면마다 감독이 말하고 싶은 것들을 찾고 읽는 작업이다. 예를 들자면 「람보」나 「터미네이터」에서 카메라가 땀과 근육을 지속적으로 보여 주는 것은 남성의 강인함이 세상을 구원할 힘을 상징적으로 보여 주는 것이라고 볼 수 있다. 이처럼 미장센의 이해는 영화 읽기에 매우 중요하다.

셋째는 감독의 창조적 정신과 편집을 이해해야 한다. 하나의 영화를 찍기 위해서 일 년 이상 오랜 시간이 걸리지만 우리가 보는 것은 편집으로 완성된 2시간 안팎의 화면이다. 그러므로 어떻게 편집되었는지 아는 것은 매우 중요하다. 편집은 감독의 의미 창출의 마지막 단계이다. 올리버 스톤 감독은 60년대의 시대적 상황을 보여 주는 영화들에서 영화감독으로서 역사의 재해석을 하고 있는 것을 볼 수 있다. 이러한 작업은 기록된 역사보다 감독이 재해석한 역사를 다룬 영화 한 편이 실제 역사로 인식될 만큼 영향력이 크다. 또한 편집은 이미 찍은 영화를 말하고자 하는 바를 본위로 하여 보여 주는 재창조에 가까운 작업이라고 할 수 있다. 그러므로 이러한 감독의 창조적 작업이나 편집된 화면을 이해하는 것이 필요하다.

넷째는 내러티브와 장르의 이해이다. 영화의 장르와 이야기의 전개를 아는 것은 영화를 바로 이해하는 데 매우 중요하다. 물론 포스트모던 작가들의 반항처럼 모든 내러티브를 파괴하는 영화 이론도 나타나고 있다. 우리가 잘 알듯이 「경마장 가는 길」이 그 대표작이라 할 수 있다. 또한 「매트릭스」, 「배트맨 다크나이즈」, 「워낭소리」, 「명량」등 각 영화마다 해당 장르가 갖고 있는 성격에서 나오는 희로애락과 사상이 담긴 이야기를 분명하게 이해하여야 한다.

다섯째는 관객과 영화 제작의 현실 이해이다. 영화는 보여 주기 위해 존재한다. 그러므로 영화 제작자들은 영화의 관객을 염두에 두고 영화를 제작한다. 영화는 일단 이윤을 추구하는 소비산업이기 때문이다. 돈이 되지 않으면 만들지 않는다. 그러므로 제작 의도를 아는 것이 필요하다. 동시에 관객은 자신이 왜 이 영화를 보려 하는가를 아는 것이 영화를 이해하는 또 하나의 길이다. 좋아하는 이유를 통해서 영화를 읽을 수 있기 때문이다.

여섯째는 배우들의 연기이다. 이것 역시 영화를 읽는 중요한 모습이다. 영화는 감독이 그 이야기를 준비한다면 실제로 연기자들이 그 일을 하는 것이다. 그러므로 연기자의 연기에 따라 내용과 감동은 달라진다.

이것은 영화를 읽는 기본적인 작업이다. 그러나 이 모든 것은 전체이자 하나의 현상으로 이해해야 한다. 칼로 무 자르듯 구분되어 이해하는 것이 아니라. 전체의 종합에서 보고 읽고 말해야 한다. 이것은 그리스도인이나 비그리스도인에게 동일하게 요구되는 모습이다. 그러나 여기에 그리스도인으로서 던져야 할 질문이 있다. 그것은 감독의 세계관을 분별하는 작업이요 동시에 나의 정체성을 지키는 일이기 때문이다. 그 질문은 알랜 맥도날드의 표현을 빌리고자 한다. 맥도날드는 그리스도인은 두 가지 질문을 해야 한다고 한다. 하나는 그것은 선한가? 또 하나는 그것은 진실한가?

"그것은 선한가? 그것은 독창적인가? 그것은 만족스러운가? 그 인물들은 현실적인가? 독자를 참여시키는가? 그것은 진실한가?"

영화가 가지고 있는 중요성은 이미 우리가 살펴보았다. 영화는 오락물이지만 거짓을 줄 수 있기에 주의해야 한다.

6장. 세계관으로 영화 읽고 말하기

이 작업은 매우 독특한 방법이다. 어쩌면 영화 읽기에 있어서 전혀 생소한 방법일지 모른다. 그러나 문화가 사상을 나르는 도구인 것을 생각한다면 결코 낯선 것은 아니다. 이 작업은 우리의 세계관을 이해하는 방법이다. 이 방법으로 영화를 읽어 보자. 영화는 결코 중립적인 산물이 아니다. 루이스의 말처럼 이 우주에는 결코 중립지대란 있을 수 없다. 의식하든 의식하지 않든 거기에 세계관이 공존하기 때문이다. 그러므로 영화를 읽는 작업에도 세계관이 열쇠가 될 수 있다. 다음은 세계관으로 영화를 읽는 기본 방법이다.

"감독은 누구인가? 즉 감독의 전제 혹은 세계관은 무엇인가? 감독은 무엇을 말하고자 하는가? 이 영화는 인간에 대하여 어떻게 말하며, 인간의 문제를 어떻게 다루고 있는가? 영화를 통해 사회와 문화 현상의 문제를 어떻게 진단하고 대안을 제시하는가? 우리 시대의 참다운 가치 형성을 위하여 영화가 제시하는 것이 무엇인가? 영화는 아름다운가? 즉 선을 추구하며 진실한가?"

영화를 읽었으면 이제 말해야 한다. 읽는 것은 혼자 할 수 있으나 오해될 수 있는 부분도 있다. 그러므로 보고 읽은 영화는 말하는 일이 필요하다. 이 작업에는 쓰기 작업이 포함된다. 자신이 보고 읽은 영화를 쓰고 기록하는 것은 매우 의미 있는 일이 된다. 또한 발표하는 작업도 필요하다. 우리는 그 예로 영화 「박하사탕」, 「매트릭스」, 「살인의 추억」, 「관상」, 「궁합」, 「명당」을 읽고 말하고자 한다. 여기에 예로 든 영화는 서로 다른 장르이다. 그러나 영화에 대한 질문은 동일하다.

1. 현대사의 어두운 자화상, 「박하사탕」

「박하사탕」은 1999년의 시점에서 거꾸로 올라가는 20년의 역사 즉 1979년에서 그 시간이 멈추고 있다. 소설가이기도 한 이창동 감독과 명계남 씨에 의하여 제작되었다. 이창동 감독은 리얼리티가 있는 작품을 발표하고 있다. 특별히 소설가답게 우리 시대의 문제를 파헤치고 대안을 제시하고자 하는 작가적 정신이 강하다고 볼 수 있다. 그러나 상업적 성공에서도 결코 뒤떨어지지 않는다.

박하사탕은 7개의 막으로 구성된 작품이다. 이 작품은 한 남자의 인생이 어떻게 파멸에 이르렀는지를 시간의 역행을 통하여 보여 주고 있다. 특별히 한국 사회의 20년의 현대사는 그야말로 암흑의 시대였음을 보여 주는 작가의 정신과 상업성이 함께 돋보인 수작이다. 사실 박하사탕은 한국 현대사를 겪은 세대와 겪지 않은 세대에게 많은 시각의 차이를 안겨 주고 있다. 그만큼 작가의 정신이 분명한 작품이다. 그리고 동시에 한국 기독교의 모습도 은연중에 보여 주고 있다. 한국 현대사와 기독교는 동일선상에서 볼 수 있기 때문이다. 박하사탕을 통해서 감독이 말하고자 하는 것과 감독이 숨겨 놓은 장치를 찾는 것은 매우 의미 있고 흥미로운 일이다.

야유회(1999년 봄). 젊은 시절의 꿈, 야망, 사랑, 모든 것을 잃은 중년의 영호. 그는 20년 전 첫사랑과 함께 소풍을 나갔던 곳에 찾아가지만 모든 것을 앗아 가 버린 20년 후의 현실은 허무한 인생을 향한 절규와 죽음뿐이다.

사진기(사흘 전, 1999년 봄). 동업자에게 사기당하고 마누라한테 이혼당하고 아무것도 남은 것 없는 마흔 살의 영호. 어렵사리 구한 권총 한 정으로 죽어 버리려 하는데 느닷없이 찾아온 사내의 손에 이끌려 첫사랑 순임을 만나게 된다. 그리고 순임의 죽음을 바라본다.

삶은 아름답다(1999년 여름). 서른다섯의 가구점 사장인 영호. 마누라 홍자는 운전교습 강사와 바람을 피우고 그는 가구점 직원 미스 리와 바람을 피운다. 그리고 과거 형사 시절 자신이 고문했던 사람과 마주치는 영호. 어떻게 해야 할지 몰라 모른 체 지나가 버린다. 같은 지붕 아래 시대가 낳은 아픔을 간직한 채 살고 있는 것이다. 그리고 홍자의 몰입적인 기도, 기도와 관계없는 홍자의 타락.

고백(1987년 4월). 지극히 일상적인 삶의 권태로움에 지쳐 버린 닳고 닳은 형사, 영호. 홍자는 출산예정일이 얼마 남지 않은 만삭의 몸이다. 그러나 군산의 허름한 옥탑방, 카페 여종업원 품에 안긴 그는 순임을 목 놓아 부르며 눈물을 터뜨린다.

기도(1984년 가을). 신참내기 형사, 영호. 그는 선배 형사들의 과격한 모습과 자신의 내면에 비쳐진 폭력성에 의해 점점 변해 가기 시작한다. 그리고 자신의 순수함을 부인하듯 순임을 거부하고 자신을 짝사랑해 왔던 홍자를 택한다. 첫날밤에 기도하는 홍자의 모습.

면회(1980년 5월). 영호는 전방부대의 신병. 그는 자신을 면회 왔다가 헛걸음하고 가는 순임의 모습을 보게 된다. 영호는 그녀를 소리쳐 부르고 싶지만 다른 장병들의 휘파람 소리와 요란한 트럭 소리에 묻혀 그저 그녀를 떠나보내고 긴급 출동하는 트럭에 올라타 광주로 향한다. 그리고 선임병의 죽음과 동시에 찾아온 원하지 않은 살인. 시대가 낳은 처절한 비극. 누구를 위한 전쟁인가?

소풍(1979년 가을). 갓 스무 살의 영호와 순임. 그들은 난생처음 순수한 사랑의 행복감에 잔뜩 젖어 있다. 영호는 순임이 건네준 박하사탕 하나가 세상에서 최고로 맛있다. 젊음도 아름답고 인생도 아름답다. 지금으로부터 20년 전, 1979년의 어느 가을이었다.

이 작품의 영상으로서의 언어, 미장센으로서의 대화, 편집과 감독의 사상 그리고 내러티브와 장르까지 영화 읽기를 통하여 작품을 읽을 수 있다. 그러나 이 영화가 궁극적으로 말하고자 하는 것은 무엇인가? 영화에 대한 일반적 이해 위에 기독교적 세계관에 입각하여 영화를 다시 한번 비평해야 한다. 이 영화는 이미 순수가 사라진 현대의 암울함을 보여 주고 있다. 한국 현대사의 아픔이 어디에서 왔는가를 작가의 시점에서 계속하여 언급하고 있다. 그러나 이러한 관점뿐 아니라 한 감독을 통하여 기독교의 타락성과 파멸을 보여 주고 있기도 하다. 기독교인의 입장에서 오늘 한국 사회 속 교회가 가지고 있는 위치가 무엇인지를 실감나게 하는 영화이다. 한국 교회의 역사가 이 안에 나타나고 있다고 해도 과언이 아니다. 이것은 오락물인 투캅스에서 나타나는 것과 동일하다.

감독은 우리 시대의 암울함을 순수의 시대로 회귀하기를 소망한다. 그러나 결코 그럴 수 없음을 알고 있다. 그의 죽음이 바로 그 장치이다. 그는 순수가 상실될 때 오는 처절함을 보여 주고 있다. 그 순수함의 타락에는 인간의 타락뿐만 아니라 구조의 타락 그리고 종교의 타락까지도 복합되어 있음을 말한다.

2. 「매트릭스」에서 배우기

「매트릭스」는 영화계에 새로운 돌풍을 일으킨 주역이다. 아주 색다른 영화인 「매트릭스」는 여러 면에서 현대 영화계에 도전을 준 작품이다. 우선 기술적인 면에서 컴퓨터 그래픽의 효과는 그야말로 이전의 한계를 뛰어넘는 발전을 하였다. 거기에 철학적인 주제를 담은 「매트릭스」만의 독특함이 호사가들의 입에 오르락내리락하였다. 여기에 기독교인들도 예외는 아니었다. 문화에 관계하는 많은 사람들이 「매트릭스」를 통하여 다양한 의견들을 쏟아 놓았다.

문화는 그 자체가 중립이라고 하는 의견이 대세인 우리 시대에 문화는 결코 중립이 될 수 없다는 의견을 가지고 「매트릭스」에 접근하고자 한다. 프란시스 쉐퍼의 방법으로 작품을 비평하는 것이 매우 유익하다고 본다. 그것은 작품 그 자체를 통하여 저자나 감독의 세계관을 살피고, 그것이 말하고자 하는 세계관을 드러내는 것이다.

「매트릭스」는 매우 자신만만한 태도를 가지고 있다. 영화가 어디까지 갈 수 있는가 보여 주기라도 하듯 시종 대담하게 전개된다. 때로는 거만한 느낌마저 드는 것을 볼 수 있다. 「매트릭스」가 가지고 있는 사상은 혼합주의이다. 인간 사회에 공존하고 있는 다양한 종교의 틀을 가져다가 영화 속에 사용하고 있는 것을 볼 수 있다. 그리고 아주 교묘하게 얽어 놓았다. 사람들은 대단한 철학이라도 있는 듯이 달려들고 있지만 거기에는 현란한 구도 속에 잡동사니가 쌓여 있다. 감독 자신이 밝히고 있듯이 영화의 주제는 짬뽕이다. 그런데 사람들은 짬뽕으로 보지 않는다. 심오한 무엇이 있다고 믿고 있기 때문이다. 그리고 나아가서 「매트릭스」는 어쩔 수 없는 서구 사람들의 작품임을 보여 준다. 「매트릭스」가 비록 동양적이며, 신비주의적인 색채를 가지고 있지만 그 기반은 기독교라는 것이다. 느부갓네살호, 로고스호, 트리니티, 네오 그리고 "그", "설계자", "예언자" 이 모든 것이 바로 기독교적 전제가 있는 세계에 살고 있는 존재의 표식이다. 그러므로 결코 동양인의 세계관으로는 이해하기 어려운 것이다.

그러나 「매트릭스」가 주는 메시지가 전혀 없는 것은 아니다. 3편으로 끝나는 시점에서 영화는 분명한 메시지를 전한다. 「매트릭스」가 추구하는 것은 평화이다. 그리고 이 평화를 얻기 위한 요소들을 말한다. 그 지점에 있어서 「매트릭스」는 더욱 철저한 서구의 기독교적 세계관을 잘 반영하고 있다. 비록 다양한 모습들이 여기저기에 혼란스럽게 산재하여 있지만 자신의 삶의 기반이라고 하는 기독교적 세계 이해를 바탕으로 감독은 평화를 얻기 위한 희생과 믿음 그리고 사랑을 아주 구체적으로 제시한다.

시온을 구원하는 네오가 트리니티와 함께 로고스호를 타고 암흑이 존재하는 기계의 도시에 가는 장면은 감독이 무엇을 말하고자 하는지 잘 보여 준다. 느부갓네살호로 시작하여 로고스호로 끝을 맺고 있다. 그리고 그곳에는 트리니티의 믿음과 사랑 그리고 희생이 있다. 암흑의 도시에서 잠깐 맛볼 수 있는 하늘의 영광은 무엇을 말하고자 하는가? 어두움과 밝음은 언제나 공존하고 있다. 더구나 기계의 도시에서 기계 대왕의 말에 네오는 이것이 자신의 선택이라고 한다. 매트릭스의 중심의지에 따른 선택이다. 매트릭스는 선택이 동양적 숙명이 아님을 말한다. 마지막 장면에서 오라클은 자유가 주어진 상황에 대하여 믿음을 가지고 있었기 때문에 얻은 것이라고 말한다. 선택하고 의심하지 않고 믿은 것이 자유의 열매를 얻게 되었다고 말하는 것이다. 이것 역시 그들이 기독교적 기반 위에 살고 있음을 보여 준다. 「매트릭스」에 대한 의미 있는 읽기 작업이 있어야 하겠지만 「매트릭스」는 영화라는 가장 현대적인 화법으로 고전의 메시지를 전하는 데 아주 탁월하였다고 볼 수 있다. 모든 것이 극단적이고 자극적으로 변해 가는 우리 문화에 메시지가 있는 이러한 문화를 만들 수 있으면 얼마나 좋을까?

우리가 살고 있는 세상은 하나님의 설계로 창조된 세상이다. 그리고 우리는 이 창조된 세상에서 분명한 자유의지를 가지고 각자의 선택된 삶을 살아감으로써 하나님의 창조를 완성해 간다. 창조가 불완전한 것이 아니다. 창조는 완성을 향하여 가도록 설계되었다. 그리고 그 길에는 예수 그리스도를 향한 사랑과 믿음 그리고 희생이 있어야 한다. 이것이 바로 생명이다. 우리가 가지고 있어야 할 핵심이다. 이러한 삶의 열매는 바로 샬롬 즉 평화이다.

3. 부패한 인간 본성의 열매, 「살인의 추억」

「살인의 추억」은 1980-90년대에 실제로 일어났던 화성 연쇄살인사건을 영화화한 것이다. 뉴스에서 특집으로 들었던 그 사건이 아직도 미결된 상태로 남아 있다는 사실이 충격적으로 다가왔다. 더구나 이렇게 미결된 사건이 있다는 생각에 슬프기도 하고 두렵기도 하였다. 그것도 10회에 걸친 연쇄살인사건이었음에도 불구하고 증거 하나 찾을 수 없는 불행한 과거였다. 감독은 이러한 불행을 「살인의 추억」으로 되살려 내었다.

영화는 사실과 허구를 잘 조화시켰다. 시나리오도 그리고 극의 흐름도 조화롭다. 긴장감을 잃을 시점에 간간이 보여 주는 웃음과 눈물로 영화에 더욱 몰입하게 한다. 또한 당시의 사회상과 시골 경찰의 현실을 잘 반영하였다. 그리고 누구나 공감하는 보편적 정서 중 하나인 살인자에 대한 강력한 증오를 사실적인 관점에서 표현해 주고 있다.

살인은 계속되고 형사들의 사투는 계속되었다. 이유도 없이 비오는 날 밤 유재하의 노래 「우울한 편지」가 흘러나올 때 살인사건이 일어났다. 하필 우울한 날 이었을까? 그러나 증거는 없고 다가오는 것은 언론의 따가운 눈초리와 다리를 절단하게 된 동료의 아픔만 남았다. 결국 미치도록 잡고 싶었던 범인은 잡히지 않았고 가슴에 한을 품은 채 1986년에서 1990년까지 10번의 사건은 지나갔다. 아픔의 상처가 있던 자리는 허수아비만 남아 있고 모든 것이 역사의 뒤안길로 사라졌다. 그리고 슬픈 추억이 되었다. 그런데 잊혀졌던 사건이 영화를 통하여 다시 살아났다. 그리고 새로운 세대들을 향해 말하고 있다. 범인은 잡혀야 한다고. 어쩌면 범인도 이 영화를 보았을지 모른다. 어떤 기분일까?

추억이 된 실제 사건을 보면서 인간의 잔악함에 대하여 다시 한 번 뼈저리게 느꼈다. 이러한 인간의 잔혹함은 어디에서 온 것인가? 그 답은 오직 하나이다. 인간의 부패이다. 죄의 부패가 인간을 더러운 존재로 만든 것이다. 살인이 왜 가증한 일인가? 인간은 하나님의 형상으로 지음받은 존귀한 존재이기 때문에 누구도 생명을 함부로 할 수 없다. 그런데 존귀한 인간을 잔인하게 죽인 것이다. 범인은 이 땅에서 피할 수 있을지 모르지만 하나님의 공의는 반드시 이루어진다. 하나님의 나라에서는 추억으로 남지 않는다. 반드시 그 대가를 받게 된다. 이를 갈며 슬피 울 것이다.

감독은 슬픔과 분노를 가지고 영화를 만들었다고 한다. 그리고 보는 이들이 동일한 마음을 가지기를 바라고 있다. 평범한 사회인이 되었어도 범인을 잡지 못한 형사의 눈빛은 분명히 말하고 있다. 아마 감독의 마음일 것이다.

4. 한국인의 세계관을 잘 보여 준「관상」,「궁합」,「명당」

한국인의 세계관을 가장 잘 표현하고 있는 역학을 주제로 영화사 '주피터필름'이 3부작을 목표로 제작한 영화이다. 감독이 기획하고 영화를 준비하는 것과 다르게 이 작품은 제작자가 준비하고 서로 다른 감독에 의하여 만들어졌다.

이 영화는 총 12년에 걸쳐서 준비되고 상영된 영화다. 이 영화를 제작한 제작자의 이야기에서 영화를 통하여 무엇을 말하려고 하는지를 알 수 있다.「관상」(2013),「궁합」,「명당」(2018) 등 역학 3부작의 출발점이 궁금하다는 질문에 제작자인 주필호 대표는 이렇게 대답하였다.

"현대인들은 모두 불안하고 불확실성의 삶을 살아가고 있기 때문에 자신의 미래와 운명을 궁금해하고 무언가에 의지하고 싶어 합니다. 점이나 관상, 궁합, 사주나 명당 같은 것에 관심을 가지는 것은 동서양

고금을 막론하고 공통되는 거 같습니다. 서양에서도 점성술, 타로카드 같은 게 있지 않나요. 일종의 심리 상담, 카운슬링 같은 역할을 해 준다고 생각합니다. 그래서 한편으로는 미신이라고 여기면서도 의지하고 싶어 하는 게 아닐까 싶습니다. 인간이라면 자신의 운명에 관심을 가지는 게 당연하니 저 또한 역학에 대해 관심을 가지는 게 됐죠"[245]

불안하고 불확실성이 큰 삶에서 자신의 미래와 운명을 궁금해하고 무언가에 의지하고 싶어 하는 인간의 본성을 드러내는 영화라는 것이다. 그런데 영화를 만든 감독들은 이러한 인간의 미래와 운명의 초점을 철저하게 탐욕과 권력에 기대는 것으로 그리고 있다.

우선 「관상」은 조선시대의 실제 역사인 계유정난 이야기 속에 관상가의 이야기를 창조하였다. 조선의 역사를 바꾸기 위하여 치열하게 싸우는 상황 가운데 관상이 그 중심을 이끌어 가는 구조다. 실제 역사의 한 장면에서 아주 잘 짜여진 시나리오는 극의 몰입도가 아주 높다. 권력을 잡으려는 인간의 잔인함을 잘 보여 준다. 누가 권력의 달콤함 앞에 무릎 꿇지 않을 수 있겠는가? 「관상」은 이 질문에 대한 답을 잘 보여 주고 있다.

두 번째 영화인 「궁합」은 영조 시대를 무대로 한 영화다. 기근이 계속되는 상황 가운데 옹주의 결혼식이 비를 오게 할 것이라고 믿는 왕의 생각으로 부마 선택을 대대적으로 시행한다. 이때 왕은 부마가 될 사람을 선택하기 위하여 역술가를 부르고 궁합을 살핀 후에 부마를 간택하도록 한다. 이 영화는 로맨틱 코미디를 보여 주면서 인간의 본성을 들춰내고 있다. 부마가 되기 위한 인간의 탐욕은 어른, 아이 관계없이 다 가지고 있음을 잘 표현하였다. 그리고 그것은 권력의 최정점에 있는 이들에게까지 다다른다. 「궁합」은 온갖 거짓을 통하여서라도 자신의 삶을 바꿔 보고자 하는 심리를 잘 보여 주고 있다.

세 번째, 「명당」은 묫자리를 둘러싼 인간의 욕망과 암투를 그린 이야기다. 흥선대원군이 지관의 조언을 받아 2대에 걸쳐 천자가 나오는 묫자리로 아버지의 묘를 이장한 실제 이야기를 바탕으로 한 영화다. 「명당」을 만든 이유는 "살아생전 머무는 집을 백 년 집이라 한다면, 죽어서 머무는 집을 천 년 집"[246] 이라는 사실에서 출발했다. 묫자리를 통하여 대대로 권력을 누리고자 하는 인간 군상의 이야기를 잘 담아내고 있다. 「명당」은 앞선 영화와는 다르게 액션 신이 매우 많다. 액션이 많은 이유는 영화의 재미도 있지만 인간의 탐욕을 극대화시키는 작용을 하기 위해서다. 특별히 자신의 성공을 위하여 부모까지 살해하는 인간의 잔인함을 묘사하고 있다. 그리고 명당에 대한 욕구가 단지 권력자에게만 해당되는 것이 아니라 서민들에게도 해당됨을 보여 준다. 「명당」은 모든 인간은 다 탐욕으로 채워진 부패한 본성을 가졌음을 고발한다. 이렇듯 「관상」, 「궁합」, 「명당」은 인간 본성의 모습을 잘 보여 주는 영화다. 특별히 한국인의 세계관이 어떻게 만들어졌는지를 보여 주고 있다. 한국인에게 나타나는 두드러진 세계관은 감투 의식과 상하 서열 의식이다. 가정에서는 가부장의 절대권력 의식으로, 사회에서는 권력을 통한 계급의 이동을 부추겼다. 3부작 영화가 그것을 절묘하게 잘 보여 주고 있다.

부패한 본성을 가진 인간은 끊임없이 탐욕을 통하여 자신을 보존하려고 한다. 이때 나타나는 것은 모방 욕망이다. 더 많은 것을 가지고 있는 자에 대한 모방 욕망이 결국 탐욕을 만들고 서로 죽인다. 영화 3부작에 나오는 모습들은 탐욕적인 인간의 처참함을 보여 주고 있다.

탐욕을 위하여 서로 속이고, 죽이는 일을 거침없이 한다. 영화는 자신의 탐욕을 위하여 가장 가까이 있는 사람부터 제거하는 잔인함을 잘 보여 주고 있다. 영화는 조선 시대를 배경으로 삼고 있지만 현대를 반사하고 있다. 「관상」은 외모 지상주의에서 이러한 잔재를 볼 수 있다. 「궁합」은 재산과 학력 그리고 직장 관계를 기준으로 평가하는 사회의 모습을 반영한다. 「명당」은 부동산 투기의 전형으로 나타나고 있다. 이것이 일상의 작은 모습이라면 여전히 점집이 흥행하고, 젊은이들이 타로카드를 이용하는 열심이 식을 줄 모르는 것을 볼 때 여전히 우리 사회를 휘감고 있다고 해도 과언이 아니다.

그리고 이 모든 것이 이기적인 탐심의 발로라는 사실이다. 이타적인 삶을 위하여 자신의 미래를 알고 싶어 하지 않는다. 철저하게 이기적인 탐심이 그 자리를 차지하고 있다. 현대인들의 모습에서 우리는 부패한 본성의 확장성을 더욱 엿볼 수 있다. 하나님이 주신 소명에 충실하게 살려는 것이 아니라 하나님의 뜻을 거부하고 하나님과 같이 되려는 인간의 모습이 여전히 기승하고 있다. 그런 의미에서 북이스라엘의 마지막 모습을 기록한 성경의 말씀이 3부작 영화가 보여 주고자 하는 세상을 향한 하나님의 생각이다.

"그 하나님 여호와의 모든 명령을 버리고 자기를 위하여 두 송아지 형상을 부어 만들고 또 아세라 목상을 만들고 하늘의 일월 성신을 숭배하며 또 바알을 섬기고 또 자기 자녀를 불 가운데로 지나가게 하며 복술과 사술을 행하고 스스로 팔려 여호와 보시기에 악을 행하여 그 노를 격발케 하였으므로 여호와께서 이스라엘을 심히 노하사 그 앞에서 제하시니 유다 지파 외에는 남은 자가 없으니라"[왕하 17:16-18]

7장. 나가는 말

영화는 종합 예술이다. 한 편의 영화가 얼마나 큰 영향을 주는지 보여 주는 좋은 실례가 있다. 낙태 문제에 대하여 소홀히 하였던 미국의 사회가 프란시스 쉐퍼와 에버렛 쿠프에 의해서 준비되고 프랭키 쉐퍼 프로덕션에서 제작한 「인류에게 무슨 일이 일어나고 있는가?」라는 다큐멘터리 영화를 통하여 미국 전 사회에 엄청난 충격을 준 사건은 영화의 영향력을 실감나게 한다.

그러나 아쉽게도 잘못된 이해로 인하여 영화계에 성경적 세계관을 가진 영화인들이 많지 않은 것이 사실이다. 그동안 영화에 대한 바른 이해가 없었기에 교회가 무관심하였다. 그러나 모든 진리가 하나님의 진리라면 영화의 세계도 하나님의 영광이 나타나는 장소로 만들어야 한다. 다행히 좋은 그리스도인 감독들이 나타나고 있음은 감사한 일이다. 이제 영화의 세계에도 그리스도의 계절이 오기를 기대한다.

8강 | 평화는 어디서 오는가?

우리나라는 현존하는 분단국가다. 이 사실이 우리 시대를 살아가는 모두에게 불편함을 가져다준다. 분단체제에서는 언제든지 전쟁이 일어날 수 있다. 오랫동안 분단이 고착화됨으로써 남북은 둘 다 피로에 휩싸여 있다. 정치의 영역에서 남북은 안보를 우선으로 삼고 있다. 또한 국가 예산의 상당 부분이 국방비에 들어가는 것이 분단체제가 가져온 현실이다.

분단체제에서는 작은 의견에도 서로를 의심하고, 구분한다. 분단체제는 정권의 좋은 음식이 될 수 있지만 동시에 백성에게는 독이 될 수 있다. 그러므로 분단체제 극복은 너무 절실하다. 전쟁과 평화는 단지 과거의 이야기가 아니라 바로 현실의 이야기이다. 이런 현실에 살고 있는 우리는 전쟁에 대한 두려움과 평화에 대한 갈망에 목말라 있다. 놀랍게도 우리는 전쟁과 평화에 대하여 깊이 있는 나눔이 빈약하였다. 하지만 시대의 변화는 잠자던 우리의 생각을 깨우게 하였다. 발단은 아나뱁티스트들에 의한 종교적 양심에 따른 병역거부 운동과 기독교 평화주의에 대한 논의였다. 기독교 평화주의는 신학교의 담벼락을 넘어서 교회로 다가왔다. 그런데 한국 교회는 이에 대한 다양한 논의가 준비되어 있지 않았다. 비록 교회사 가운데는 평화주의에 대한 많은 논의가 이루어졌으나 아직도 한국 교회의 일반 성도들에게 이 문제는 여전히 멀게만 느껴지는 것이 사실이다. 이제 우리는 생각하고 정리해야 한다. 우리에게 있어서 전쟁과 평화 그리고 정의는 어떤 의미인가?

1장. 기독교 평화주의

80년대에 군대에 있으면서 재미있게 읽은 책이 「예수와 비폭력 혁명」이라는 책이었다. 외출 시에 서점에 들렀다가 사전 지식 없이 눈에 들어오는 제목이기에 사서 보았다. 비폭력 혁명이라는 제목이 어찌나 강렬하게 다가왔는지 모른다. 당시만 해도 혁명이라는 단어는 반역적이기 때문이었다. 이 책은 희년에 대해서, 그리고 성경적 의미의 예수의 비폭력에 대한 저술로서 신선함을 주었다. 물론 당시의 상황에서 예수의 비폭력이 간디에 의해 이루어졌다는 면은 약간 의아하였다. 그러나 비폭력의 역사가 성경의 역사요 초대교회의 역사임이 인상 깊게 남았다.

이러한 생각에서인지 '사회 개혁'에 대한 관심을 오랫동안 가지고 있었다. 그러나 당시에는 진보주의적 그룹 외에는 복음적 개혁주의 입장에서는 정리된 글이 없었다. 그러한 상황 가운데 만난 것이 바로 프란시스 쉐퍼였다. 쉐퍼의 글은 매우 강력하였다. 특별히 사회에 대한 그의 투쟁은 복음적 개혁주의 입장에서 한 번도 들어 보지 못하였다. 그러나 쉐퍼를 연구할수록 그는 복음적 개혁주의 입장에 누구보다도 충실하고 오히려 현대의 많은 교회들이 이름뿐인 복음적 개혁주의였음을 알았다. 현대의 복음적 개혁주의 교회들이 자신을 향하여 개혁주의라고 일컫고 있는 것은 다분히 생명 연장을 위한 생명줄에 불과하였다. 그러므로 시민 불복종 운동은 생각할 수도 없었다. 반체제 인사들의 전유물인 것처럼 여기던 시대였다. 그러한 시대에 쉐퍼의 선언은 엄청난 충격이었다.

바로 그 시점에서 '평화주의'에 대한 견해들을 접할 수 있었다. 물론 그 견해는 당시에는 그리 영향력이 없었다. 누구도 이 문제에 대해서 말하지 않았기 때문이다. 이것이 80년대의 상황이었다. 오히려 복음주의 교회에 스며든 것은 세계관 운동이었다. 세계관 운동은 필자를 비롯해서 많은 젊은이들의 사상을 깨우는 작업을 하였다. 지금 비록 비판의 대상이 되고 있지만 당시 그 영향력은 한국 복음주의권에 새로운 물결을 일으켰다. 그때까지도 평화주의에 대한 관심은 변두리에 있었다. 겨우 드러난 논의는 존 스토트의 「현대 사회문제와 기독교적 답변(Issues Facing Christians Today)」[247] 과 「혁명만이 변화인가?」(IVP)[248] 정도였다. 메노나이트였던 로널드 사이더의[249] 사회정의에 대한 책도 있었지만 그 영향력이란 미미하였고 일부에만 알려져 있었다. 이것이 80년대에서 90년대까지의 한국 복음주의권의 현실이었다.

이미 서구에서는 오랜 시간 동안 평화주의 논쟁이 있었으나 한국 교회는 분단이라는 독특한 현실로 인하여 평화주의가 담론의 주제로 선정되지 못하였다. 그런데 이러한 주제가 새로운 세기로 들어서면서 표면으로 드러나기 시작하였다. 그것은 양심적 병역 거부자에 대하여 진보적인 일부 언론의 관심을 받게 되었고, 이전에는 여호와의 증인의 종교 문제로 인식되어 사각지대에 있었던 것이 한 불교 신자의 행동을 통하여 새로운 이슈가 되었기 때문이다. 거기에 복음주의자로 자부하는 김두식 교수의 발언[250]은 복음주의권 젊은 세대의 마음을 흔들어 놓았다. 더구나 포괄적 복음주의 잡지인 「복음과 상황」을 통하여 메노나이트의 전령인 존 하워드 요더의 「예수의 정치학」이 소개되었다.[251]

    이러한 현상은 한국 복음주의권에 새로운 변화가 일어나고 있음을 반영하는 것이다. 평화주의 논쟁은 다양한 반응을 불러일으켰다. 그 첫 번째 반응은 즉각적인 반대의 소리였다. 한 번도 이러한 문제를 접한 적이 없었던 복음주의권은 충격과 함께 비판의 화살을 쏘아 대기 시작하였다. 김두식 교수가 비판하듯이 개혁주의 신학생의 감정적인 글들이 평화주의에 대한 오늘 한국 복음주의권의 현실인 것은 사실이다.[252] 이런 면에서 본다면 병역 거부와 대체 복무 그리고 평화주의 논의는 복음주의 교회를 넘어 메노나이트에 대한 새로운 시각을 주었으며 복음주의 교회들의 각성을 촉구하였다. 오직 믿음에 목숨 걸고 무조건적 순종을 요구하였던 미성숙한 한국 교회를 향하여 약이 되는 일침이 가해진 것이다. 이 일침에는 필자도 자유롭지 못하다.

    사실 한국 교회는 메노나이트와 평화주의에 대하여 잘 알지 못하였다. 그래서 새롭게 느끼고 있는 것이 사실이다. 하지만 아나뱁티스트에 대한 논쟁은 매우 오래되었다. 우리 시대에 정치와 국가 그리고 평화에 대하여 가장 큰 영향을 주고 있는 것은 존 하워드 요더이다. 그의 책이 IVP를 통하여 출판되었고, 대장간이라는 전문 출판사가 나타나기도 하였다. 그만큼 영향력을 미치고 있다는 의미이다.

    대표적인 사상가인 요더는 메노나이트 신자이다.[253] 메노나이트 그리고 아나뱁티스트, 재세례파로 불리는 이들은 교회사적으로는 수

많은 핍박을 받았다. 교회사 가운데 이단으로 정죄받았던 전력이 있기에 한국 교회에서는 이들에 대하여 깊이 있게 가르치지 않았다. 사실상 재세례파에 대한 이해는 신학적으로만 논의되었다. 그런데 시대의 변화와 함께 한국 교회 앞에 나타난 것이다. 예고도 없고, 논의도 없이 불쑥 나타났다. 그것도 여호와의 증인들이 주장하고 있는 병역거부의 논의 가운데 복음주의자들을 통하여 자리를 잡았다.

그래서 일반 성도들은 궁금증이 생겼고, 질문하기 시작했다. '평화주의'가 무엇인가? 기독교는 당연히 평화를 말하고, 늘 샬롬을 외치는데 또 다른 평화가 있다고 들리기 때문이다. 오랜 시간 동안 한국 교회는 전쟁과 평화에 대한 진지한 논의가 거의 없었다. 더구나 분단국가인 한국에서는 종교적 신념이 군 복무를 면제받는 데 정당화될 수 없었다. 논의하는 것 자체가 핍박을 각오해야 했다. 그런 측면에서 평화주의에 대하여 요더의 책과 복음주의자들을 통한 의견 개진은 신선한 충격이라 할 수 있다. 하지만 역사에서는 새로운 것이 아니다. 이미 수없이 논의되었다. 그런 의미에서 현재 논의되고 있는 '평화주의'에 대한 균형 잡힌 이해가 필요하다. 균형 있는 제시가 주어질 때 바른 의미의 기독교 평화주의가 성립되는 것이다.[254]

2장. 메노나이트의 평화주의 이해

　　평화주의에 대한 많은 정의가 있다. 전통적 기독교 평화주의자는 주장하기를, 예수님의 마태복음 5장 9절과 39절의 말씀들에 의하여 개인적 차원이든, 국가적 차원이든, 국제적 차원이든, 신자가 악을 대적하기 위하여 무장을 해야 할 가능성은 배제된다고 한다. 평화주의자는, 예수께서는 산상보훈에서 비폭력을 가르치셨으며, 십자가를 지심으로써 악에 대한 무저항을 실천했다고 말한다. 철저한 평화주의자는 우리가 "그리스도의 완전함에" 거하려면, 악을 제어하기 위한 물리적인 무력의 사용에 결코 동참하지 말아야 한다고 가르친다.[255]

　　그러나 현대의 평화주의자들은 좀 더 유연한 입장을 취한다. 그들은 국가 내에서의 무력 사용의 필요성을 용인한다. 법의 강화, 경찰, 행정 장관들, 판사들, 법원 그리고 벌금 혹은 구금에 의한 처벌을 인정한다. 그러나 어떤 사람들은 사용이 허용될 수 있는 유일한 "강제력의 형태"는 "자유로운 도덕적 결정자인 다른 사람에 대한 사랑과 존중에 완전히 부합되는 형태뿐이다."[256] 라고 말한다. 로널드 사이더가 인간적인 차원에서 허용하고자 하는 유일한 형태의 처벌은 보복적인 처벌이 아니라 회복적인 처벌이다. 이것은 현대의 평화주의자들이 국가 내에서의 어떤 형태의 비폭력적 강제력은 받아들이면서도 전쟁은 결코 정당할 수 없다고 주장하는 것을 의미한다.[257]

　메노나이트의 평화주의에 대한 정의를 전통적인 입장과 현대적인 입장에서 살펴보았다.[258] 그러나 논의의 집중을 위해서 "전쟁에 반대하는 일련의 사상적 흐름 또는 종교적 믿음"으로 정의하고 전쟁의 문제에 대한 균형 잡힌 논의를 살펴볼 것이다. 전면으로 드러난 평화주의에 대한 메노나이트의 입장은 예수님이 하나님의 계시의 절정이요 완성이며 또 구약 시대에는 하나님의 뜻이 점진적으로만 나타났기 때문에 예수님이 말씀하시고 삶으로 보여 주신 것이 이전 시대에 진행된 모든 것을 초월한다고 주장한다.[259] 메노나이트의 논의는 신약 그리고 산상수훈의 가르침에서 시작하고 진행되고 있다.

　그런 의미에서 평화주의의 이해는 성경의 가르침에 대한 전체적인 이해에서 살펴보는 것이 중요하다. 즉, 인권의 차원을 넘어선 성경의 명령의 차원으로 가야 한다. 그렇다면 "성경은 전쟁에 대하여 무엇을 말하는가?" 또한 "하나님은 전쟁을 왜 허용하시는가?"에 대하여 대답이 있어야 하고 결론적으로 "기독교 평화주의를 어떻게 보아야 하는가?"에 대한 답을 얻어야 한다.

3장. 성경은 전쟁에 대하여 무엇을 말하는가?

성경은 전쟁에 대하여 아무런 말도 하고 있지 않은가? 이미 수없이 많이 일어난 전쟁은 어떻게 이해해야 하는가? 이러한 질문은 평화에 대한 이해에 앞서서 반드시 짚고 넘어가야 한다. 이 질문들에 대해 로이드 존스는 "하나님께서 일찍이 전쟁을 막거나 금지하겠다고 약속하신 적이 있는가?" 그리고 "왜 우리는 하나님께서 전쟁을 금지하시리라고 기대하는가?" 혹은 "왜 하나님은 전쟁을 금지하셔야만 하는가?"라는 질문을 던지라고 한다.[260] 즉 전쟁은 언제나 하나님의 뜻에 어긋난다는 전제에서 출발한다면 전쟁을 허용하신 하나님을 어떻게 이해해야 하는가? 하는 것이다.

구약성경을 보면, 하나님께서 사회적 정의를 위한 칼의 사용을 승인하셨으며 또한 어떤 때에는 전쟁까지도 승인하셨다는 사실을 모든 그리스도인은 인정해야 한다. 하지만 평화주의자들은 하나님께서 당신의 완전하신 뜻을 점진적으로 계시하셨으며 구약의 전쟁이란 이스라엘의 제한된 지식에 적용하도록 하나님께서 섭리하신 방편에 불과하며, 하나님의 완전하신 뜻은 그리스도 안에서 계시되었다고 주장하거나, 또한 이스라엘의 "성전(聖戰)"을 기적에 의하여 하나님의 능력을 현시하는 전투로 취급한다. 이것은 쉴라이다임 고백서에 나타난 전통적 평화주의자들의 요지이다.[261] 이보다 한발 더 나아가서 그리트(K. G. Greet)의 주장에 따르면 구약의 전쟁들은 하나님에 대한 원시적인 이해의 결과이며 따라서 그들은 오늘날의 우리에게 아무것도 가르칠 것이 없다고 말한다.[262]

그러나 성경은 전쟁을 통하여 하나님께서 가르치시고자 하는 교훈을 명확하게 보여 주고 있다. 이스라엘이 다른 나라로부터 당한 불의한 공격과 침략에 대해서 하나님은 자기방어적 공격을 허락하셨다(수 6:21, 8:1-2, 삿 6, 7장). 국가 내에서와 국가들 사이에서의 공의는 하나님께 너무나 귀중한 것이므로 불의한 정부들은 설사 그것이 하나님에 의하여 세워진 정부라 하더라도 침입을 면치 못하였다(왕상 9, 11장).[263] 전쟁에 대한 분명한 이해는 시편기자의 노래를 통해서도 분명하게 볼 수 있다(시 144:1, 149:6-9). 전쟁은 바로 하나님의 공의의 문제이다. 물론 누가 온전한 공의를 제공할 수 있을 것인가는 분명히 문제가 될 수 있다. 누구도 이 문제에 있어서는 자유롭지 못하다. 그렇다면 불의한 악에 대해서는 어떠한 선택을 해야 하는가? 더 작은 악의 선택이 필요하지 않은가?[264]

이것은 개인적이든 국가적이든 동일한 원리이다. 구약에 드러난 하나님의 모습은 신약을 통하여 여전히 동일하게 나타나신다. 구약은 심판의 하나님이고 신약은 사랑의 하나님이라는 공식은 정당하지 못한 것이다. 하나님의 성품은 불변하시다. 그리고 악에 대한 모습 역시 동일하다. 악한 자들을 대적하지 말라는 산상수훈의 예수님의 말씀은 악한 의도의 대적 혹은 증오에 의하여 유발된 사적인 보복을 하지 말라는 것이지 공의와 진리가 관계되는 면에서까지 대적하지 말라는 것

은 아니다. 오히려 저항해야 하는 것이다.[265)]

바울의 글 역시 이 문제에 대하여 분명한 입장을 가지고 있다. 바울이 로마 법정의 합법성을 인정하면서 그들에게 정당하게 다스릴 것을 요구하고, 보다 더 상위 법정에 호소하면서(행 24:10, 25:8) 그리스도인들에게 정부를 위하여 기도할 것을 권장한 모습을 발견한다(딤전 2:2). 정부 기관이나 군대에 몸 담고 있던 사람이 그리스도인이 되면 그곳을 떠나야 한다는 제안은 어디에도 없다(행 10:1-2, 30-48, 마 8:5-13, 막 2:13-14). 우리는 군인의 생활이 그리스도인의 삶에 긍정적인 비유로 사용된 것을 볼 수 있다(딤후 2:3-4). 국가 내에 혹은 국가들 사이에 공의를 나타내는 일에 그리스도인들이 참여하는 것이 악한 일이라면 그런 비유는 신약성경에 나타나지 않았을 것이다.[266)] 그러나 요더는 "로마서 13장은 그리스도인이 국가에 정치적 봉사자로 부름받았다는 것을 의미하지 않으며, 또한 3절에 나타난 칼은 정치와 법적인 것이지 사형이나 전쟁을 가리키지 않는다고 말한다. 여기서 칼은 무기라기보다는 권위의 상징이다. 칼을 하나의 방어 수단과 제한된 범위 내에서 사용하는 현대의 경찰과 연결한다. 따라서 이 본문에서 정당 전쟁(just war)을 이끌어내는 것은 잘못된 일이라고 강조한다."[267)] 오히려 이 본문은 평화주의 입장을 가지고 있다고 본다.[268)]

물론 오늘날의 어떤 나라도 옛날에 이스라엘이 했던 것과 동일한 방식으로 자신을 새로운 이스라엘 혹은 하나님의 국가라고 주장할 수는 없다. 하나님은 오늘날 어떤 나라에 대해서도 옛날 이스라엘에게 하셨던 것처럼 거룩한 전쟁을 일으키라고 말씀하시지는 않는다. 그러나 이 사실이 구약에서 정부, 공의 그리고 전쟁의 수행에 관하여 이야기된 모든 것을 우리가 포기할 수 있음을 의미하지는 않는다. 산상수훈은 이 부분을 명확하게 하고 있다(마 5:17-19). [269]교회뿐 아니라 어떤 국가도 이스라엘의 위치에 있는 것은 아니다. 그러나 정부, 율법, 형벌, 의로운 전쟁에 관한 모든 원리들은 충분히 적용될 수 있으며 오늘날에도 하나님께 중요한 것들이다.[270]

전쟁에 대한 성경의 이해는 구약의 입장을 신약에서 어떻게 이해하는가에 있다. 이 문제는 율법과 복음과의 문제이다. 그러므로 역사적인 접근에서 시작하는 것이 아니라 성경의 입장에서 접근하는 것이 균형 잡힌 시각을 갖게 한다.

4장. 왜 하나님은 전쟁을 허용하시는가?

그렇다면 전쟁에 대해 새로운 질문으로 나아가야 한다. "하나님은 전쟁을 왜 허용하셨는가?" 하는 것이다. 평화주의는 전쟁의 불합리성에만 머물기에 이 문제에 대하여 질문조차 하지 않는다. 그러나 전쟁은 이전에도 일어났고 지금도 일어나고 있다. 그러므로 우리는 이 질문을 피할 수 없다. 이 질문에 대하여 로이드 존스는 전쟁 그 자체는 죄가 아니라, 죄의 결과라고 보았다. 즉 전쟁은 죄의 표시들 가운데 하나임을 강조하였다. 좀 더 크게 보면 전쟁은 다른 모든 죄의 결과들과 본질적으로 똑같다.

로이드 존스는 단순하게 성경이 전쟁을 죄의 결과라고 하는 것에 그치지 않고 전쟁을 허용하시는 실질적인 이유를 제시한다. 첫째는 하나님께서 전쟁을 허용하시는 이유는 사람들의 죄를 징벌하기 위해서이다.[271]

죄로 말미암아 당하는 모든 고통은 인간의 죄에 대한 하나님의 징벌이다. 그러나 "왜 무고한 자가 고난을 당하는가?" 하고 항의하는 사람도 있을 것이다. 이 질문에 대해 자세하게 설명할 수는 없지만, 근본적인 이유를 몇 가지만 제시하겠다. 첫째는 우리가 이미 살펴본 바와 같이 무고한 사람은 없다. 우리는 모두 죄인이기 때문이다. 둘째는 우리는 우리 자신의 개인적인 죄뿐만 아니라, 넓게는 인류의 죄, 좁게는 우리나라나 사회나 가족의 죄의 결과들도 떠맡아야 한다. 왜냐하면 우리는 개인이면서 동시에 국가의 일원이자 인류 가운데 한 사람이기 때문이다.[272]

하나님께서 전쟁을 허용하시는 두 번째 이유는 사람들이 다른 어떤 것들보다도 전쟁을 통해서 죄의 본질을 깨달을 수 있기 때문이다. 로이드 존스는 인간은 위기를 통하여 자신의 존재를 안다는 것이다. 전쟁은 바로 이러한 인간의 죄인 됨의 모습을 분명하게 볼 수 있게 한다.[273]

위기에 처해서 우리는 삶의 토대를 검토하지 않을 수 없다. 위기에 처해서 우리는 인간의 본성 속에 들어 있는 것 가운데 무엇이 이런 재난을 몰고 오는 것일까? 하는 직접적인 물음을 제기하게 된다. 그것은 악한 몇몇 사람의 행동에서만 나타나는 것이 아니다. 그것은 인간, 곧 모든 인간의 마음속 깊은 곳에 도사리고 있다. 그것은 다름 아닌 인간의 마음속 깊은 곳에 숨어 있는 이기심과 미움과 질투와 시기, 그리고 매정함과 악의다.[274]

세 번째 이유는 우리로 하여금 다시 하나님께로 돌아오게 하려는 최종적인 목적을 이루기 위함이다. 로이드 존스가 인간의 본성과 인간의 삶을 성찰하는 중에 깜짝 놀란 것은 하나님께서 전쟁을 허용하신다는 사실이 아니라 하나님의 인내와 오래 참으심이라는 것이다.[275] 즉 인간에게 하나님의 은혜를 베푸셨음에도 불구하고 여전히 하나님과 관계없이 살아가는 모습을 향한 하나님의 경종의 메시지가 바로 전쟁에 대한 하나님의 허용하심이라는 것이다.

전쟁 반대와 찬성의 문제에서 이미 벌어지고 있는 전쟁을 어떻게 생각해야 하는가에 대한 질문을 던지는 것이 더욱 중요하다. 평화주의는 전쟁은 인간의 문제이지 하나님의 문제가 아니라고 말한다. 그러나 하나님의 온전한 주권을 인정한다면 전쟁 역시 하나님께서 허용하신 일임을 인정해야 한다. 그러한 점에서 일어난 전쟁에 대한 바른 이해가 필요하다.

5장. 무엇이 평화인가?

앞서서 성경은 전쟁을 어떻게 말하는가를 보았다. 그리고 이미 일어난 전쟁에 대하여 하나님이 허용하신 이유를 함께 살펴보았다. 이제 결론적 입장으로 현시점에서 기독교 평화주의에 대한 균형 잡힌 관점은 무엇인지 말하고자 한다. 기독교 평화주의는 메노나이트의 평화주의자와 정당한 전쟁론자에 대하여 균형 잡힌 시각을 가져야 한다. 한국 아나뱁티스트의 메노나이트 신조를 보면 다음과 같다.

우리는 그리스도의 제자들로서 전쟁을 준비하지 않으며 전쟁 행위와 군 복무에 가담하지 않는다. 예수께 부여된 똑같은 성령은 우리에게 부여되어 복수하지 않게 하고 원수를 사랑하고 용서하며, 올바른 관계를 실천하고 믿음의 공동체에 의지하여 논쟁을 가라앉히고 또한 악에게 폭력으로 저항하지 않게 한다.

그러나 이미 살펴보았듯이 군복무에 가담하지 않는 것이 성경의 전체적인 원리라고 볼 수는 없다. 물론 정부에 무조건적으로 순종해야 함을 의미하지 않는다. 그리스도인이 첫 번째로 순종해야 할 대상은 하나님이시다. 그 어떤 세력도 하나님의 권위 위에 있을 수 없다. 이것이 시민 불복종 운동의 아름다운 전통이다. 그러나 군복무 반대를 시민 불복종 운동의 차원에서 보는 것은 시민 불복종 운동의 의미를 자의적으로 해석하는 것이다.

우리는 사람보다 하나님께 순종해야 한다. 그러므로 많은 그리스도인들이 과거에 자신의 정부가 행했던 악에 대항할 용기를 갖지 못했다는 사실이 오늘날 경찰이나 군대에 그리스도인이 참여하는 것을 막는 논거로 사용될 수는 없다. 우리에게 필요한 것은 공의의 원칙에 대한 성경의 명백한 이해와 그리스도만이 우리의 유일한 주인이시라는 사실을 시인하는 대가를 기꺼이 치르고자 하는 각오이다.[276]

그러므로 우리는 이렇게 질문할 필요가 있다. 만약 공의가 여전히 중요한 문제라면, 우리가 십자가를 진다는 것은 구체적으로 무엇을 의미하는가? 모든 그리스도인은 그리스도의 모범을 따라서 다른 사람들을 위하여 사랑으로 자기 생명을 바치도록 부름을 받았다. 그렇다면 어떻게 우리는 공의를 위해서 마음을 기울일 수 있는가? 기억해야 할 것은 사랑과 공의는 하나님이 요구하듯이 언제나 함께 있어야 한다.

"사람아 주께서 선한 것이 무엇임을 네게 보이셨나니 여호와께서 네게 구하시는 것이 오직 공의를 행하며 인자를 사랑하며 겸손히 네 하나님과 함께 행하는 것이 아니냐"(미 6:8; 마 23:23)

평화주의자들이 그리스도의 십자가가 공의와 형벌에 대한 구약의 교훈을 무효화시켰다고 주장함으로써 가끔 심각한 오류를 범한다. 그리스도인은 언제나 두 가지 소명을 가지고 있다. 그것은 사랑과 공의이다.[277]

이제 우리는 "무엇이 평화인가?"라고 질문해야 한다. 가장 널리 받아들여지는 정의는 군대 혹은 게릴라 부대의 대치가 수반된 투쟁이 없는 상태이다. 그러나 평화는 단순히 싸우지 않음, 전쟁을 반대함, 혹은 일방적 무장 해제에 의하여 이 세상에서 얻어질 수 있는 것이 아니다. 물론 우리는 평화를 위하여 기도하고 평화를 위하여 노력해야 하지만 평화는 공의가 없이는, 공의가 있을 때까지는 오지 않는다. 성경에 평화를 위한 기도보다도 공의를 위한 기도가 훨씬 많은 것은 이런 이유에서이다(시편 94편, 96편, 97편, 101편).

6장. 참된 평화는 공의의 회복이다

참된 평화는 전쟁이 없는 상태가 아니다. 평화는 관계에 있어서의 공의의 회복이다. 성경은 정의에 대하여 분명하게 언급하고 있다. 구약성경학자 빌렘 A. 반게메렌은 그의 충실한 성경 신학의 토대 위에서 말하기를 성경은 정의와 의의 중요성에 대하여 명확한 입장을 보이고 있다고 강조한다.[278] 구약은 물론이고 신약의 산상수훈조차 하나님과 인간의 조화를 이루는 삶을 최고선으로 제시하고 있다. 즉 사회정의를 추구하는 것은 하나님의 성품을 반영하며, 하나님의 나라를 표현하고 인간의 육체 안에 계신 하나님의 심상을 반영한다. 또한 제자도를 향한 예수님의 요청을 성취하며 신약의 근본적인 은유 혹은 핵심적인 심상들을 살아 내는 삶의 양식이다.[279]

하나님 그 자신이 정의의 하나님이시고, 정의가 하나님의 계명들 중의 한 부분이며 동시에 공의가 개인적인 덕성에만 속한 것이 아니고 사회적 덕목이며 국가적 덕목이라면 성경이 말하는 평화는 공의의 바른 실현이 있는 것이라 할 것이다. 그러나 공의의 바른 실현은 몸서리치는 사랑의 실현이 없으면 아무 소용이 없다.

기독교는 분명히 평화를 구축해야 할 책임을 지고 있다. 우리는 이 일을 위하여 최선을 다해야 할 것이다. 하지만 그리스도 재림의 날이 이르기까지 결코 온전한 평화는 이루어지지 않을 것임을 기억하자. 그럼에도 불구하고 교회와 그리스도인은 삶의 모든 영역에서 온전한 평화가 이루어지기 위하여 일해야 한다. 기독교 평화주의는 하나님의 사랑과 공의의 관점에서 균형 잡힌 이해가 필요하다. 이 일을 위한 프란시스 쉐퍼의 고언은 깊이 새겨야 할 것이다.

> "만약 우리가 성경에 명령되어 있는 기독교적 대안들을 실천하지 않는다면 우리는 성경대로 살고 있는 것이 아니다."[280]

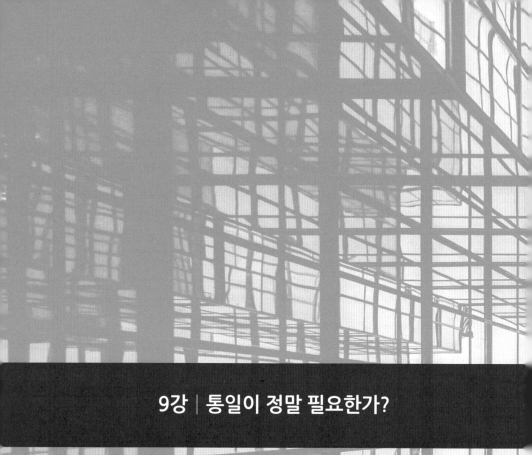

9강 │ 통일이 정말 필요한가?

1장. 우리들의 혼란

21세기 들어서도 여전히 변하지 않는 현실이 한 가지 있다. 바로 분단으로 인한 우리들 안의 내부갈등이다. 분단체제에서는 자유스럽게 의견을 개진하는 것이 쉽지 않다. 전쟁을 경험한 세대와 그렇지 못한 세대 그리고 고통을 당한 이들과 그렇지 않은 이들 간의 대립은 매우 크다. 그래서 내부의 갈등이 심해지면 심각한 무질서를 낳게 된다.

그래서 내부갈등을 봉합하기 위하여 외부로 눈을 돌리게 한다. 그 대표적인 것이 바로 전쟁이다. 이러한 모습의 일반적인 예는 일본이 저지른 전쟁인 임진왜란이라고 할 수 있다. 당시의 일본은 자신들의 내부갈등을 해결하기 위하여 조선을 향하여 전쟁을 일으켰다. 그래서 내부의 갈등을 봉합하였다. 그래서 임진왜란은 사악한 전쟁이라 할 수 있다.

그런데 내부의 문제를 분산시키는 일을 잘하는 집단은 바로 정치권이다. 정치권은 자신들의 입맛에 따라 언제든지 이 카드를 사용한다. 지겨울 만도 한데 여전히 국민들은 부화뇌동한다. 잊을 만하면 나타나는 선거철 이슈 가운데 하나가 바로 '북풍'이다. 이성적으로는 아닌 것 같아도 감정으로는 제어하지 못하고 동참한다. 물론 실제로 위기의 순간들이 우리에게 여전히 공존하고 있기 때문이기도 하다. 남북이 대치하고 있는 이 상황은 우리에게 결코 기쁘지 않은 먹잇감을 늘 제공한다.

북한의 존재는 우리의 삶에 매우 불편한 가시와 같다. 늘 찔리고 있기 때문이다. 북한과의 관계는 21세기에 들어서 조금씩 좋아지는가

했더니 곧 정치적 견해 때문에 얼어붙고 말았다. 이렇게 남북은 60년째 얼었다가 녹고, 녹았다가 어는 일들이 반복되고 있다. 이러한 현실은 우리의 내부에도 큰 영향을 미치고 있다. 한 보도에 의하면 2000년대에 들어 탈북자들의 숫자는 급격하게 늘어서 한 해에 2000여 명이나 되었다. 또한 탈북자들의 단체도 61개나 된다.[281] 이제 탈북자의 문제는 소수의 문제가 아니라 우리 내부의 문제가 된 것이다. 우리의 일원으로서 발언을 하고, 여론에 영향을 주는 상황이 되었다.

또한 2000년 이후에 일어난 금강산 관광 중단, 개성공단 사태, 연평해전과 백령도 폭격, 천안함 사태에 이르는 끊임없는 사건들은 남북 간의 갈등을 지속되게 했다. 이러한 소식은 삶을 불안하게 만들고 사고를 정형화시킨다. 결국 이념적 다툼이 가속화되는 과정이라 할 수 있다. 하지만 이러한 상황은 정치인들에게는 좋은 먹잇감이라 할 수 있다.

좀 더 실제적인 상황을 생각한다면 2013년에 일어난 국정원의 정치 개입 사건에 대한 검찰의 발표가 있었다. 이것은 집권당과 국정원에 부담을 주었다. 그런데 얼마 있지 않아 새누리당 의원들이 남북정상회담에 북한을 이롭게 하는 조항이 있다고 폭로하였다. 그리고 논란의 한가운데 국정원이 노무현 전 대통령의 2007년도 남북정상회담 자료를 공개하였다. 국정원은 조직의 명예를 위하여 공개하였다고 밝혔고 그러자 여당인 새누리당은 야당인 민주당을 향하여 총공세를 퍼부었다. 순간 정치는 실종되고 비방만이 난무하였다. 많은 사람들이 일어나서는 안 되는 일이 일어났다고 하였지만 일어났고 정치권은 소용돌이 속에 빠져버렸다. 아마 남북정상회담의 공개는 역사적으로 두고두고 회자될 것이다. 그리고 합당한 평가를 받게 될 것이다.

현실 정치는 자신들의 이익을 위하여 남을 모멸하는 일도 상관하지 않는다. 그 사람의 가정이 어떻게 되든 상관하지 않는다. 죽이지 않으면 자신이 죽는다고 생각하기 때문이다. 그래서 수단과 방법을 가리지 않고 정적을 처단한다. 이전에는 실제로 사람을 죽였다. 대표적으로는 여운형, 김구의 죽음이 있다. 물론 지금은 물리적인 죽음은 없다. 그러나 죽음에 이르게 하는 추악한 일을 감행한다. 그런데 이렇게 하는 이유를 잘 살펴보면 자신들의 내부에 위기가 크게 작동하고 있기 때문이다. 그래서 정적에 대하여 미끼를 만들고 모욕과 압박을 통하여 스스로 포기하게 한다. 그리고 자신들은 위기를 극복한다. 문제는 자신들은 살아났는지 모르지만 공정한 정치는 상실되고 이때부터 서로를 향한 모함과 비방과 살아남기 위한 투쟁만 남는다. 그리고 일반 대중들은 정치인의 선동에 따라서 이리저리 휘둘린다.

성경은 위정자를 허락하신 이유를 공동체의 질서를 세우기 위함임을 말씀하고 있다. 그리고 정직함과 유함으로 다스릴 것을 말한다. 그것은 공동체를 살리는 길이다. 그러나 칼을 사용하는 자는 칼로 망한다고 하였다. 권력을 얻기 위하여 수단과 방법을 가리지 않는 정권은 역사의 심판을 피할 수 없다. 권력을 위한 권력은 가장 무능한 권력이다. 성경은 "악을 선하다 하며 선을 악하다 하며 흑암으로 광명을 삼으며 광명으로 흑암을 삼으며 쓴 것으로 단 것을 삼으며 단 것으로 쓴 것을 삼는 그들은 화 있을진저"[사 5:20]라고 경고하고 있다. 정직하지 못한 정권은 반드시 하나님의 심판 앞에 서게 될 것이고 부끄러움을 당할 것이다. 여기에는 누구도 예외가 없다. 그래서 권력의 우상을 숭배하는 자들은 가장 불쌍한 자라고 할 수 있다.

하나님이 권력을 주신 것은 나라의 질서를 유지하고, 평화를 지키기 위함이다. 권력이 아름다운 것은 백성의 마음을 편안하게 하고, 국가를 아름답게 만들고 궁극적으로 하나님 나라를 풍요롭게 하기 때문이다. 이러한 가치가 무너지면 개인의 탐욕과 이기심이 주도적 역할을 하게 되고 결국 모두가 파멸에 이르게 된다. 그러므로 무엇이든지 하나님이 맡겨주신 원리에 따라 순종해야 한다. 그것이 모두가 행복하게 사는 길이다. 지금 우리가 피곤을 느끼는 것은 본래의 목적에서 벗어난 모습 때문이다. 하지 말아야 할 것을 할 때 결국 모두에게 피곤함을 가져다준다.

2장. 정치적 피곤함

　우리 시대의 정치적 피곤함은 어디서 오는 것일까? 하나님은 정치를 맡기시는 것은 백성의 평화를 위함임을 앞서 보았다. 정치는 백성의 피로를 증진시키는 것이 아니라 즐거움과 평안을 가져다주는 일이어야 한다. 그것이 정치의 본질이다. 이것이 무너지면 정치는 그만두어야 한다. 정치는 혼자 하는 것이 아니기에 백성의 평안과 즐거움 그리고 질서를 위하여 최선을 다하여 의견을 나누고, 격렬한 토론이 있어야 한다. 때로는 그것이 싸움처럼 보여질 수 있다. 하지만 정직한 나눔인지 아닌지는 백성들이 인식한다. 더 나은 세상을 향한 몸부림은 피곤과 갈등이 아니라 평화와 즐거움을 선물로 준다.

　하지만 본질에서 떠나 뇌물을 받고 심판을 왜곡하고, 권력 자체를 취하기 위하여 권모술수와 거짓을 행한다면 백성들은 불편함을 느낄 것이고 마침내 시민의 힘으로 평화를 얻고자 할 것이다. 그런 의미에서 정치인들은 정신 차리고 들어야 할 시점이다. 백성을 피곤하게 만든 책임을 감당해야 한다. 이것을 깨닫는 정치인들이 일어나면 그 나라는 복된 나라가 된다.

　그런데 이러한 생각을 하면서 가슴이 아픈 것은 선진들이 해결하지 못하고 남겨 놓은 분단의 괴물 때문이다. 결코 있어서는 안 되는 괴물이 우리 땅을 붙잡고 있어서 모두가 더욱 피곤한 시대를 사는 것이다. 바로 '분단'이라는 괴물이다. 우리는 아직도 전쟁 중에 있는 나라다. 정전협정이 유효한 나라다. 그래서 누군가 미친 일을 벌이면 언제든지 전쟁이 일어날 수 있다. 우리가 북풍의 문제에 민감하고 빠져드는 것은 전쟁에 대한 두려움 때문이다. 그래서 숨죽이면서 살고 있다.

'분단'의 문제를 해결하지 않는 한 우리는 지속적인 피곤에 휩싸일 것이다. 누리지 않아도 될 고통을 당하는 것은 바로 '분단' 때문이다. 오늘날 정치권의 정쟁의 원인이 바로 '분단' 때문임을 누구라도 알고 있다. 그 가운데 NLL은 이러한 분단의 유령이다. 통일되지 못한 시대를 향한 유령이다. '분단'은 여러 부문에서 우리의 자유를 빼앗고 피곤한 인생을 살게 한다. 그래서 무엇보다도 통일이 시급하다. 통일이 우리의 피로를 해소하여 주는 일차적 치료제인 이유가 여기에 있다.

3장. 분단이 가져다준 스트레스

스트레스는 현대에 발발하는 모든 병의 주범이다. 스트레스를 없애기만 하여도 생존능력은 배로 늘어난다고 한다. 우리 시대의 대표적인 질병인 우울증은 스트레스의 폭발이라고 할 수 있다. 그런 면에서 우리 시대를 우울증의 시대라고 말할 수 있다. 되도록 스트레스의 자리를 피하는 것이 최고의 예방이며 치료다.

하지만 우리는 헤어 나올 수 없는 스트레스에 갇혀 있다. 바로 '분단'이라는 스트레스다. 분단은 우리 민족이 앓고 있는 정신적 집단적 트라우마다. 분단은 다양한 영역에서 우리에게 극단적인 상처를 주고 있다. 분단이 없었다면 생겨나지도 않을 질병들이 우리 주변에 널려 있다. 분단이 가져다준 스트레스는 그 어떤 약으로도 해결할 수 없다. 분단은 단지 남북이 정치적으로 갈라져 있다는 것만을 의미하지 않는다. 분단은 내면적 분열을 포함한다. 그래서 분단은 우리의 상상을 초월하는 스트레스를 주고 있다. 물론 분단이 모든 사회적 스트레스의 원인이라고 말하는 것은 결코 아니다. 그러나 '분단의 해결'은 우리가 겪지 않아도 될 스트레스를 해소할 수 있다. 분단이 없었다면 나타나지 않을 사회적 질병들이 있기 때문이다. 그렇다면 분단이 가져다준 질병은 무엇인가?

'분단'이 초래한 스트레스의 최고는 바로 '이산가족'이다. 전쟁으로 인하여 원치 않게 헤어져 살아온 날들을 당사자 외에는 누가 알 수 있겠는가? 고향이 지척에 보이고, 사랑하는 가족들이 비행기로 한 시간 안에 갈 수 있는 지역에 있지만 60년이 넘도록 만나지 못하고 있다. 그동안 남북이 정치적 제스처로 이산가족 상봉을 허락한 것이 있지만 자유 왕래는 불가능한 상황이다.

북에 두고 온 가족들의 생사를 확인한 것만으로도 행복하다고 하는 이들이 얼마나 많은지 모른다. 고 장기려 박사 역시 이산가족이었다. 북에 두고 온 아내와 자녀 때문에 일평생 홀로 사셨다. 북에 두고 온 아내는 하나님이 자신에게 주신 최고의 선물인데 당장 볼 수 없는 것이 힘들다고 다른 선물을 취할 수 없다고 하면서 주님 부르시는 그날까지 홀로 살았다.

대한예수교장로회(합동) 교단 총회장을 지낸 평안교회 이성택 목사 역시 북에 두고 온 아내와 자식을 위하여 평생을 기도하며 혼자 살았다. 한국의 슈바이처라고 불린 장기려 박사 역시 북에 두고 온 아내와 자녀 때문에 평생 독신으로 살았다. 이렇게 분단을 통하여 찢어진 가족들이 우리 주변에 얼마나 많은지 모른다. 잠깐 있으면 돌아오겠다던 세월이 한평생이 될 줄 누가 알았겠는가? 분단은 너무나 많은 이들에게 이별의 상처를 주었다. 이런 면에서 통일은 이러한 이산가족의 스트레스를 치료할 것이다. 사람들이 목 놓아 우리의 소원은 통일이라고 부르는 이유이다.

두 번째로 분단이 가져온 스트레스는 '전쟁의 공포'다. 6.25를 경험한 세대들은 전쟁의 두려움이 무엇인지 잘 알고 있다. 전쟁은 짐승들의 놀이터다. 전쟁에서는 인격이란 존재하지 않는다. 오직 죽이지 않으면 죽는 일만 있다. 타협도 없고, 공존도 없다. 누군가 죽지 않으면 죽어야 한다. 전쟁은 영화가 아니다. 실제다. 그래서 전쟁의 트라우마는 무서운 결과를 갖게 한다.

그런데 분단은 우리에게 이러한 '전쟁의 공포'를 상시 제공한다. 휴전선이 그어진 상태에서 휴전 상태는 언제든지 전쟁이 도발할 수 있는 상황이다. 연평도 해전이 그 증거다. NLL에서 일어난 국지전은 영화가 아니었다. 전쟁 그 자체였다. 꿈같은 나이의 젊은 병사들이 죽음을 맞이하였다. 얼마나 슬픈 일인가? 이러한 상태는 계속하여 피로감을 준다.

'전쟁의 공포'는 우리의 생활에 깊숙이 들어와 있다. 경계경보 발령만으로도 슈퍼의 라면이 동나는 것은 전쟁의 공포가 주는 열매 가운데 하나다. 분단은 우리가 전쟁 중에 있음을 늘 상기시켜 준다. 혹 일부의 호전광들이 있을 수 있지만 전쟁을 원하는 이들은 아무도 없다. 하지만 우리는 늘 전쟁 상태에 있다. 세계의 사람들은 가장 위험한 나라 가운데 하나로 우리를 지적하고 있다. 우리가 내부에 있어서 그 긴박감은 잘 느끼지 못하지만 제3자의 입장에서 볼 때 우리를 위험하다고 보는 것이다.

그렇다면 이 공포를 이기는 길은 무엇인가? 전쟁의 공포를 이기는 길은 통일 외에는 없다. 물론 통일이 되어도 열강에 둘러싸인 우리나라는 지속적으로 간섭을 받을 것이다. 그러나 더 이상 있을 필요가 없는 스트레스는 받지 않을 것이다. 이것이 통일이 주는 행복의 열매다. 통일은 우리의 사고를 다르게 만든다. 의심과 감시의 삶이 아니라 신뢰와 자유의 삶이 주어진다. 분단이 가져온 쓸데없는 질병에서 치유받는다. 바로 통일이 필요한 이유다.

'분단'이 주는 세 번째 스트레스는 '남남 갈등'이다. 분단은 우리에게 불필요한 갈등을 야기시켰다. 우리나라는 남북의 갈등, 동서의 갈등이 존재한다. 여전히 지역색이 판을 치고 있는 것이 사실이다. 사람들을 평가할 때 자연스럽게 지역적 특색을 내세운다. 그러나 이러한 모습은 큰 문제가 되지 않는다. 그것은 사람들의 인격적인 관계로 얼마든지 회복할 수 있기 때문이다. 하지만 분단의 문제는 인격적인 관계까지 파탄을 내고 있다. 친북이니, 종북이니 하는 말은 분단이 없었다면 우리 사회에 존재하지 않을 단어이다. 하지만 지금 우리 사회는 분단이 가져온 이념적 갈등으로 여전히 몸살을 앓고 있다.

사실 우리나라는 좌우보다 중도를 좋아하는 민족이었다. 이어령에 의하면 유럽은 왼쪽으로 다니기를 좋아하고, 미국은 오른쪽으로 다니기를 좋아한다. 그 이유는 유럽인들은 칼을 차고 있고, 미국인들은 총을 가지고 다녔기에 위기의 순간에 칼과 총을 가장 빠르게 뺄 수 있는 위치에 있고 싶었기 때문이다. 그러나 우리는 "군자는 대로행"이라는 말이 있듯이 좌우가 아닌 중도를 걷기를 좋아하는 민족이다.[282]

그러나 우리의 현실은 그렇지 않다. 서로가 자신의 편을 만들어 힘을 키우고 한쪽에 서려고 한다. 그래서 진보와 보수로 편을 나누어서 논쟁을 한다. 자신의 의견을 나누는 것은 건강한 사회의 모습이다. 어떤 이는 삶의 전통을 지키려고 하고 또 다른 이는 변화를 추구하기도 한다. 보존과 변화는 인류 역사에 늘 흘러왔던 사실이다. 이것은 창조 시 아담에게 부여한 창조 명령이기도 하다. 보수와 진보는 두 종류가 아니라 하나다. 그래서 늘 보수와 진보는 친구처럼 붙어 다닌다.

그런데 이러한 친구 관계가 무너진 것은 바로 분단이 가져온 결과다. 분단은 보수와 진보의 논의를 왜곡할 수 있는 모든 여건을 가지고 있다. 그리고 그 왜곡은 '갈등'을 조장한다. 지금 우리 사회에 불고 있는 '남남 갈등'의 기저에는 이러한 분단의 어두운 그림자가 깔려 있다.

가장 아쉬운 것은 분단이 주는 갈등이 자유로운 토론을 유지하지 못하게 만든다는 것이다. 상대방을 이해하기보다는 분단의 기준으로 평가하고 재단한다. 그래서 토론의 진전보다는 서로의 색깔을 확인하는 일에 바쁘다. 이러한 갈등은 사회 전반에 나타난다. 신앙의 영역에도 예외가 아니다. 분단은 성경의 가르침에 힘을 발휘하지 않고 있다. 성경이 무엇이라 말하는지가 중요하지 않다. 또한 정직하게 말하는 것을 용납하지 않는다. 어느 편에 서 있느냐가 중요하다. 그래서 자기 기준에 맞지 않으면 험한 말을 덧붙인다.

분단의 상황에는 어떠한 사건도 의심을 용납하지 않는다. 그러니 자연스럽게 '남남 갈등'이 일어난다. 분단이 없었다면 일어나지도 않을 것들이 분단으로 말미암아 지속되고 있다. 바로 여기에 통일이 필요한 이유가 있다. 통일이 모든 갈등을 해소하는 것은 아니지만 불필요한 갈등은 만들지 않는다.

네 번째, '분단'이 주는 스트레스는 '정치적 후진성'이다. 많은 사람들이 형식적 민주주의는 완성되었으나 절차적 민주주의는 아직 이뤄지지 않았다고 생각한다. 하지만 정말 형식적 민주주의가 완성되었는지 생각할 때가 많다. 지상에 보도되는 내용을 보면 아직도 형식적 민주주의가 먼 것처럼 느껴지기 때문이다. 중립적이어야 할 각종 권력기관이 정치권력을 위하여 일하는 모습이 여전히 나타나고 있다. 그래서 형식적 민주주의가 아직 먼 것이라 생각한다. 그러나 분명한 것은 절차적 민주주의는 아직 더 먼 길임에는 분명하다.

이러한 결론에 이른 것은 아직도 정치인들이 분단이라는 민족의 아픈 현실을 가지고 정치적 놀음을 하고 있기 때문이다. 선거 때만 되면 단골 메뉴처럼 나오는 '분단의 상처'는 우리나라가 아직도 정치적 후진성을 면치 못하고 있음을 보여 준다. 사람이 하는 일 가운데 제일 기분 나쁜 것은 남의 슬픔을 이용하여 자신의 이득을 채우는 일이다. 정치인들에게 분단은 늘 이러한 먹잇감이었다. 백성들이 이 문제에 민감하다는 것을 잘 알고 있기 때문에 위기에 처한 이들은 종종 분단을 사용하여 자신들의 이권을 채운다. 전형적인 '정치적 후진성'이다.

정치는 국민을 행복하게 만들어 주어야 하는 일이다. 그러기 위하여 정치인이 힘써야 하는 것은 정직과 투명함과 열심이다. 정치가는 백성을 행복하게 하기 위하여 전문가로서 국민으로부터 부름을 받은 자들이다. 정치인의 열심과 정직함은 백성들의 지친 마음을 쉬게 해주는 청량제 역할을 한다. 하지만 우리의 현실은 그렇지 않다. 정전 60년 동안 '분단'은 우리의 정치를 뒷걸음치게 하였다. 분단이 없었다면 나오지 않을 후진적 모습들이 분단으로 말미암아 지속되고 있다. 이렇듯 더 나은 정치적 발전을 방해하고 있는 것이 바로 '분단'이다. 그래서 통일이 필요하다. 통일은 우리의 정치를 선진화시킬 것이다.

다섯 번째, '분단'이 주는 스트레스는 '국가발전의 장애'다. 유사 이래 전쟁을 치른 나라가 단기간에 선진국 대열에 선 나라는 한국밖에 없다고 한다. '한강의 기적'이라 불리는 국가적 발전은 참으로 대단한 일이다. 우리 민족의 저력을 잘 보여 주는 장면이라 할 수 있다. 그러나 분단은 우리의 이러한 기쁨을 반쪽짜리로 만들어 버렸다. 더 나은 발전을 가로막고 있는 것이 바로 분단이기 때문이다.

　우리는 분단으로 말미암아 지출되지 않아도 될 예산들을 사용하고 있다. 필요 없는 예산인데 분단이 준 전쟁의 위기를 막기 위하여 사용되는 것이다. 물론 반대급부로 분단의 현실이 기술의 발전을 가져왔다고 말할 수 있을지 모른다. 하지만 그것은 빙산의 일각일 뿐이다. 분단은 우리의 국가 경쟁력을 가로막고 있다. 개성공단 문제만 해도 분단이 주는 안타까움을 여실히 볼 수 있다. 그러나 분단은 개성공단의 문제만이 아니다. 분단은 우리로 하여금 대륙으로 갈 수 있는 길을 막고 있다. 한반도를 지나 중국과 유럽을 잇는 길이 분단으로 인하여 막혀 있다.

　그렇기에 통일은 우리의 국가발전에 선한 영향력을 줄 것이다. 분단이 막고 있는 대륙과의 교제도 열리게 될 것이다. 통일 한국은 남으로는 태평양을 향하고 북으로는 대륙을 향하는 멋진 나라가 될 것이다. 반목과 오해와 질시가 아니라 하나 됨과 진실함과 기쁨이 넘쳐날 것이다. 통일은 우리에게 강력한 비타민이 된다. 쓸데없는 스트레스가 우리를 괴롭히지 않는다. 우리의 눈을 시원하게 하고, 우리의 삶에 즐거움을 배로 줄 것이다. 쓸데없는 논쟁과 다툼과 거짓과 술수를 신경 쓰지 않고 건강한 토론과 나눔이 형성될 것이다. 사실 우리 사회는 수많은 논의 거리들이 즐비하다. 그런데 이 모든 것이 "분단" 때문에 사라지는 것을 보면 참으로 슬프다. 그러나 통일은 이러한 슬픔을 변하여 웃음을 찾게 할 것이다.

　통일은 우리를 건강한 관계로 이끌 것이다. 인격적인 나눔을 가질 수 있는 길들이 좀 더 넓어질 것이다. 통일은 불필요한 스트레스를 제거하고 건강을 회복시킨다. 정말 통일이 필요하다.

4장. 그리스도인은 통일을 어떻게 준비해야 할까?

분단의 스트레스는 보이지 않지만 우리의 삶 전반에 걸쳐서 영향을 주고 있다. 서로 말하지 않아도 이심전심으로 알고 있다. 분단의 싹은 이미 해방 정국에 싹이 보였다. 그리스도이면서 정치적 이념이 달랐던 세 명의 지도자는 그 씨앗의 전형이라 할 수 있다. 김구, 여운형, 이승만 세 사람은 동시대에 조국의 독립을 위하여 젊은 생애를 헌신하였지만 독립된 나라에서는 같은 길을 가지 못하였다. 독립된 나라가 하나님의 말씀에 따라 쓰임받는 나라를 만들자는 것은 합의하였지만 정치적 이념에 대하여는 치열한 대립 관계를 형성하였다. 결국 김구와 여운형은 암살당하였고 살아남은 이승만은 초대 대통령이 되었다. 이것은 우리의 역사에 있어서 참으로 암울한 부분이다. 정치적 타협이 없이 정쟁을 일삼았던 시기가 지난 얼마 후에 민족의 비극인 6.25 전쟁은 일어났다.

결코 있어서는 안 될 서글픈 역사가 주어졌고, 독립된 나라는 두 동강이 난 채 긴 세월을 지내고 있다. 침략군을 향하여 겨눴던 총부리들이 같은 민족을 향하여 겨누게 되었고, 그 비참함은 이루 말할 수 없게 되었다. 지금 우리는 그 불행의 터 위에 살고 있다. 그리고 언제

터질지 모르는 전쟁의 위협 속에서 전쟁을 가상한 민방위 훈련에 참여하고 있다.

전쟁은 과거형도 아니고 미래형도 아닌 현재형이다. 그러기에 밖에서 바라보는 우리나라는 가장 위험한 나라 중에 하나로 인식되고 있는 것이다. 이것 자체가 우리에게는 엄청난 스트레스다. 아직도 휴전선은 존재하고, 젊은 친구들이 국가를 지키기 위하여 최전선으로 나가고 있다. 통일 국가에서 존재하지 않는 상황들이 실제로 우리의 삶 속에 존재하고 있다. 통일이 절실히 필요한 이유다.

그러나 통일은 우리의 바람대로 쉽게 이루어지지 않고 있다. 종전 60년 동안 많은 노력들이 있었지만 여전히 휴전선은 굳게 닫혀 있다. 여전히 남북은 서로를 향하여 의심의 눈초리로 바라본다. 남북한의 대치 상태는 많은 시간이 필요하다. 통일은 끊어진 다리를 연결하는 그 이상의 의미를 담고 있다. 단지 왕래하는 것이 아니다. 마음에 응어리진 한을 덜어 내는 일이다. 서로를 향한 비방과 고소와 시기와 질투를 버리는 일이다. 같은 마음을 가지고 살아가는 일이다. 통일이 주는 기쁨은 헤아릴 수 없다.

그런 의미에서 그리스도인들이 가장 적임자다. 왜냐하면 분열이 가져온 슬픔이 무엇인지 일찍부터 알고 있기 때문이다. 유목민이었던 이스라엘은 민족을 이루고 마침내 가나안 땅을 정복함으로 정착민이 되었다. 정착한 이스라엘 백성들에게는 새로움이 많았다. 하나님은 이들을 하나님의 뜻을 잘 감당하는 존재로 삼기 원하셨다. 하나님의 계획을 실천하기 위하여 선택받은 백성인 이스라엘은 다윗과 솔로몬이라는 걸출한 왕을 세운다. 이스라엘의 역사에 있어서 가장 찬란하였던 나라를 이루었다. 그러나 솔로몬 사후의 이스라엘은 분열이라는 아픔을 겪게 된다.

하나님의 백성들이 서로 나뉘어서 반목과 질시를 거두지 않았다. 하나님의 길을 떠나서 자신의 소견에 옳은 대로 살아가기 시작하였다. 선지자를 보내도 이스라엘은 말을 듣지 않았다. 결국 두 나라 다 이방 나라에 의하여 멸망을 당하고 속국이 되는 슬픔을 겪는다. 하나님의 아들 예수님이 이 땅에 오던 때도 이스라엘은 독립된 나라가 아니었다. 이스라엘의 슬픈 역사는 분단이 주는 아픔이 무엇인지 분명하게 보여 주고 있다.

이렇게 그리스도인은 성경을 통하여 분열이 결코 하나님의 뜻이 아님을 배웠다. 사실 인류는 하나님께 범죄함으로 하나님과 분리되는 슬픔을 겪었다. 인류의 모든 고통의 시작은 바로 하나님과의 분리에서 나온 것이다. 이처럼 슬픈 일이 어디 있는가? 하나님께서 독생자를 이 땅에 보내신 이유는 오직 한 가지 분열이 아닌 하나 됨을 위해서이다. 둘이 하나가 되게 하는 것이 하나님의 마음이다.

그리스도인들은 태생적으로 통일을 추구하는 사람이다. 통일이 얼마나 소중한지를 알고 있다. 하나가 주는 영광을 아는 것이 바로 그리스도인이다. 그래서 민족의 아픔을 치유하고 통일된 나라를 만들기 위해서는 그리스도인들이 역할이 가장 중요하다. 그런 면에서 통일은 그리스도인들에게 주어진 소명이라 할 수 있다.

그렇다면 어떻게 준비해야 되겠는가? 그리스도인들이 통일된 나라를 만들기 위하여 실천적으로 준비해야 하는 일은 무엇일까?[283] 크게 네 가지만 살펴보고자 한다.

첫째로 통일에 대한 교육이다. 통일은 잘 준비되지 않으면 결코 얻을 수 없다. 통일을 향한 첫걸음은 교육에 있다. 최근의 한 조사에 의하면 "통일 및 북한에 대한 정보는 어디를 통해 얻느냐는 질문엔 TV나 라디오 방송이 39.4%(586명)으로 가장 많았으며, 인터넷과 포털사이트가 20.2%(301명)으로 뒤를 이었다. 학교를 통해 통일과 북한 정보를 얻는다고 응답한 학생은 14.5%에 그쳤다."[284] 학교에서 통일에 대한 교육을 받지 못하고 있음을 본다. 이것은 통일을 위한 우리의 준비가 바로 되지 못하고 있음을 보여 준다. 통일은 저절로 이뤄지지 않는다. 잘 준비해야 한다. 그래야 통일의 기쁨을 맞이할 수 있다.

통일 교육은 단지 역사 공부를 다시 한다는 의미가 아니다. 통일이 왜 필요한지, 통일을 어떻게 준비할지, 통일 이후의 모습은 어떻게 나타날지 자세하게 공부하는 일이다. 또한 한국 교회가 그동안 어떻게 통일을 위하여 준비하였는지를 배우는 일이다. 그리고 우리보다 앞서서 통일을 이루었던 독일의 통일에 대하여서도 배워야 한다.

윤환철은 분단의 문제를 해결하기 위해서 두 가지를 제안하고 있다. "하나는 한반도 문제 해결을 위해서 지나치게 과거에 집중하는 것은 도움이 되지 않는다는 사실입니다. 그것은 극단적 이데올로기 대립과 증오를 대물림하기 때문입니다. 둘째는 문제 해결의 범주에 있어서는 '공존'에 초점을 맞춰야 합니다. 남과 북은 서로를 반목케 하는 모든 문제를 해결해야만 평화를 얻겠다는 생각을 접어야 합니다. 서로를 있는 그대로 인정하고 어떻게 하면 평화롭게 공존할 것인가를 논하고, 한 걸음 더 내딛자면 어떻게 발전할 것인가를 논해야 합니다."[285]

통일 교육은 미래를 향하여 나가야 한다. 그것이 통일을 빨리 앞당기는 일이다. 잘 준비될 때 풍성하고 아름다운 열매를 얻을 수 있다. 북한에 대한 인식의 변화 없이 통일은 기대할 수 없다.

둘째는 통일을 위한 기도 팀을 운영하는 일이다. 한국 교회는 오랫동안 통일을 위하여 기도해 왔다. 그러나 점점 기도의 열기가 식고 있다. 통일을 위한 기도는 각 교회마다 다시금 일어나야 한다. 최근에 쥬빌리 단체를 통하여 통일 기도회가 열리고 있는 것은 매우 소중한 일이다. 한국 교회가 그동안 가져왔던 마음을 다시 일으켜야 한다. 통일을 위한 기도회는 이벤트성 모임이 돼서는 안 된다. 한국 교회가 마음을 다하여 기도하고 준비할 때 역사는 일어난다. 마치 이스라엘이 애굽의 고통 중에서 하나님께 온 백성이 탄원하였을 때 하나님이 모세를 통하여 응답해 주셨듯이 오늘 한국 교회가 한 마음으로 통일을 위하여 탄원하여야 한다.

더구나 통일을 위한 탄원은 지금도 지하교회에서 기도하고 있는 북한의 성도들에게 큰 힘이 될 것이다. 모진 고난과 핍박 속에서도 믿음을 지키고 있는 북한 성도를 돕는 길은 바로 하나님께 탄원하는 일이다. 우리의 탄원이 휴전선을 열게 하고 끊어진 조국을 이어지게 할 것이다. 하나님의 거룩하심이 임하기를 위하여 각 교회는 기도해야 한다. 한국 교회는 지난 60년 동안 기도해 왔다. 앞으로 몇 년을 더 기도해야 할지 모른다. 그러나 분명한 사실은 하나님께서 우리의 기도에 반드시 응답하여 주실 것이라는 사실이다. 기도하는 자리에 통일의 꽃이 필 것이다.

셋째, 통일 예비운동을 하여야 한다. 독일 통일을 통해서도 볼 수 있듯이 통일이 된다 하더라도 긴 시간 어려움을 당할 수 있다. 그래서 통일이 오히려 역풍이 될 수도 있다. 그러한 예시는 곳곳에서 볼 수 있다. 60년 분단이 가져온 벽들은 곳곳에 있다. 우선 쓰는 용어도 다르다. 문화와 관습도 이해하기 쉽지 않다. 통일이 소명이라고 하더라도 잘 맞이하지 않으면 안 되는 이유가 여기에 있다. 그러므로 통일을 잘 맞이하려면 예비 운동을 잘 해야 한다. 예비 운동을 잘 할수록 본 게임에서 잘할 수 있다.

통일 예비 운동으로는 새터민들을 위한 나눔이 활발하게 일어나야 한다. 새터민들이 한국에 잘 정착하는 것은 장차 통일 한국에 매우 소중한 자산이 된다. 이들은 북한에서 많은 고생을 당하였다. 그리고 목숨을 걸고 탈북하고 한국으로 왔다. 새터민들의 숫자는 현재 2만여 명이 넘고 있다. 이들 가운데 안정적으로 정착하고 있는 이들도 있지만 그렇지 못한 이들도 존재한다. 사실 이들의 정착은 통일 한국에 있어서 매우 중요한 바로미터가 될 수 있다.

한국 교회가 새터민들과 관계를 잘 맺고 이들이 한국에서 잘 정착할 수 있도록 돕는 것은 선교적 차원에서뿐 아니라 통일을 위하여 매우 중요한 역할을 하는 것이라 볼 수 있다.

넷째, 북한 돕기 운동을 지속적으로 감당해야 한다. 북한을 돕는 것에 대한 인식의 변화와 함께 실질적인 도움이 있어야 한다. 그동안 한국 교회는 다양하게 북한을 도와 왔다. 그 가운데 가장 큰 변화는 1993년 4월 27일에 창립한 남북나눔운동이다. 이 운동은 한국 교회 안에 있는 진보와 보수가 한 마음으로 모인 단체라 할 수 있다.

이 운동은 대한민국 최초의 대북 민간지원단체이다. 설립이념에도 나타나듯이 남북나눔운동은 북녘 어린이들에게 분유, 밀가루, 우유, 방한복 등 생존에 필요한 물품 등을 지원하고 있다. 이것은 북한의 다음 세대를 위한 운동이다. 이 운동의 기저에는 통일이 반드시 온다는 확신이 있다. 그리고 통일이 되었을 때 하나님 앞에서 부끄러움을 당하지 않아야 한다는 신앙적 고백으로 시작하였다. 이 일은 지금

도 지속되고 있다.[286)

　한국 교회는 남북나눔운동과 같은 민간지원 사업을 끝까지 감당해야 한다. 화해와 평화의 날이 오는 그날에 하나님 앞에서 칭찬이 주어질 것이다. 통일을 위한 다양한 형태의 운동이 다발적으로 일어날 때 통일은 좀 더 앞당겨질 것이다.

5장. 통일의 그 날을 품으면서

통일은 반드시 온다. 분열은 하나님의 뜻이 아니기 때문이다. 가슴에 눈물을 가지고 사는 것은 하나님이 결코 기뻐하지 않으신다. 온 백성이 하나가 되는 것이 하나님의 마음이다. 그것이 하나님께서 이 땅에 복음을 주신 이유이다. 그런 의미에서 통일은 반드시 온다.

지금 우리는 통일 앓이를 하고 있다. 분열로 인하여 너무나 많은 아픔을 당하고 있다. 남북의 갈등만이 아니라 남남의 갈등도 매우 심하기 때문이다. 분단으로 인하여 너무나 많은 피를 흘렸다. 그리고 깊은 한을 가지고 있다. 이러한 모습은 교회 안에서도 자주 발견된다. 분단이 주는 스트레스는 그 도가 넘어가고 있다. 통일이 절실히 필요하다.

통일을 위하여 그리스도인들은 누구보다도 확실한 힘을 가지고 있다. 그것은 바로 둘을 하나로 만들어 주시는 그리스도의 십자가이다. 십자가의 정신이 우리 안에 있다면 우리는 분열의 상처를 딛고 평화의 나라로 나올 수 있다. 하나님께서 한국 교회를 이렇게 지켜주심은 통일을 위하여 쓰임받게 하기 위함이라 생각한다.

지금도 북녘 땅 어느 하늘 아래에서는 목숨을 걸고 기도하고 있는 성도들이 있다. 하나님은 그들의 눈물의 기도를 외면하지 않으실 것이다. 그리고 그 눈물을 닦아주실 것이다. 그 일에 한국 교회를 사용하신다고 확신한다. 같은 민족을 긍휼하게 여기지 못하는 교회가 세계 선교를 어떻게 감당할 수 있겠는가? 보이는 형제는 사랑하지 않으면서 보이지 않는 하나님을 사랑하는 것을 어떻게 믿을 수 있겠는가?

하나님께서 우리에게 통일된 조국을 주실 것이다. 그때 우리는 평양에서 하나님을 찬양할 것이다. 지금 우리는 그 영광을 바라보면서 하나씩 준비해야 한다. 통일의 그 날을 가슴에 품으면서 한 걸음씩 전진할 수 있어야 한다.

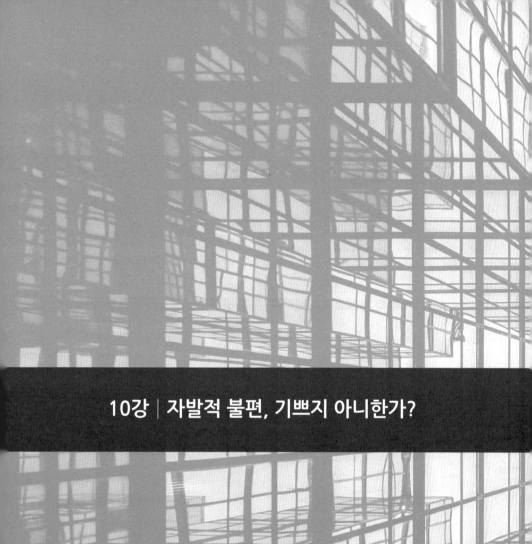

10강 | 자발적 불편, 기쁘지 아니한가?

한 매체와 인터뷰를 한 적이 있다. 기자는 우리 시대에 자발적 불편이 필요한 이유가 무엇인가, 지금처럼 편리를 추구하는 시대에 불편을 강조하는 것은 디지털 시대에 아날로그 방식으로 사는 것인데 그것이 과연 필요하느냐고 물었다. 사실 자발적 불편은 분명 우리 시대에 잘 맞는 옷은 아니다. 오히려 불편한 옷이다. 우리의 본성에도 부딪힌다. 누가 불편함을 원하겠는가?

그러므로 자발적으로 불편하게 살자는 것은 환영받지 못하는 주장이다. 돌 맞지 않으면 다행이다. 하지만 역으로 생각하면 우리 시대에 너무나 절실한 삶이라 할 수 있다. 자발적 불편은 우리의 타락한 본성을 불편하게 만들지만 우리 모두를 살린다. 자발적 불편은 잠시 불편하지만 긴 기쁨을 가져다준다.

1장. 자발적 불편이란?

　　자발적 불편을 말하면 모두 고개를 갸우뚱한다. 의미는 알겠는데 선뜻 다가오지 않는다고 말한다. 도대체 어떻게 사는 것이 자발적 불편을 실천하는 것인지 모호하다며 되묻는다. 한편으로 검소, 절제를 주장하는 것 같기도 하고, 또 한편으로는 환경 캠페인 같기도 하기 때문이다. 그럴 만하다. 자발적 불편은 사실상 이 모든 것을 포함하기 때문이다. 자발적 불편을 쉽게 말하자면 "편안하게 사는 것을 잠시 포기하는 것이다." 누가 하라고 해서가 아니라 자발적으로 포기하는 것이다. 충분히 누릴 수 있는 능력이 있지만 스스로 누림을 자제하고 함께 사는 것을 지향한다. 이렇게 자발적 불편은 "자신을 향하여는 편안하게 사는 것을 조금 포기하고, 이웃을 위해서 조금 손해 본다."

　　자발적 불편은 관념적이지 않고 실천적이다. 생각하는 것이 아니라 사는 것이다. 그래서 매우 적극적이다. 포기하고 손해 보는 것에서 머물지 않고 적극적으로 확장한다. 자발적 불편은 안 쓰는 삶이 아니라 나눠 쓰는 삶이다. 절약하는 것에서 끝나지 않고 베푸는 삶이다. 모으는 것에 중심이 있는 것이 아니라 흘려 보내는 것에 그 핵심이 있다.

2장. 자발적 불편을 살아야 하는 이유

그렇다면 이러한 자발적 포기와 손해 보기가 필요한 이유가 무엇일까? 지금 이 운동이 필요한 이유는 무엇일까?

첫째, 우리 시대는 과도한 경쟁의 올무에 빠져 있다. 그래서 죽이지 않으면 자신이 죽는다고 생각한다. 경쟁은 자발적 불편을 결코 용납하지 않는다.

우리 시대는 스마트하고 변화무쌍하다. 예전에는 10년이면 강산이 변한다고 하였다. 이제는 하루 만에도 세상이 변하는 것 같다. 그만큼 변화의 속도를 따라잡을 수 없다. 한눈팔면 경쟁에서 멀어지고 인생에서 낙오된다고 말하는 시대이다. 참으로 숨쉬기가 어려운 현실이다. 손봉호 교수는 고급 가치인 지혜와 사랑 그리고 나눔을 더욱 많이 가지려는 것은 좋은 일이지만 돈, 명예, 권력 등 같은 하급 가치를 독점하려고 하는 것은 모두를 망하게 하는 길이라고 말한다. 하급 가치에 몰두하는 것은 모두가 함께 살자는 것이 아니라 나만 잘 살자는 의미다. 그러나 하급 가치에 대한 과도한 경쟁은 우리를 죽음으로 몰아넣는다. 자살률 1위라는 통계가 우리에게 말해 주는 것이다. 삶의 질에 있어서 불만이 가득한 이유는 바로 하급 가치에 대한 과도한 경쟁 때문이다.

이러한 모습은 학생 시절부터 나타난다. 자신이 공부한 것은 결코 나누지 않는다. 친구가 자기보다 잘 되는 것을 용납하지 않는다. 네가 잘 되면 내가 힘들어진다는 생각이 지배적이다. 그렇게 자라난 세대에게 이웃은 없다. 자기 손해도 없고. 자기 포기도 없다. 오직 자신의 승리만이 있다. 서글픈 우리 시대의 자화상이다.

이러한 올무에서 빠져나와야 한다. 그래야 모두가 함께 삶을 즐길 수 있다. 하급 가치를 조금 포기하고 손해 보는 것은 잠깐 불편하지만 길게는 함께 행복을 누리는 일이다.

둘째, 우리 시대는 편함의 늪에 빠져 있다. 편함은 허영을 부추기고, 허영은 과소비를 가져온다. 서울에 살다가 지방에 이사 온 사람들이 한결같이 하는 말이 '불편하다'는 것이다. 가장 불편을 느끼는 것은 첫째로 교통이고 둘째는 문화시설이다. 서울은 어디나 지하철로 다 연결되어 있다. 그래서 교통수단이 없어서 집에 들어가지 못하는 일이 없다. 또한 원하는 문화시설은 언제나 누릴 수 있다. 얼마나 편한지 모른다.

편함은 우리의 게으른 본성에 잘 들어맞는다. 그래서 조금의 불편도 용납하지 않는다. 신제품으로 나오는 생활용품을 보면 쉽고 가볍고 편리하다. 사람들은 점점 더 편한 것을 요구한다. 조금이라도 편한 것이 있다면 주저 없이 구입한다. 땀을 흘리며 밥하는 시대가 지나고 이제 간단하게 조리만 하는 시대가 되었다.

그래서 편함이 무너지는 것을 극도로 경계한다. 불편한 것은 아무리 좋아도 일단 후순위로 몰린다. 무더운 여름날 에어컨을 빵빵하게 틀지 않는 가게는 손님들이 찾지 않는다. 내가 돈 주고 편안하게 먹고 싶지 불편하게 먹고 싶지 않다는 심리다. 교회도 마찬가지다. 편하고 시원하고 화려해야 한다. 이왕이면 다홍치마라고 생각한다. 누이 좋고 매부 좋아야 한다.

편함은 우리의 삶에 너무 잘 맞는다. 그런데 이 편함이 종종 우리를 죽음에 이르는 늪에 빠지게 한다. 우리나라의 이혼율은 세계 1위이다. 이혼은 개인을 망가트리고 가정을 해체시킨다. 결코 있어서는 안 될 일 가운데 하나가 이혼이다. 그런데 이혼 사유 중 상당수가 불편을 참지 못함에 있음을 본다. 대부분이 이혼의 이유를 성격 차이라고 말한다. 결혼은 서로 즐거움을 갖고 편함을 누리기 위하여 하는 것인데 불편을 가져온다면 헤어지겠다는 심산이다. 작은 불편도 견디지 못하는 세대이기에 이혼을 감행한다. 물론 모든 이혼이 그렇다는 것은 아니다. 그러나 불편을 참지 못하는 속성이 한자리하고 있다. 이 늪에서 나와야 한다.

결혼 주례를 부탁하면 반드시 5주 정도 교육을 한다. 결혼 생활에 대해 전반적인 것을 나누기 위함이다. 그 가운데 대출받아서 결혼식 하지 말라고 반드시 강조한다. 특별히 혼수품에서 거품을 빼고, 가구도 사치하지 말 것을 강조한다. 그리고 집을 무리하게 얻지 말라고 한다. 대부분 무리한 대출로 집을 장만하다가 결혼 생활 내내 힘겹게 사는 것을 본다. 자신의 수준보다 좀 낮게 시작하면서 차근히 장만하는 것이 결혼을 행복하게 만들어 준다. 신혼 초의 잠깐의 불편은 결혼이라는 긴 여정에 보약이다. 남 눈치 보고, 편함을 추구하다 십 리도 못 가서 발병 난다. 편함의 늪을 곳곳에서 볼 수 있다. 그리고 그곳에 머물고 있는 우리 모습을 발견할 수 있다. 빠져나와야 한다.

셋째, 우리 시대는 철저하게 개인적인 물질적 풍요를 추구한다.

풍요로움과 불편함이 함께 갈 수 있을까? 결코 쉽지 않은 길이다. 풍요는 이웃의 아픔을 생각하지 않는다. 이웃을 돌아보는 자는 물질적 풍요로움을 누릴 수 없다. 철저하게 개인주의적이지 않으면 안 된다. 이웃이 죽어 가도 나만 살면 된다. 직원이 죽어 가도 사장만 살면 된다. 회사는 망해도 사장은 망하지 않는다. 개인의 풍요를 위하여 이웃의 고통은 문제가 되지 않는다. 나에게 이익이 되지 않는 한 이웃을 돕지 않는다. 나의 풍요가 보장될 때만 이웃을 생각한다.

우리나라 학생들의 꿈은 거의 다 비슷하다. 좋은 대학 가는 것이다. 좋은 대학은 좋은 직장을 담보하고 좋은 직장은 삶을 풍요롭게 해 준다고 생각하기 때문이다. 오직 풍요로운 삶을 위하여 긴 시간을 허비하는 것이다. 그러나 개인적인 풍요는 이웃이 없이는 불가능하다. 이웃이 무너지면 풍요도 사라진다.

모두가 개인적인 풍요를 추구하면 사람들은 서로 눈치를 본다. 풍요로움을 자랑하기 위하여 과소비에 이르게 된다. 풍요로움은 욕구 불만을 가져오고 마침내 소비 병에 걸린다. 필요 없음에도 일단 구입하고, 한번 쓴 뒤에 사용하지 않는다. 그래서 유행 따라 옷을 산다. 여기에는 남녀노소가 따로 없다. 유행에 민감한 옷을 입어야 행복하다고 생각하기 때문이다. 전문 직업인도 아니면서 과소비하는 것은 내가 이렇게 풍요로운 인생을 살고 있다고 과시하는 것이다. 그러나 과소비는 정신병이다.

2011년 전셋값 급등 시기에 전월세 값 동결 운동을 하였다. 전월세 값 동결만으로도 모두가 함께 사는 공동체를 만들 수 있기 때문이다. 그런데 지금 전월세는 더욱더 올라가고 있다. 학생들은 여전히 방을 구하지 못하여 아우성치고 있다. 전월세 인상은 인간의 끊임없는 욕망을 잘 보여 준다. 물론 모든 것을 동일한 잣대로 보는 것은 위험하다. 그러나 적어도 그리스도인들은 전월세를 동결할 수 있으면 좋겠다. 그래서 가난한 이들과 함께 사는 나라를 만들어야 한다.

한 세기를 호령하였던 자본주의가 죽었다는 선언이 2013년 다보스포럼을 통하여 나왔다. 개인적 풍요의 전령이었던 자본주의의 죽음 앞에 우리는 물어야 한다. 개인적 풍요만을 추구하는 시대는 절망으로 향하는 브레이크 없는 버스와 같다. 잠시는 신날 수 있으나 곧 공멸할 것이다. 자신의 것을 조금 포기하고, 이웃을 위하여 조금 손해 보는 일이 있어야 한다. 그것이 공멸을 지연시키는 일이다.

3장. 성경이 보여 주는 자발적 불편의 삶

이러한 시대 가운데 하나님은 우리를 부르셨다. 그리고 중요한 소명을 주셨다. 그것은 세상에 보내지만 세상에 속하지 말고 세상을 변혁시키라는 명령이다. 우리는 세상을 떠나서 살 수 없다. 그리스도인은 세상을 변혁시키기 위하여 세상 가운데로 보냄받은 자들이다. 이것이 우리의 정체성이다. 그러므로 우리는 이 세상을 잘 알되 본받지 말아야 한다. 세상을 향하여 참된 소망이 무엇이며, 참된 행복이 무엇인지를 알려주는 존재가 바로 그리스도인이다.

신자유주의 시대가 주었던 선물은 이제 꺼져 가고 있다. 이미 IMF와 국제금융위기를 겪으면서 얼마나 위험한 시대를 살고 있는지 느끼고 있다. 그리고 일본의 원자력 발전소 폭발로 인하여 환경 재앙을 실감하고 있다. 이미 오래전부터 시작된 지구 온난화는 심각한 수준에 이르고 있다. 그리고 여전히 우리는 전쟁의 위험 가운데 있는 분단국가이다. 사면초가로 위기에 처해 있는 상황이다. 그런데도 여전히 정신을 차리지 못하고 자신들의 소견에 옳은 대로 살고 있는 형국이다.

이러한 시대는 하나님이 우리에게 주신 최고의 기회이다. 하나님 나라만이 참된 소망임을 보여 줄 수 있는 절호의 시기이다. 대한민국에 끼친 한국 교회의 영향은 지대하였다. 하지만 지금은 약 20.2%의 사람만이 교회를 신뢰하는 현실이다.[287] 교회가 교회 됨의 역할을 감당하지 못하였고, 그리스도인이 그리스도인 됨의 역할을 감당하지 못하였기 때문이다. 그 이면에는 그리스도의 삶을 따르지 않는 철저한 이원론이 자리 잡고 있다.

성경은 그리스도인의 삶이 어떠해야 하는지 선명하게 보여 주었다. 복음이 삶에서 구현되었던 역사마다 개인적인 평안과 풍요는 사라지고 서로 함께 사는 평화가 임하였던 것을 볼 수 있다. 물론 이 땅의 역사는 완성을 향하여 가는 과정이지만 그 순간에 참된 기쁨을 누릴 수 있었다.

자발적 불편의 삶은 그리스도인 됨의 가장 분명한 표지이다. 성경은 말하기를 무엇을 먹을까 무엇을 입을까 걱정하지 말고 그의 나라와 의를 구하라고 말한다(마 6:25-33). 그리고 우리 가운데 오신 하나님이신 예수님은 자신의 오심을 섬김을 받으려 함이 아니라 섬기기 위함이라고 말씀하셨다. 예수님은 여우도 제 굴이 있지만 나는 머리 둘 곳도 없다(마 8:20)고 하시면서 가난과 불편의 삶을 사셨다. 당시의 선생들과는 전혀 다른 삶을 보여 주셨다. 오히려 부자 청년에게 자신을 따르려면 모든 재물을 다 나눠 주고 따르라고 하셨다. 그리고 십자가에서 자신의 모든 것을 다 나눠 주셨다. 예수님은 말씀하시기를 성경의 가장 큰 계명은 하나님을 사랑하고 네 이웃을 네 몸같이 사랑하는 것이라 하셨다. 이것은 철저한 자발적 불편을 지칭하는 것이다.

그렇기에 사도들은 자신의 평안과 풍요를 위하여 살지 않았다.

바울은 자신이 가진 것을 배설물과 같이 여기고 복음을 전하였다. 복음을 위하여 고난받는 것을 부끄럽게 여기지 않았고, 때로는 스스로 천막을 만들면서 살았다. 사도들은 그리스도인이란 땅에 살지만 하늘을 바라보며 사는 자임을 분명하게 보여 주었다. 그리스도인의 삶을 잘 묘사하는 것은 바로 성령의 열매이다. "사랑과 희락과 화평, 오래 참음, 자비, 양선, 충성, 온유, 절제"(갈 5:22) 이것이 그리스도인의 아름다움이다.

성경은 그리스도인은 사랑으로 서로 종노릇 하는 자라고 말한다(갈 5:13). 쉬운 일이 아니다. 더구나 그리스도의 법을 성취하는 것은 서로 짐을 지는 일이다(갈 6:2). 예수님은 억지로 오 리를 가자고 한다면 십 리를 동행하고, 네게 꾸고자 하는 자에게 거절하지 말라고 하셨다(마 5:41-42). 이 모든 것이 자신의 것을 조금 포기하고 이웃을 위하여 조금 손해 보지 않는다면 불가능하다. 그리스도인은 하나님 나라를 바라보며 산다. 이 땅의 것이 전부이고 끝이라고 생각하지 않는다. 그러기에 우리가 성경의 삶을 살아낸다면 우리는 자발적 불편을 사는 것이다. 그리고 이것은 우리의 이웃을 복되게 하는 것이며, 하나님을 영화롭게 하는 일이다.

성경이 말하는 자발적 불편은 성경적인 믿음을 가지고 사는 삶이다. 믿음이 행함으로 나타난다면 우리는 자발적 불편을 사는 것이다. 그래서 자발적 불편은 그리스도인에게 가장 어울리는 옷이다.

4장. 자발적 불편을 살아가는 길

자발적 불편에 대하여 오해하지 말아야 할 것이 있다. 그것은 그리스도인들이 무기력하고 궁상맞게 살라는 것이 아니다. 자발적 불편의 삶은 이웃과 공동체를 바라보면서 자신의 삶을 살아가는 것이다. 이웃과 공동체가 없이 자신이 존재할 수 없음을 인식하고 함께 공유하는 삶이다. 자발적 불편은 자신의 의를 드러내는 삶이 아니라 타자를 위한 삶이다. 그러므로 무엇보다도 그리스도인 됨을 나타내는 것이다.

그렇다면 자발적 불편을 살아가는 길은 무엇일까? 실제적으로 실천할 수 있는 삶은 어떤 것이 있을까?

우선 시대정신과 싸워야 한다. 허영을 부추기고, 편리만을 강조하고 개인적인 풍요를 위하여 무한 경쟁으로 이끄는 무리와 싸워야 한다. 이익 중심의 삶이 아니라 목적 중심의 삶이 있어야 한다. 우리에게는 이미 시작된 하나님 나라가 있다. 그리고 완성의 그 날까지 만들어 가야 할 나라가 있다. 이것을 한시라도 잊지 말아야 한다. 이것이 참된 경건을 살아가는 첫걸음이다.

둘째로 10% 불편을 실천해 보는 것이다. 나의 것에서 10% 포기하고, 이웃을 위해 10% 손해 보는 것이다. 전기, 물, 결혼 준비, 생필품, 옷, 일회용 컵 사용 등 10%만이라도 불편하게 사는 일이다. 과한 불편을 요구하는 것이 아니다. 10%만 불편하게 살고 10%를 이웃을 위하여 흘려 보내는 것이다. 걸을 수 있는 거리는 걷고 10%를 이웃을 위하여 나누는 것이다. 가난한 이웃을 도울 수 있고, 선교단체를 후원할 수 있고, 시민단체를 도울 수 있다. 내가 늘 하던 것에서 10%만 줄이는 것이다. 나의 재능도 10%만 이웃을 위하여 기부하는 것이다. 교회도 10%만 불편하게 산다면 새로운 변화는 일어날 것이다. 이것이 커진다면 더할 나위 없을 것이다.

물론 10%가 쉽다는 것은 아니다. 그러나 하나님은 자녀들에게 재정의 10%를 타자를 위하여 사용할 것을 명령하셨다. 이것이 모두가 행복해지는 일이기 때문이다. 이 가치를 삶의 다른 영역에 적용하는 것이다. 그렇다고 10% 불편이 불변의 기준이 아니다. 더구나 율법도 아니다. 다만 어떻게 실천해야 할지 모를 때 10%를 생각해 본다면 자발적 불편을 살 수 있을 것이다. 각 영역에서 자발적 불편을 사는데 기윤실이 제시하고 있는 영역별 가이드는 많은 도움이 될 것이다.

5장. 자발적 불편, 그 기쁨을 향하여

우리 시대는 브레이크 없는 버스와 같이 이기적 욕망을 향하여 달리고 있다. 누군가 이 질주를 막지 않는다면 불행한 현실을 맞이할 것이다. 그 역할이 그리스도인에게 선물로 주어졌다. 그동안 성공과 부의 신앙으로 잘못 알려진 우리의 모습을 회복할 기회가 왔다. 그리스도의 몸인 교회의 영광을 나타내고, 방황하는 이들에게 소망을 줄 기회가 우리에게 주어졌다.

우리가 종교개혁자들을 통하여 물려받은 신앙은 삶의 모든 영역에 하나님의 주권을 선포하는 일이다. 코람데오의 신앙을 가지고 있다면 누구보다도 자발적 불편을 살 수 있어야 한다. 바울은 복음과 함께 갇힌 자 된 자신을 부끄러워하지 말고 복음과 함께 고난을 받자고 초청하고 있다(딤후 1:8). 복음의 초청을 받고 그리스도인이 되었다면 이제 다시 한번 초청하고자 한다. 가난한 삶을 부끄럽게 생각하지 말고 하나님 나라의 완성을 위한 자녀들로서 자발적 불편을 살아야 한다.

성경적 세계관을 소유한 자의 일상의 삶은 자발적 불편을 통하여 열매를 맺을 것이다. 성경은 우리로 하여금 허영의 도시에서 도망 가라고 말한다. 그리고 자발적 불편을 통하여 경건의 연습을 하고, 경건의 능력을 나타내라고 말한다. 자발적 불편은 이러한 능력을 누리는 일이다. 부와 명예 그리고 편안을 추구하는 세상에서 그리스도인의 최전선은 자발적 불편이다.

참고문헌 및 각주

1) 이어령, 「흙 속에 저 바람 속에」 (서울: 문학사상, 2013), 59.

2) 이어령, 19.

3) 이어령, 23.

4) 한완상, 한균자, 「인간과 사회」 (서울: 한국방송통신대학교 출판부, 2000), 147-148.

5) 제임스 사이어, 「코끼리 이름 짓기」, 홍병룡 역 (서울: IVP, 2007), 25-48. 사이어는 세계관의 역사를 데이비드 노글의 「세계관의 역사」[원제World-view: The History of a concept(Grand Rapids, Mich: Eerdmans, 2002), 한국어판은 「세계관 그 개념의 역사」로 번역 출간(박세혁 역, 도서출판 CUP)]를 요약하여 설명하고 있다. 이 책이 주는 유익은 참으로 큰 것임을 볼 수 있다. 이 책에서 보여 주는 세계관의 역사는 근대의 산물이다.

6) 김헌수, 「80년대의 기독교 세계관 운동에 대한 기독교적 반성」, 「성경적 세계관 자료집」 (기독교학문연구회, 1991), 164.

7) 김헌수, 164.

8) 김헌수, 165.

9) 김헌수, 190.

10) 김헌수, 191-192.

11) 김헌수, 192.

12) 기독교학문연구회, 「성경적 세계관 자료집」 (서울: 1988)

13) 김헌수, 194.

14) 유재덕, 「기독 청년 학생운동의 방향성」 (서울: 정인, 1994), 60.

15) 김헌수, 195.

16) 김헌수, 197.

17) 김헌수, 198.

18) 조병호, 「한국기독청년 학생운동 100년사 산책」 (서울: 땅에쓰신글씨, 2005), 191.

19) http://www.kcen.or.kr/bbs/content.php?co_id=history_of_associati

20) 박총, 「기독교 세계관을 확 뜯어고쳐라」, 「복음과 상황」(2002. 2.), 98-99.

21) 일시: 2003년 5월 29일(목) 6시-9시. 장소: 남서울교회(반포) 신교육관 A
실, 주최: 기독교학문연구소, 복음과상황

22) 문화와설교연구원 웹사이트(http://cafe.daum.net/CPI2002/C2cl)에서
발표된 논문을 볼 수 있다.

23) 여기에 소개된 책들은 일반적으로 기독교 세계관에 대한 기본 목록임을
다시 한번 밝힌다. 적용을 위한 책들은 다음 기회에 소개하기로 한다.

24) 김헌수, 200-207.

25) 리챠드 미들톤, 브라이안 왈쉬, 「세상의 변혁을 위한 그리스도인의 비전」,
황영철 역 (서울: IVP, 1988), 18.

26) 제임스 사이어, 「기독교 세계관과 현대사상」, 김헌수 역 (서울: IVP,
1985), 19. 최근에 사이어는 자신의 세계관 정의를 수정하였다. "세계관
이란 이야기의 형태로 혹은 실재의 근본적 구성에 대해 우리가 [의식적으
로든 무의식적으로든 일관적이든 비일관적이든] 보유하고 있는 일련의
전제[부분적으로 옳거나 완전히 잘못된]로 표현되는 것으로서, 우리가 살
고 움직이고 몸담을 수 있는 토대를 제공해 주는 하나의 결단이요 근본적
인 마음의 지향이다"[제임스 사이어, 「코끼리 이름 짓기」, 173.]

27) 알버트 월터스, 「창조, 타락, 구속」, 양성만 역 (서울: IVP, 1992), 13.

28) 앤드류 호페커, 「성경적 세계관과 세속사상」, 정충하 역 (서울: 기독지혜
사, 1992), 12.

29) 이승구, 「기독교 세계관이란 무엇인가?」(서울: SFC, 2003), 14.

30) 신국원, 「니고데모의 안경」(서울: IVP, 2005), 19; 25.

31) 양승훈, 「기독교적 세계관」(서울: CUP, 1990), 33.

32) 성인경, 「진리는 시퍼렇게 살아있다」(서울: 예영커뮤니케이션, 2001),
49.

33) 이와 같은 사실이 선교지에서의 세계관적인 접근을 가져오게 하는 것이
다. 상당히 많은 부분에서 선교의 실패를 가져온 것은 바로 이러한 세계
관적인 접근이 없었기 때문이다. 그런 의미에서 인도의 선교사인 윌리엄
케리의 사역은 좋은 본보기이다.

34) 이어령, 63-64.

35) 리챠드 미들톤, 브라이안 왈쉬, 44-45. 이 문제에 대하여 저자들은 세 가지 기준을 제시하였다. "첫째는 현실성이고, 둘째는 내적인 통일성, 셋째는 개방성이다. 즉 유한성과 한계를 인식하는 것이다."

36) 리챠드 미들톤, 브라이안 왈쉬, 45.

37) 프란시스 쉐퍼, (김기찬 역,)「기독교 철학 및 문화관」, 김기찬 역 (서울: 생명의말씀사, 2001), 171-172.

38) 성인경, 58.

39) 리챠드 미들톤, 브라이안 왈쉬, 46. "훌륭한 세계관은 다른 인생관으로부터 배울 준비가 되어 있는 것이다. 하지만 이것은 어려운 제안이 될 수 있다. 사람들이 어떤 세계관을 가지게 되는 것은 그 세계관이 다른 어느 세계관보다도 현실을 잘 설명해 준다고 믿기 때문이다. 그러나 그 세계관은 무오한 것이 아니며, 따라서 절대화되어서는 안 된다. 우리는 감히 우리 세계관을 고정시키지 않는다. 세계관은 현실에 의하여 끊임없이 가르침을 받아야 하며, 만약 우리가 그리스도인이라면, 계시인 하나님의 말씀에 대한 우리의 이해가 증가함에 따라 우리의 세계관도 조정되어야 하는 것이다."

40) 양승훈, 23-24.

41) 미들톤과 왈쉬는 세계관이 1)나는 누구인가? 2)나는 어디에 있는가? 3)무엇이 잘못되었는가? 4)그 치료책은 무엇인가? 하는 물음에 대답을 준다고 하였다. 이에 대하여 제임스 사이어는 1)진정으로 참된 최고의 실제는 무엇인가? 2)인간은 무엇인가? 3)인간의 사망 시에 어떤 일이 일어나는가? 4)도덕의 기초는 무엇인가? 5)인간 역사의 의미는 무엇인가? 라고 말한다.

42) 신동식, 「그리스도인의 정치색깔」(고양: 우리시대, 2013)을 참조하기 바란다.

43) 서구 문화와 사상의 간략한 흐름에 대하여 이 책 2부 5강 "우리는 어디에 있는가"를 참조하기 바란다.

44) 크리스천 오버만, 돈 존슨, 「진리와 하나된 교육」, 김성훈 역 (서울: 예영커뮤니케이션, 2003), 23.

45) 크리스천 오버만, 돈 존슨, 23.

46) 이 장에서는 인본주의와 자연주의, 마르크스주의에 대하여 자세하게 논의하지 않을 것이다. 다만 이 세계관의 공통된 배경이 되는 모더니즘을 살펴볼 것이다.

47) 크리스천 오버만, 돈 존슨, 35-36.

48) 존 맥아더, 「진리 전쟁」, 신성욱 역 (서울: 생명의말씀사, 2008), 41.

49) 존 맥아더, 42.

50) 존 맥아더, 43. 이러한 포스트모더니스트에 의하여 오늘날 명제 중심의 세계관 논의를 비판하고 있다. 그러나 명제적 진리가 비난받아야 할 이유가 없다고 생각한다. 다만 보완하여야 할 상황을 비판하여 무시하는 것은 무지한 일이다.

51) 크리스천 오버만, 돈 존슨, 28.

52) 서철원, 「종교다원주의」(서울: 총신대학교출판부, 2007). 57-59

53) 서철원, 57-59.

54) 「정진홍 교수 "성경은 실증의 언어 아니고 고백의 언어"」, 「뉴스앤조이」 2005. 6. 16. http://www.newsnjoy.or.kr/news/articleView.html?idxno=12207 (2019년 7월 접속 확인)

55) 「정진홍 교수 "성경은 실증의 언어 아니고 고백의 언어"」, 「뉴스앤조이」 2005. 6. 16. http://www.newsnjoy.or.kr/news/articleView.html?idxno=12207 (2019년 7월 접속 확인)

56) 제임스 사이어, 「홍길동, 대학에 가다」, 김성현 역 (서울: IVP, 1998), 58-80.

57) 프란시스 쉐퍼에 의하면 현대인은 자신을 기계로 보고 이성의 영역에서 자신의 가치를 찾는 것을 포기하고 비이성의 영역에서 가치를 찾으려고 하였다. 결국 이성의 영역에서 인간은 자신의 가치는 물론이고 도덕적 가치도 없고 확실성도 없는 삶을 사는 것이다. 현대인들에게 있어서 참된 실제이며 진리의 기준인 하나님이 사라졌고 그 결과 인간이 왜 인간인지도 사라졌다. 결국 인간은 철저하게 파편화된 것이다. 이것이 현대인들이 가지고 있는 인간에 대한 관점이다.

58) 프란시스 쉐퍼, 「그러면 우리는 어떻게 살 것인가?」, 김기찬 역 (서울: 생명의말씀사, 1996), 257.

59) 프란시스 쉐퍼, 「그러면 우리는 어떻게 살 것인가?」, 257.

60) 프란시스 쉐퍼, 「그러면 우리는 어떻게 살 것인가?」, 258-264.

61) DJ DOC「OK OK」: 오늘 밤 너와 단 둘이서 파티 파티/행복을 예감하는 행복한 파티… / 사랑을 느끼면서 파티 파티 / 아침이 올 때까지 / … 너를 처음 봤을 때 섹시함에 난 쓰러졌지… / … 인격은 실속 없는 과시 / 이성은 행위 앞에 노예

62) 이효리 「10 minutes」: Just one 10 minutes 내 것이 되는 시간 / 순진한 내숭에 속아 우는 남자들 / Baby 다른 매력에 흔들리고 있잖아, 용기 내 봐 다가와 날 가질 수도 있잖아 / 어느 늦은 밤 혼자 들어선 곳, 춤추는 사람들 그 속에 그녀와 너 / 왠지 끌리는 널 갖고 싶어져, 그녀가 자릴 비운 그 10분 안에

63) 은지원 「올빼미」: 시작부터 화끈하게 우리 Party해 Friday night To the Saturday 일주일 동안이나 기다려왔네 불을 질러 가슴에 확실히 긴장해 Club에 Girl들 심심해 Our crew gonna 확실히 Drop it like it's hot 토요일 밤까지 책임지니까 If U got some 이쁜 가슴 나와 함께라면 확실해 그러니 맡길래. … 나 같은 놈 Brake 걸면 너는 손해 삼세번 튕겼으면 족해 새로운 살림을 시작해 지나간 연인과의 과거는 잊어먹고 본능에 충실해 영혼이 숨쉬게 Club이 더우면 벗고 You Must 한번 보여줘 배꼽 맘에 들었다면 손짓을 해야 돼 꼭 나를 기다렸으니 괜히 뺄쭘해 쳐다보지마

64) 채연 「둘이서」: … 빠져들고 있어 내가 거는 최면에 취해 오늘 너를 택했어 나를 한 번 안아봐 나의 외로운 맘 니 가슴에 모두 맡기게 조급히 서두르지마 좀 더 멋지게 다가와 가슴이 뜨거운 사랑 이 밤 너와 함께 느끼고파

65) 솔비 「Do it, do it」: 오늘밤 Do it Do it 네 손길이 내 가슴까지 다 가져간다. / 온 몸이 짜릿 짜릿 네 입술이 내 숨결까지 다 훔쳐간다 … 조금만 더 가까이 그렇게 더 가까이 아무것도 신경 쓰지마 내게 가까이 와. / 재미없어 재미없어 후회없이 흔들어봐 / 머리 아파 머리아파 후회없이 술을 마셔

66) 태양 「나만 바라봐」: 내가 바람 펴도 너는 절대 피지마 baby / 나는 너를 잊어도 넌 나를 잊지마 baby / 가끔 내가 연락이 없고 술을 마셔도/ 혹시

내가 다른 어떤 여자와 / 잠시 눈을 맞춰도 넌 나만 바라봐

67) 싸이 「강남스타일」: 낮에는 따사로운 인간적인 여자 / 커피 한잔의 여유를 아는 품격 있는 여자 / 밤이 오면 심장이 뜨거워지는 여자 / 그런 반전 있 는 여자 / 나는 사나이 / 낮에는 너만큼 따사로운 그런 사나이 / 커피 식기도 전에 원샷 때리는 사나이 / 밤이 오면 심장이 터져버리는 사나이 / 그런 사나이 / 아름다워 사랑스러워 / 그래 너 hey 그래 바로 너 hey / 아름다워 사랑스러워 / 그래 너 hey 그래 바로 너 hey / 지금부터 갈 데까지 가볼까 / 오빤 강남스타일

68) 싸이 「젠틀맨」: Ah~ / 알랑가몰라 왜 화끈해야 하는건지 / 알랑가몰라 왜 말끔해야 하는건지 / 알랑가몰라 아리까리하면 까리해 / 알랑가몰라 We Like We We We Like Party 해 ~ / 있잖아 말이야 / 이 사람으로 말씀드리자면 말이야 / 용기 패기 돌끼 멋쟁이 말이야 / 너가 듣고픈 말 하고픈 게 난데 말이야 / Damn Girl You so freakin sexy / 알랑가몰라 왜 미끈해야 하는건지 / 알랑가몰라 왜 쌔끈해야하는건지 / 알랑가몰라 달링 빨리와서 난리해 / 알랑가몰라 난리난리 났어 빨리해 / 있잖아 말이야 / 너의 머리 허리 다리 종아리 말이야 / Good feeling feeling? Good 부드럽게 말이야 / 아주 그냥 헉소리나게 악소리 나게 말이야 / Damn Girl I'm a party mafia

69) 한완상, 한균자, 149-150.

70) 주영하, 「음식전쟁 문화전쟁」(서울: 사계절, 2000), 183.

71) 해리 블레마이어, 「그리스도인은 어떻게 사고해야 하는가?」(The Christian Mind—How Should a Christian Think?), 황영철 역 (서울: 두란노, 1986), 9.

72) 대부분 기독교 세계관이라 하고 있다. 그러나 본서에서는 성경적 세계관이라 사용한다. 현장에서 사역할 때 받은 '로마 가톨릭도 기독교로 분류하는데 그럼 함께 포함하는가?'라는 질문 때문이었다. 기독교 세계관이라는 명칭은 보편적으로 사용되는 것이지만 이때부터 좀 더 명확하게 하기를 원해서 성경적 세계관이라고 부르기 시작하였다.

73) 신국원, 45.

74) 프란시스 쉐퍼, 「다시 자유와 존엄으로」, 김원주 역 (서울: 생명의말씀

사, 1995), 9-10.

75) 프란시스 쉐퍼, 「다시 자유와 존엄으로」, 15.

76) 이 부분에 대하여 3장의 세계관의 구조 이야기에서 자세하게 볼 것이다.

77) 이것은 알버트 월터스의 관점에서 살피는 것이다.

78) 「강요하는 전도는 '이제 그만'」, 「뉴스앤조이」 2006. 3. 19. http://www. newsnjoy.or.kr/news/articleView.html?idxno=15532 (2019년 7월 접속 확인)

79) 서철원, 64.

80) 다원주의에 대하여는 제1강 7장을 참조하기 바란다.

81) 「교회가 먼저 토지불로소득 내놓자」, 「뉴스앤조이」 2005. 8. 25. http://www.newsnjoy.or.kr/news/articleView.html?idxno=12881 (2019년 7월 접속 확인)

82) 리챠드 미들톤, 브라이안 왈쉬, 128-130.

83) 이 부분에 관해서도 「그리스도인의 정치 색깔」 중 "국가론"에 대한 부분을 참조하면 좀 더 자세한 이해를 가질 수 있을 것이다.

84) 존 화이트 헤드, 「표류하는 미국」, 진웅희 역 (서울: 두레시대, 1994), 213-214.

85) 스티븐 모트, 「복음과 새로운 사회」, 이문장 역 (서울: 대장간, 1992), 205.

86) 양낙홍, 「한국 기독교의 사회윤리적 책임」, (서울: IVP, 1999), 46.

87) 폴 마샬, 「정의로운 정치」, 진웅희 역 (서울: IVP, 1997), 68.

88) 이에 대해서는 「그리스도인의 정치 색깔」 가운데 '시민 불복종' 부분에서 자세하게 다루었다.

89) 아맨드 M. 니콜라이, 「루이스 vs. 프로이트」, 홍승기 역 (서울: 홍성사, 2004)

90) 아맨드 M. 니콜라이, 307-308; 321.

91) 칼 하임, 「성서의 신앙세계」, 전경연 역 (서울: 복음주의 신앙양서, 1992)

92) 리챠드 미들톤, 브라이안 왈쉬, 41.

93) 알버트 월터스, 26.

94) 알버트 월터스, 36.

95) 리챠드 미들톤, 브라이안 왈쉬, 55.

96) 리챠드 미들톤, 브라이안 왈쉬, 59.

97) 리챠드 미들톤, 브라이안 왈쉬, 61.

98) D. M. 로이드 죤즈, 「내가 자랑하는 복음」, 서문 강 역 (서울: 새순출판사, 1996), 119.

99) 이성희, 「미래 사회와 미래교회」 (서울: 대한기독교서회, 1997), 129-130.

100) 서철원, 「문화명령」, 「신앙과 학문」 (서울: 기독교문서선교회, 1988), 56-57.

101) 성인경, 「바른 영성이란」 (서울: 예영커뮤니케이션, 1995), 23.

102) 프란시스 쉐퍼, 「창세기의 시공간성」 권혁봉 역 (서울: 생명의말씀사, 1991), 109.

103) 프란시스 쉐퍼, 「창세기의 시공간성」, 114.

104) 프란시스 쉐퍼, 「창세기의 시공간성」, 115.

105) 프란시스 쉐퍼, 「창세기의 시공간성」, 115.

106) 김세윤, 「구원이란 무엇인가?」 (서울: 도서출판 참말, 1993), 16.

107) 김세윤, 19.

108) 프란시스 쉐퍼, 「창세기의 시공간성」, 116.

109) 이 사실에 대하여 에그베르트 슈어만(Egbert Schuurman)의 책 「현대 환경 문제의 성경적 진단」 정용성 역 (서울: 무림, 1992) 제2장을 참고하기 바란다. 역사적 측면에서 자연에 관한 관점의 변화를 잘 보여 주고 있다.

110) C. S. 루이스는 이 사실을 이렇게 표현하고 있다. "우주에는 중립지대란 없다. 단 한 평의 땅, 단 1초의 시간에 대해서도, 하나님은 자신의 권리를 주장하시고, 사탄도 거기에 대항해서 자기의 권리를 주장하고 있는 것이다." 리챠드 미들톤, 브라이안 왈쉬, 85-87.

111) 알버트 월터스, 98.

112) 알버트 월터스, 79.

113) 알버트 월터스, 81.

114) 하나님 나라에 대한 이해는 1부 3강에서 충분하게 논의할 것이다.

115) 알버트 월터스, 84.

116) 알버트 월터스, 87-88.

117) 알버트 월터스, 88.

118) 알버트 월터스, 93.

119) 낸시 피어시, 「완전한 진리」, 홍병룡 역 (서울: 복 있는 사람, 2006), 258.

120) 낸시 피어시, 259.

121) 낸시 피어시, 260-262.

122) 낸시 피어시, 280-282.

123) 크리스천 오버만, 돈 존슨, 35-37.

124) 낸시 피어시, 285.

125) 성인경, 205.

126) 성인경, 207-208.

127) 프란시스 쉐퍼, 「기독교와 현대사상」, 홍치모 역 (서울: 성광문화사, 1992), 193-204.

128) L. G. 파커스트, 「프란시스 쉐퍼」, 성기문 역 (서울: 두란노, 1995), 98.

129) 서철원, 「하나님의 나라」 (서울: 총신대학출판부, 1993), 37.

130) 이승구, 52.

131) 이승구, 53-56.

132) 이승구, 59-60.

133) 케리 인맨, 「당신의 천국개념: 전통적인가? 성경적인가?」 이길상 역 (서울:나침반, 1990), 27-32.

134) 최낙재, 「성경에서 그리스도를 보라」 (서울: 성약출판사, 2007), 30.

135) 최낙재, 31-32.

136) 케리 인맨, 92.

137) 완성될 하나님 나라에 대하여 4강 3장에서 좀 더 자세하게 살펴볼 수 있다.

138) 서철원, 「하나님의 나라」, 52.

139) 서철원, 「하나님의 나라」, 68.

140) 오스카 쿨만, 「그리스도와 시간」, 김근수 역 (서울: 나단, 1987), 24-25.

141) 레온 모리스, 「요한계시록」, 김근수 역 (서울: CLC, 1993), 296.

142) 그레엄 골즈워디, 「복음과 요한계시록」, 김영철 역 (서울: 성서유니온, 1993), 165.

143) 주석적인 관점에서 고찰한 것이다.

144) 로버트 마운스, 「요한계시록」, 홍성철 역 (서울: 생명의말씀사, 1987), 436.

145) 그레엄 골즈워디, 437.

146) G. E. 래드, 「요한계시록」, 이남종 역 (서울: 크리스찬서적, 1990), 359.

147) 로버트 마운스, 437.

148) 로버트 마운스, 437.

149) 레온 모리스, 121.

150) 헨드릭슨, 「요한계시록」, 김영익, 문영탁 역 (서울: 아가페, 1989), 245.

151) 이순태, 「새 하늘과 새 땅은 어디인가?」 (서울: CLC, 1994), 19.

152) 안토니 A. 후크마, 「개혁주의 종말론」, 류호준 역 (서울: CLC, 1994), 375.

153) 로버트 마운스, 437.

154) 안토니 A. 후크마, 367-368.

155) 안토니 A. 후크마, 369.

156) 레온 모리스, 297.

157) 안토니 A. 후크마, 381.

158) G. E. 래드, 359.

159) 헨드릭슨, 246.

160) 로버트 마운스, 438.

161) 로버트 마운스, 438.

162) G. E. 래드, 359.

163) J. A. 벵겔, 「벵겔 신약주석: 요한계시록」, 라형택 역 (서울: 로고스, 1991), 232.

164) G. E. 래드, 359.

165) 로버트 마운스, 439.

166) 이상근, 「요한계시록」 (서울: 성등사, 1991), 252.

167) 이상근, 252.

168) 헨드릭슨, 246.

169) 안토니 A. 후크마, 381.

170) 이순태, 42.

171) J. A. 벵겔, 232.

172) 이상근, 252.

173) 이순태, 42-43.

174) 헨드릭슨, 246.

175) 안토니 A. 후크마, 381.

176) 헨드릭슨, 247.

177) 하인리히 크라프트, 「요한계시록」, 편집부 역 (서울: 한신연구소, 1990), 402.

178) 그레엄 골즈워디, 179.

179) 로버트 마운스, 440.

180) 로버트 마운스, 440.

181) 이상근, 253.

182) 하인리히 크라프트, 403.

183) 로버트 마운스, 40.

184) G. E. 래드, 360.

185) 안토니 A. 후크마, 381.

186) 로버트 마운스, 441, 하인리히 크라프트, 403.

187) J. A. 벵겔, 233.

188) 안토니 A. 후크마, 381.

189) 로버트 마운스, 441.

190) 안토니 A. 후크마, 381.

191) G. E. 래드, 361, 이상근, 253.

192) 로버트 마운스, 441.

193) 하인리히 크라프트, 404.

194) G. E. 래드, 361.

195) 레온 모리스, 299.

196) G. E. 래드, 361. 래드, 후크마, 벵겔, 하인리히 크라프트, 헨드릭슨, 로버트 마운스, 윌콕, 리델보스, 비슬리 머레이, 이상근, 이순태 등의 학자들이 지지한다.

197) 로버트 마운스, 442.

198) 안토니 A. 후크마, 382.

199) 특별히 이 장은 프란시스 쉐퍼의 「그러면 우리는 어떻게 살 것인가?」에

많은 빚을 졌다. 쉐퍼의 원대한 통찰력에 감사할 뿐이다.

200) 프란시스 쉐퍼, 「그러면 우리는 어떻게 살 것인가?」 박형용 역 (서울: 생명의말씀사, 1992), 225.

201) 프란시스 쉐퍼, 181.

202) 포스트모더니즘의 가장 큰 특징 중 하나는 절대 믿음의 상실이다. 이에 대하여 1부 1강 6장에서 살펴보았다. 여기에서는 포스트모더니즘의 역사적 사실을 스케치할 것이다. 사실 상실과 미디어는 포스트모더니즘 시대의 모습들이다. 그러므로 다시금 이 장에서 포스트모더니즘을 언급하는 것은 중복이 될 수 있겠지만 그래도 역사적 사실을 살펴보는 것은 전체 내용을 정확하게 이해하는 데 있어서 매우 유익할 것이라 생각한다.

203) 빔 리트께르크, 「포스트모더니즘」, 「혼돈시대 속의 확실성을 찾아서」, 성인경 역 (서울: 일지각, 1992), 128.

204) 정일권, 「르네 지라르와 현대 사상가들의 대화」 (서울: 동연, 2017), 19, 34-35.

205) 신국원, 「포스트모더니즘과 기독교」 인천 기윤실 기독교 윤리학교 제5기 자료집 「포스트모더니즘」 (서울: IVP, 1999), 13.

206) 빔 리트께르크, 130.

207) 신국원, 「포스트모더니즘과 기독교」, 69.

208) 빔 리트께르크, 129.

209) 빔 리트께르크, 129.

210) 신국원, 「포스트모더니즘과 기독교」, 239.

211) 빔 리트께르크, 134.

212) 마틴 로이드 존스, 「진리로 하나」, 박영옥 역 (서울: 목회자료사, 1999),206.

213) 마틴 로이드 존스, 206.

214) 제임스 사이어, 「홍길동, 대학에 가다」, 25.

215) 제임스 사이어, 「홍길동, 대학에 가다」, 58-80.

216) 헨리 나우웬, 「상처 입은 치유자」, 최원준 역 (서울: 두란노, 1999), 49.

217) 인터뷰는 정확하게 생각나지 않지만 당시의 충격으로 기억이 생생하다.

218) 빔 리트께르크, 131.

219) http://cafe.daum.net/hanryulove/IwYk/186482?q [2019년10월13일 접속확인]

220) http://cafe.daum.net/dotax/Elgq/1353989?q [2019년10월14일 접속확인]

221) 「청소년 '연예인 신드롬' 열병」, 「한겨레신문」 1993. 8. 30. 5면.

222) 「부자나라 '어둠의 자식들'」, 「한겨레21」 제6호, 1994. 4. 28.

223) 미국의 경우지만 우리나라와 그리 큰 차이는 없다고 본다.

224) 장신대 맹용길 교수는 미디어가 주는 유익을 이렇게 진단하였다. (i) 문화의 민주화: 문화가 과거에는 소수 귀족들의 전유물이었지만, 민주주의의 도래와 함께 문화도 대중이 평등하게 즐길 수 있는 형태로 변화되었다는 생각이다. 이러한 변화는 그리스도의 구속이 문화에 적용되어 일어난 현상으로서, 과거에 부르주아와 엘리트만을 위한 불평등적이며 자만한 소수문화를 극복한 보편적 은총이라고 해석한다. 인간의 타락과 죄악은 하나님께서 평등하게 창조한 인류를 지배자와 피지배자, 귀족과 천민, 그리고 부자와 가난한자 등으로 분리하고 사회적 신분을 세습화하고 문화를 소수 지배계급의 전유물로 만들었으며, 다수의 대중은 문화적 혜택에서 소외되었다. 더욱이, 힘없는 대중은 문화를 모르는 미개인 취급을 당하고, 그들이 즐기는 문화는 저급문화로 분류되어 천시되었다. 또한 침략적인 식민통치 하에서 지배자의 문화는 우월하고 피지배자의 문화는 열등한 것으로 치부되었다. 현대 인류학은 이것이 얼마나 제국주의적이고 잘못된 문화관인지를 지적하였지만, 심지어 식민지 시대가 종식된 지금에도 그 여파로 형성된 서구화의 물결은 현대화라는 이름으로 계속되어 서구문화의 우월성이 실상 전 세계적으로 인정되고 있다. 그러나 예를 들어 노예의 음악으로 미국에 들어온 째즈가 오히려 미국음악을 지배하고, 랩송이 한국 청소년음악을 지배하는 현상은 대중문화가 과거의 정치적 차별을 극복하고 있음을 보여 준다. 정치적 민주화와 독립은 문화적 민주화를 결과하여 대중이 주도하고 대중을 위한 문화의 민주화를 성취하였다는 생각이며, 이 점은 분명히 긍정적으로 평가되어야 한다. 예술가들이 과거에는 소수만을 위하여 봉사하였으나, 이제 모두를 위하여 그들의 예술적 재능을 사용하게 되었다. 그리고 신분적인 차이

때문에 문화적 혜택을 유린당하고 차별당하는 일은 별로 없게 되었다.
(ii) 과학과 경제발전의 혜택: 또한, 문화를 대중이 향유할 수 있게 만들어 준 것은 정치적 민주화와 함께 일어난 과학의 발달이다. 과거에는 아름다운 음악을 듣기 위해서 먼 거리를 여행해서 비싼 입장료를 내고 음악회에 참석해야 되었으나, 과학기술의 발달은 거의 완벽한 음질을 가진 테이프나 CD를 값싸게 구입해서 아무데서나 그리고 반복적으로 편리하게 들을 수 있게 되었다. 거의 모든 가정에 보급된 텔레비전이나 라디오는 빈부귀천을 막론하고 모두가 즐길 수 있게 되었고, 전 세계에서 일어나는 일을 안방에서 편안히 볼 수 있다. 이러한 문화의 대중화는 인류에게 주신 보편적 은총에 의해서 가능하다. 고대에는 서민이 성경 한 권을 구한다는 것은 거의 불가능하였으나, 출판 기술의 발달은 아무나 가까운 서점에서 읽기 좋은 성경을 값싸게 구해 읽을 수 있다. 그리고 과거에는 소수의 지배계급만이 의료혜택을 누렸으나 이제 누구나 편리하고 진보한 진찰과 치료를 받을 수 있게 되었으며, 이런 혜택은 더욱더 확대되고 발전할 것이다. 이러한 문화의 대중화를 부정적으로 볼 이유가 없다. 그런데, 이런 대중의 문화적 향유는 산업혁명과 자유시장 체제라는 현대 경제의 민주화와 대중화에 의해 가능하게 되었다. 한국에는 과거에 소수의 부유층과 절대다수의 빈민층이 있었지만, 경제 발전으로 인해 오늘날에는 소수의 부유층과 빈민층이 있을 뿐 다수는 스스로를 중산층으로 분류하고 있으며 대중문화를 향유할 수 있는 경제적 능력을 가지고 있다. (이정석, 「현대문화와 사상 이해」 기독교사역동역회 월요학당(1999.5. 3.) 강의에서 재인용)

225) 빔 리트께르크, 137.

226) 빔 리트께르크, 143-144.

227) 이훈구, 「미안하다고 말하기가 그렇게 어려웠나요」, 자음과모음, 2001.

228) 「무대 위로 불러낸 '성매매 논쟁'」, 「한겨레신문」, 2014. 11. 12.

229) 찰스 핸디, 「헝그리 정신」, 노혜숙 역 (서울: 생각의 나무, 1998), 107.

230) 「싱글 남녀가 말하는 '착한 결혼'」, 「슈어」, 2013. 5. https://news.joins. com/article/11609018 (2019년 7월 접속 확인)

231) 2013년 5월 20일부터 23일까지 조사.

232) https://www.gallup.co.kr/gallupdb/reportContent.asp?seqNo=434 (2019년 9월 접속 확인)

233) 「고려대한국어대사전」(2009)

234) 「신세대 커플 "일단 살아보고… 혼인신고는 나중에"」, 「동아일보」 2003. 7.17.

235) 부산영화제, 광주영화제, 부천영화제 그리고 여성영화제, 독립영화제, 기독영화제, 다큐멘터리영화제 등

236) 곽한주, 「영화」「대중 매체의 이해와 활용」강상현, 채백 엮음 (서울: 도서출판 한나래, 1997), 293.

237) 알랜 맥도날드, 「영화, 보는 즐거움 읽는 기쁨」, 양혜원 역 (서울: 선한이웃,1995), 123.

238) 곽한주, 298.

239) 구회영, 「영화에 대하여 알고 싶은 두세 가지 것들」 (서울: 한울, 1992), 31.

240) 구회영, 35.

241) 구회영, 61.

242) 알랜 맥도날드, 14-15.

243) 곽한주, 305.

244) 구회영, 11.

245) 「주피터필름 주필호 대표 "독특한 소재와 매력적인 이야기를 꿈꿉니다"」 https://m.post.naver.com/viewer/postView.nhn?volumeNo=12413620&memberNo=23732001 (2019년 7월 접속 확인)

246) 위의 인터뷰

247) 1985년에 기독교문서선교회를 통하여 번역 출판되었다. 이 책은 당시의 많은 복음주의 학생층에 많은 도전을 주었다.

248) 1989년에 출판된 책으로 다섯 저자의 다양한 견해를 제시하고 있다. 비록 많이 읽히지는 않았지만 복음주의권에 시사하는 바가 컸었다.

249) 로널드 사이더의 책은 당시 한국기독학생회(IVF) 간사들의 주요한 훈련 자료로서 사용되었고 IVP를 통하여 지속적으로 출판하였다.

250 김두식 교수는 복음주의 대학인 한동대 법학교수였으며 현재 경북대학

법학교수로 있다.

251) 김기현 목사의 글로서 메노나이트의 정신(12장)을 확신하고 있다.

252) 이 글을 위하여 필자가 사역하는 교회의 젊은이들에게 간접적으로 질문하였을 때 답변은 한결같이 비판적이었다.

253) 재세례파는 교회사 가운데 이단으로 정죄받았다. 물론 지금에 와서는 다양한 신학적 전통으로 여겨지고 있다. 이에 대하여 균형 잡힌 시각이 필요하다.

254) 이런 면에서 복음주의 학자들의 발표가 광범위하게 이루어져야 한다.

255) 제람 바르스, 「핵 전쟁과 평화주의」, 황영철 역 (서울: 생명의말씀사, 1987), 18-19. 재세례파의 쉴라이다임의 조항(Articles of Schleitheim, 1527)은 행정관의 직책을 "육신적이며 그리스도의 완전함을 벗어난" 것으로 이야기하고 있다.

256) 제람 바르스, 19. 한국의 아나뱁티스트도 이러한 견해를 가지고 있다.

257) 제람 바르스, 20.

258) 요더는 평화주의에 대하여 아홉 가지로 말하고 있다. 김두식, 「칼을 쳐서 보습을」(서울: 뉴스앤조이, 2002), 39.

259) 폴 마샬, 「정의로운 정치」, 진웅희 역 (서울: IVP, 1997), 242.

260) 마틴 로이드 존스, 「왜 하나님은 전쟁을 허용하실까」 박영옥 역 (서울: 목회자료사, 1994), 88.

261) 제람 바르스, 24. "이 전쟁에서는 이스라엘의 군사적인 수고가 불필요했든지 아니면 그 승리에 대하여 순전히 부수적인 역할만 했다는 것이다."

262) K. G. Greet, The Big Sin (Basingstoke Hants, England: Marshall Morgan & Scott, 1982), 102. "그러나 이러한 평화주의자들은 다음과 같은 문제에 직면하게 된다." 첫째는 하나님에게 있어서와 인간인 우리들 사이에 있어서 공의와 심판의 위치와 중요성, 공의에 죽음도 포함되느냐의 문제이고 둘째는 구약성경과 신약성경에 있어서의 인간에 대한 하나님의 명령들, 특히 사적인 보복과 법적인 형벌에 관한 신약과 구약의 가르침의 관계이다. 그리고 셋째는 세상에서 교회의 소명, 그리고 평화에 대한 성경적 이해 등이다.

263) 제람 바르스, 44-45.

264) 김세윤, 「예수와 바울」(서울: 두란노, 2001), 94-95.

265) 김세윤, 50.

266) 제람 바르스, 61-62.

267) 김기현, 「요더의 예수의 정치학」, 「복음과 상황」에 연재된 글로서 그의 홈페이지에서 발췌하였음. http://cafe.daum.net/logos-school

268) 김두식, 182. "국가권세에 대한 이해는 좀 더 균형 있게 보기 위해서는 오스카 쿨만의 The Stares in the New Testament(「국가와 하나님의 나라」, 민종기 역, 여수룬)"를 참조하기 바란다. 오스카 쿨만은 로마서와 요한계시록의 국가의 문제와 권세의 문제에 대해서도 매우 균형 있게 연구 발표하고있다. 부록으로 나와 있는 민종기 교수의 논문 요약도 이 부분을 이해하는데 균형 잡힌 길을 제시하여 줄 것이다.

269) "내가 율법이나 선지자나 폐하러 온 줄로 생각지 말라 폐하러 온 것이 아니요 완전케 하려 함이로라 진실로 너희에게 이르노니 천지가 없어지기 전에는 율법의 일점 일획이라도 반드시 없어지지 아니하고 다 이루리라 그러므로 누구든지 이 계명 중에 지극히 작은 것 하나라도 버리고 또 그같이 사람을 가르치는 자는 천국에서 지극히 작다 일컬음을 받을 것이요 누구든지 이를 행하며 가르치는 자는 천국에서 크다 일컬음을 받으리라"(마 5:17-19).

270) 제람 바르스, 60-66.

271) 마틴 로이드 존스, 92.

272) 마틴 로이드 존스, 95.

273) 마틴 로이드 존스, 96.

274) 마틴 로이드 존스, 96-97.

275) 마틴 로이드 존스, 97.

276) 제람 바르스, 69. "2세기와 3세기의 그리스도인들이 시이저를 주인으로 섬겨야 한다는 요구 때문에 로마 군대에 들어갈 수 없었듯이, 소련에 있는 그리스도인들이 공산주의에의 전적인 충성 때문에 정부나 공산당에 가입할 수 없는 것처럼 서구에 살고 있는 우리들도 우리의 정부가 무조건적인 충성을 요구하거나 불의를 장려하는 법을 통과시킨다면 거기에 저항하며 거기에 참여하기를 거절할 준비가 되어 있어야 한다."

277) 제람 바르스, 71-74.

278) 빌렘 A. 반게메렌 「기독교 사회 윤리: 정의와 의에 헌신한 성품」, 총신대학교 개교 100주년 기념 국제 학술세미나, 57.

279) Richard B. Hays, The Moral Vision of the New Testament: A Contemporary Introduction to New Testament Ethics (San Francisco:HarperCollins, 1996), ch. 10. 빌렘 A. 반게메렌 「기독교 사회 윤리: 정의 와 의에 헌신한 성품」에서 재인용. 총신대학교 개교 100주년 기념 국제 학술세미나, 57.

280) 신동식, 「프란시스 쉐퍼의 사회개혁론 연구」 (용인: 총신대학교 신학대학원, 1998), 102.

281) 「탈북자단체 61곳… 관변 일색서 탈피」, 「한국일보」 2013. 3. 16. A01면.https://www.hankookilbo.com/News/Read/201303151778981943 (2019년 5월 접속 확인)

282) 이어령, 222-223.

283) 이 부분은 1999년에 쓴 「21세기 통일 분과 비전 운영안」, [21세기 삼양교회 비전운영안]에 기반을 두고 있다. 본 글의 특성상 다 다루지는 못하기에 그 가운데 일부분만 다시 나누고자 한다.

284) 「이학재 의원, 서울시내 초·중학생 1489명 '안보·통일의식' 설문조사」, 중앙뉴스 2013. 6. 24. http://www.ejanews.co.kr/sub_read.html?uid=69816 (2019년 5월 접속 확인)

285) 윤환철, 「위기의 남북관계, 해법모색과 교회의 역할」, 「개혁신앙」 2013년 여름호(SFC 총동문회, 2013), 182.

286) 사단법인 남북나눔 웹사이트 http://sharing.net

287) 기독교윤리실천운동, 「2017년 한국교회의 사회적 신뢰도 여론조사 결과 자료집」 https://cemk.org/resource/2699 (2019년 9월 접속 확인)